1 MONTH OF
FREE
READING

at

www.ForgottenBooks.com

By purchasing this book you are eligible for one month membership to ForgottenBooks.com, giving you unlimited access to our entire collection of over 1,000,000 titles via our web site and mobile apps.

To claim your free month visit: www.forgottenbooks.com/free759014

ISBN 978-0-666-75207-9
PIBN 10759014

Unsere Heerführer

im Weltkriege 1914/16

Herausgegeben von

Carl Siwinna

Hauptmann d. R.

Auf Grund authentischen
Materials bearbeitet von

Walter Heichen

Mit zahlreichen Bildnissen

Phönix-Verlag
Berlin SW 11, Luckenwalderstraße 1
Kattowitz :: Breslau :: Leipzig

1916

In mächst Freunde, deßte möcht
Ihm!
g. gr. Off, 28. 8. 1916.

von Hindenburg.

General-Feldmarschall.

Inhalt.

Unſer Kaiſer.

Wir wiſſen alle, daß unſer Kaiſer vor dem Aus=
bruch des großen Krieges, der nun ſchon zwei Jahre
lang wütet, in ſeinen Beſtrebungen, die Macht des
Reiches mehr und mehr zu ſteigern, von mancher
Seite heftig angefeindet worden iſt. Alle dieſe un=
verſtändigen Tadler haben jetzt ihren Irrtum ein=
geſehen. Es gibt in Deutſchland jetzt kein Auge
mehr, das nicht mit dem Ausdruck der Ehrfurcht und
der Dankbarkeit zu unſerm Kaiſer aufblickt. Denn
jetzt erſt haben alle — auch die hartnäckigſten Nörgler
— erkannt, daß des Kaiſers weitſchauender Blick die
ſchwere Zeit vorausahnte, in der wir heute ſtehen. Er
hat dieſen großen Krieg kommen ſehen; er hat ſich
eingeſtehen müſſen, daß ſeine Bemühungen, der Welt
den Frieden zu erhalten, nicht auf die Dauer erfolgreich bleiben würden, und er hat niemals daran ge=
zweifelt, daß Deutſchland dann mit den Mächten zu
tun haben werde, die nun unſere Feinde ſind. Um
gegen Frankreich und Rußland hinreichend gewapp=
net zu ſein, mehrte er das deutſche Heer, ließ er die
Wehrvorlagen an den Reichstag bringen und durch=
ſetzen. Jetzt wiſſen wir auch, wie ſehr er recht hatte,
als er trotz Bismarcks Einſpruch Helgoland an
Deutſchland brachte. Was uns dieſes Inſelchen wert
iſt, das erkennen wir alle; und wer damals darüber
geſpottet hat, daß Deutſchland für ein Stückchen Ton
im Meer eine ſatte, reiche Kolonie hingebe, der iſt

nun eines Beſſeren belehrt. Aber Kaiſer Wilhelm hat auch erſt das aus dieſem Tonkloß gemacht, was er heute iſt: die ſtärkſte Seefeſtung der Welt. Wenn unſere Hafenſtädte vor jedem feindlichen Überfall ſicher ſind, ſo danken ſie es der Umſicht, mit der der Kaiſer Helgoland hat ausbauen laſſen. Ein ebenſo erſt jetzt voll zur Geltung kommendes Werk iſt die Anlage des Kaiſer-Wilhelm-Kanals, der uns den ungeſtörten Verkehr zwiſchen Oſt- und Nordſee ermöglicht.

Trotzdem der Kaiſer mit allen ſeinen Kräften an der Mehrung der Macht Deutſchlands arbeitete, durften wir, durfte die Welt ihn den Friedensfürſten nennen. Mehrmals hat er laut vor allen Völkern erklärt, er hoffe ſeine Regierung ohne einen Krieg zu beſchließen, und ſtets ſind ſeine aufrichtigen Bemühungen auf die Erhaltung des Weltfriedens gerichtet geweſen. Für dieſes Ziel hat er jederzeit, wenn eine Gelegenheit eintrat, ſeine perſönlichen Beziehungen zu den Herrſchern von Rußland und England und zu anderen leitenden Männern der Weltpolitik in die Wagſchale gelegt. Als nach dem Morde von Serajewo die Dinge raſch eine kritiſche Wendung nahmen, hat er alles aufgeboten, bei unſern Nachbarn im Oſten und jenſeits des Kanals Einſicht und Zurückhaltung zu wecken. Er hat zu vermitteln geſucht, ſolange es anging, er hat gezaudert bis zur letzten Möglichkeit.

Wir wiſſen auch, wie weh es ihm tat, ſeine Bemühungen bereitelt, ſein Volk in die unermeßlichen Opfer eines Krieges geſtürzt zu ſehen. Und wir können nachfühlen, wie bitter ihn bei der Geradheit und Lauterkeit ſeines Charakters das falſche Spiel ſchmerzte, das, wie ſich nun herausſtellte, der Zar und der König von England mit ihm getrieben hatten.

Nun trat der Friedensfürſt als Kriegsfürſt vor die Welt und ſein Volk. Nun zeigte ſich die ganze Be-

deutung der Arbeit, die er in Friedenszeiten geleiftet
hatte. Wenn wir uns der übermächtigen Gegner nicht
nur zu erwehren, fondern fie zurückzuwerfen und zu
befiegen vermochten, fo danken wir das unferm Kaifer,
feinem Weitblick, feinen unermüdlichen Rüftungen.
Auch in anderer Hinficht haben wir feinen Scharfblick
fchätzen lernen: er hat es verftanden, die richtigen
Männer an den richtigen Platz zu ftellen. Das be=
weifen die Beifpiele Hindenburgs, Mackenfens, Be=
felers.

Einer unferer Heerführer — wir glauben, es war
Generaloberft von Bülow — hat einmal zu feinen
Soldaten gefagt: „Ein folcher Kaifer ift der halbe
Sieg." Das Wort kann dreimal unterftrichen werden.

Wenn wir die Lenker der uns verfeindeten Reiche
betrachten, den Präfidenten des von manchen geprie=
fenen republikanifchen Staatszuftandes, den Zaren
und den König der Briten, fo läßt die Geringfchätzung,
die uns beim Gedanken an diefe Scheinlenker erfüllt,
die Bewunderung für unfern Kaifer nur um fo höher
fteigen. Er ift im wahrften Sinne des Wortes der
Leiter feines Reiches, der Führer feines Heeres, der
Steuermann feiner Schiffe.

Wir können diefe wenigen einleitenden Worte
über unfern alleroberften Kriegsherrn wohl nicht
beffer zum Abfchluß bringen, als indem wir die Kund=
gebung wiedergeben, welche am Jahrestage der Mo=
bilmachung Wilhelm II. an fein Volk richtete. Diefer
Herzenserguß unfers Kaifers fpiegelt feine Gefin=
nung, fein Denken, fein Streben kriftallklar wider.

„Ein Jahr ift verfloffen, feitdem Ich das deutfche
Volk zu den Waffen rufen mußte. Eine unerhört
blutige Zeit kam über Europa und die Welt. Vor
Gott und der Gefchichte ift Mein Gewiffen rein: Ich
habe diefen Krieg nicht gewollt. Nach Vorbereitun=
gen eines ganzen Jahrzehnts glaubte der Verband
der Mächte, denen Deutfchland zu groß geworden war,

9

den Augenblick gekommen, um das in gerechter Sache treu zu seinem österreichisch-ungarischen Bundesgenossen stehende Reich zu demütigen oder in einem übermächtigen Ringe zu erdrücken.

Nicht Eroberungslust hat uns, wie Ich schon vor einem Jahre verkündete, in den Krieg getrieben. Als in den Augusttagen alle Waffenfähigen zu den Fahnen eilten und die Truppen hinauszogen in den Verteidigungskampf, fühlte jeder Deutsche auf dem Erdball, nach dem einmütigen Beispiele des Reichstags, daß für die höchsten Güter der Nation, ihr Leben und ihre Freiheit gefochten werden mußte. Was uns bevorstand, wenn es fremder Gewalt gelang, das Geschick unseres Volkes und Europas zu bestimmen, das haben die Drangsale Meiner lieben Provinz Ostpreußen gezeigt. Durch das Bewußtsein des aufgedrungenen Kampfes ward das Wunder vollbracht: der politische Meinungsstreit verstummte, alte Gegner fingen an sich zu verstehen und zu achten, der Geist treuer Gemeinschaft erfüllte alle Volksgenossen.

Voll Dank dürfen wir heute sagen: Gott war mit uns. Die feindlichen Heere, die sich vermaßen, in wenigen Monaten in Berlin einzuziehen, sind mit wuchtigen Schlägen im Westen und im Osten weit zurückgetrieben. Zahllose Schlachtfelder in den verschiedensten Teilen Europas, Seegefechte an nahen und fernsten Gestaden bezeugen, was deutscher Ingrimm in der Notwehr und deutsche Kriegskunst vermögen. Keine Vergewaltigung völkerrechtlicher Satzungen durch unsere Feinde war imstande, die wirtschaftlichen Grundlagen unserer Kriegsführung zu erschüttern. Staat und Gemeinden, Landwirtschaft, Gewerbefleiß und Handel, Wissenschaft und Technik wetteiferten, die Kriegsnöte zu lindern. Verständnisvoll für notwendige Eingriffe in den freien Warenverkehr, ganz hingegeben der Sorge für die Brüder im Felde, spannte die Bevölkerung daheim alle ihre Kräfte an zur Abwehr der gemeinsamen Gefahr.

Mit tiefer Dankbarkeit gedenkt heute und immerdar das Vaterland seiner Kämpfer, derer, die todesmutig dem Feinde die Stirne bieten, derer, die wund oder krank zurückkehrten, derer vor allem, die in fremder Erde oder auf dem Grunde des Meeres vom Kampfe ausruhen. Mit den Müttern und Vätern, den Witwen und Waisen empfinde Ich den Schmerz um die Lieben, die fürs Vaterland starben.

Innere Stärke und einheitlicher nationaler Wille im Geiste der Schöpfer des Reichs verbürgen den Sieg. Die Deiche, die sie in der Voraussicht errichteten, daß wir noch einmal zu verteidigen hätten, was wir 1870 errangen, haben der größten Sturmflut der Weltgeschichte getrotzt. Nach den beispiellosen Beweisen von persönlicher Tüchtigkeit und nationaler Lebenskraft hege Ich die frohe Zuversicht, daß das deutsche Volk, die im Kriege erlebten Läuterungen treu bewahrend, auf erprobten alten und auf vertrauensvoll betretenen neuen Bahnen weiter in Bildung und Gesittung rüstig vorwärts schreiten wird.

Großes Erleben macht ehrfürchtig und im Herzen fest. In heroischen Taten und Leiden harren wir ohne Wanken aus, bis der Friede kommt — ein Friede, der uns die notwendigen militärischen, politischen und wirtschaftlichen Sicherheiten für die Zukunft bietet und die Bedingungen erfüllt zur ungehemmten Entfaltung unserer schaffenden Kräfte in der Heimat und auf dem freien Meere.

So werden wir den großen Kampf für Deutschlands Recht und Freiheit, wie lange er auch dauern mag, in Ehren bestehen und vor Gott, der unsere Waffen weiter segnen wolle, des Sieges würdig sein."

———

Erster Teil.

Westen.

Unser Kronprinz.

Friedrich Wilhelm, unsers Kaisers ältester Sohn, trat gemäß altpreußischer Tradition als Zehnjähriger in das Heer ein. Seine erste militärische Schule war die Kadettenanstalt zu Plön. Im Jahre 1901 finden wir ihn als Student in Bonn. Drei Jahre später führte eine Reise ihn in den Orient, nach Palästina, Ägypten, Kleinasien und der Türkei. Darnach wurde er in schneller Folge Oberleutnant, Hauptmann, Major. Als solcher wurde er mehreren Zivilverwaltungen zur Dienstleistung überwiesen. 1909 stand er beim 1. Gardefeldartillerie=Regiment, später beim 1. Garderegiment zu Fuß. 1913 wurde er Oberst und übernahm als solcher die Führung des Regiments der Totenkopfhusaren. Vor Ausbruch des Krieges erhielt er im Großen Generalstab die letzte Ausbildung und Vorbereitung für die schwere Aufgabe, die er gegenwärtig zu erfüllen hat.

Nach der Eröffnung der Feindseligkeiten durch Frankreich rückte er an der Spitze einer Armee nördlich von Metz zu beiden Seiten der Festung Longwy über die Grenze unseres westlichen Gegners. Er warf am 23. August 1914 den ihm entgegentretenden Feind zurück und eroberte eine stark befestigte Stellung bei Longwy. Nach tapferer Gegenwehr wurde am 26. August Longwy selbst erobert. 3600 Gefangene und 40 Geschütze fielen dem Sieger in die Hände. Diese Festung hatte als Knotenpunkt der französischen Ost= bahn, die von Paris über Luxemburg nach Trier und Koblenz führt, strategischen Wert. Sie wurde 1870 erst nach zweimonatiger Belagerung erobert. Der siegreiche Vormarsch des Kronprinzen hatte zu Beginn des Feldzugs vor allem deshalb große Bedeutung, weil er das Zentrum der feindlichen Aufstellung durch= brach.

Am 31. August konnte das Große Hauptquartier melden, daß die Armee des Kronprinzen den Vor= marsch gegen und über die Maas fortgesetzt und die Festung Montmédy mitsamt ihrem Kommandanten genommen hatte. Am 3. September traten starke aus Verdun vorgebrochene Abteilungen der Armee des Deutschen Kronprinzen in den Weg. Er warf sie zurück, machte dabei 4000 Gefangene und erbeutete etwa 50 Geschütze.

Am 21. September schlugen seine Truppen aber= mals heftige Gegenangriffe aus Verdun ab und er= beuteten abermals viele Gefangene, Geschütze und Maschinengewehre. Am 25. September meldete das Hauptquartier die Erstürmung des südlich von Ver= dun gelegenen Sperrforts Camp des Romains.

Für seinen ersten Sieg bei Longwy verlieh der Kaiser dem Kronprinzen das Eiserne Kreuz zweiter und erster Klasse. Bei den Kämpfen am 3. September weilte der Kaiser inmitten der Truppen seines Sohnes.

Über diese Heeresbewegungen schrieb im Sep= tember 1914 der militärische Mitarbeiter des „Ber= liner Tageblattes", Major a. D. Moraht:

„Das schwere Ringen der Armee des Kronprinzen Wilhelm um und gegen Verdun hat nach den gestern ausgegebenen amtlichen Nachrichten einen Erfolg auf=

zuweiſen. Am 10. September erreichte der Kronprinz das Verdun weſtlich vorgelagerte Gelände, griff dann die ſüdweſtlich dieſer Feſtung liegenden Höhenſtellungen an, wies franzöſiſche Durchbruchsverſuche erfolgreich ab und hat jetzt der ſüdlichen Sperrfortslinie der Feſtung Verdun den weiteren Widerſtand erſchwert, dadurch, daß er den Oſtrand wichtiger Höhen, der Côte Lorraine, in Beſitz nahm. Seit vielen Tagen wirkt unſere ſchwere Artillerie gegen die Befeſtigungen, welche Verdun ſchützen. Welche Stärke dieſer Waffenplatz hat, erkennen wir jetzt in dem hartnäckigen Widerſtand, den er zu leiſten vermag. Wir haben hier ſtets betont, daß die außerordentliche Stärke der franzöſiſchen Befeſtigungslinie zwiſchen Verdun und Belfort nicht leicht zu durchbrechen iſt. Der wochenlange Kampf beſtätigt wieder, wie notwendig es war, die großen Operationen nördlich um dieſe ſtarke, gegen Deutſch-Lothringen gerichtete Front herumzuleiten, durch Luxemburg und Belgien."

Am 26. Auguſt des Jahres 1915, nachdem der Krieg volle zwölf Monate gewährt und die kronprinzlichen Truppen im langen Stellungskrieg heldenhafte Ausdauer bewieſen hatten, verlieh der Kaiſer dem Kronprinzen den Orden Pour le mérite.

„In dieſen Tagen," ſchrieb er dazu, „jährt ſich die Erinnerung an die Schlacht von Longwy, in der ſich die 5. Armee unter Deiner Führung in mächtigem Anſturm den Weg ins Feindesland bahnte. Von Erfolg zu Erfolg ſchritt ſie dann, bis ſie zur Erfüllung ihrer Aufgabe, die Verbindung des Weſtheeres mit der Heimatgrenze zu ſichern, in die Gegend nördlich von Verdun gewieſen wurde. Deine Armee hat dieſen Auftrag in vollkommenſter Weiſe erfüllt und dadurch mit die Grundlage für unſere Siege im Oſten geſchaffen. Niemals iſt in ihr während der langen, ſchweren Zeit der Angriffsgedanke erloſchen. Nirgends haben ſich zähe Tapferkeit, unbeugſamer Wille, den Feind niederzuringen, Sorge für den Untergebenen in glänzenderer Weise betätigt als während der mühsamen, an stillem Heldentum überreichen Argonnenkämpfe. Für solche Leistungen Dir und Deiner Armee Meinen Dank und Meine Anerkennung zu sagen, ist Mir ein Bedürfnis."

Bei den kronprinzlichen Truppen weilt bekanntlich, als deren guter Geist sozusagen, der greise Feldmarschall

Graf Haeseler.

Er ist zugleich der älteste Kriegsfreiwillige unseres Heeres. Wir dürfen uns darüber freuen, daß die ganze Erfahrung und das große militärische Können dieses alten Heerführers dem jungen Feldherrn zugute kommt. Eine hübsche Episode, die uns die Schneidigkeit des hochbetagten Haudegens erkennen läßt, verdient aufbewahrt zu werden.

Feldmarschall Graf Haeseler wohnte dem Artilleriekampf gegen ein von den Franzosen stark besetztes Dorf bei. Als in den feindlichen Stellungen das Feuer verstummte, schien es wichtig festzustellen, ob die Franzosen den Ort tatsächlich verlassen hätten. Graf Haeseler galoppierte, nur begleitet von seinem Ordonnanzoffizier, Oberleutnant Rechberg, in das Dorf, aus dem, wie sich nun zeigte, die Franzosen kurz vorher abgezogen waren. Nur ein französischer Infanterist war zurückgeblieben, dem der Generalfeldmarschall in drohendem Tone zurief, sich zu ergeben. Der Franzose wurde so von dem Generalfeldmarschall persönlich gefangengenommen.

Nachdem Graf Haeseler durch Ausfragen seines Gefangenen die Rückzugsrichtung der Franzosen festgestellt hatte, übergab er ihn einer kurz darauf in dem Dorf eintreffenden Ulanenpatrouille.

Im Winter 1914 kämpfte ein Teil der kronprinzlichen Truppen in den Argonnen, einem etwa 40 Kilometer langen und 8 bis 12 Kilometer tiefen Waldgebiet, das nach Osten steil abfällt und im Innern viele tiefe Täler und Schluchten aufweist, wo oft der kahle Fels zutage tritt. Der sehr dichte Wald besteht aus Buchen, Eichen, Birken und Erlen; Kletterpflanzen, Besenginster und Stechpalme sind sehr stark vertreten.

Ende September 1914 begann hier der Stellungskrieg, der Kampf der Schützengräben. Unterstände wurden gebaut, Geschütze herangebracht, Verhaue und Drahthindernisse angelegt. Ein Labyrinth von Laufgräben entstand, und inmitten der wilden Romantik eines Waldkrieges erinnerten nur die modernen Waffen wie Minenwerfer, Handgranaten, Revolverkanonen an die hochentwickelte Gegenwart.

Graf Haeseler wohnt in einem kleinen Häuschen eines unansehnlichen Argonnendorfes und läßt sich täglich über den augenblicklichen Stand des Waldkampfes berichten.

Bis zum Januar des Jahres 1915 hatten die Franzosen an diesem Teile ihrer Front rund 37 000 Mann, also ein ganzes Armeekorps, verloren.

Erst zu Beginn des Monats Juli 1915 hörten wir abermals von schönen Erfolgen der kronprinzlichen Argonnentruppen. Nordwestlich von Four-de-Paris wurden die feindlichen Gräben in einer Breite von 3 Kilometern und einer Tiefe von 200 bis 300 Metern von württembergischen und reichsländischen Truppen erstürmt und 2556 Gefangene, 25 Maschinengewehre, 72 Minenwerfer erbeutet.

Am 10. September wurde aus diesem Teile der kronprinzlichen Armee abermals ein schöner Erfolg gemeldet. Nordwestlich von Vienne-le-Chateau erstürmten Württemberger und Lothringer in einer Frontbreite von über 2 Kilometern und in einer Tiefe von 300 bis 500 Metern die feindlichen Stellungen bei Marie-Thérèse. Über 2000 Franzosen wurden gefangengenommen. Die Führung bei diefem Angriff hatte General

Bruno von Mudra.

Dieser Erfolg war um so höher anzurechnen, als er in eine Zeit fiel, wo die deutschen Truppen ihre ganze Kraft auf den russischen Kriegsschauplätzen zu betätigen schienen. Es war die Zeit der gewaltigen Verfolgung, welche die deutschen Heere über Brest-Litowsk hinaus weit in das Innere Rußlands führte. Da kam die Nachricht über einen Sieg in den Argonnen völlig überraschend. Von neuem erfuhr Deutschland, erfuhr die Welt, daß die deutsche Streitmacht auf der westlichen Kriegsbühne nicht nur den Ansturm des Feindes abzuweisen vermochte, sondern noch stark genug war, selber sieghaft anzugreifen.

Der verdienstvolle Führer, dem dieser Erfolg zu danken ist, ist 1851 zu Muskau in Schlesien geboren. Seine Schulbildung genoß er auf dem Gymnasium zu Kottbus. 1871 trat er als Fahnenjunker beim Garde-pionier-Bataillon in Berlin ein. 1872 wurde er Leutnant, 1879 Oberleutnant. Von 1881 bis 84 war er auf der Kriegsakademie, dann kam er in den Großen Generalstab. Nach abermaligem Frontdienst als Kompagniechef beim 8. Pionierbataillon und bei den Gardepionieren kam Mudra in das Kriegsministerium. 1891 wurde er zum Major befördert, 1893 erhielt er ds Kommando des 7. Pionierbataillons. Als Oberstleutnant stand er 1898 der Artillerie- und Ingenieurschule vor, als Oberst war er Chef des Pionierstabs. 1907 wurde er Generalleutnant und Kommandeur der 39. Division. Vor dem Kriege war er Chef des Ingenieur- und Pionierkorps und Generalinspekteur der Festungen. Als solcher hatte er seinen Wohnsitz in Metz. 1913 wurde er vom Kaiser in den erblichen Adelsstand erhoben. Er hat einen Sohn, der in der ersten Zeit des Krieges Beobachter bei der Fliegerabteilung 27 war und gegenwärtig als Regimentsadjutant beim Leibgarderegiment 115 Dienst tut. Die einzige Tochter des Generals ließ sich mit dem Fliegerleutnant Moelle kriegstrauen.

Nach langen Monaten des Stellungskriegs, während welcher von beiden Seiten in Angriffen und Gegenangriffen örtliche Erfolge errungen wurden, hörten wir dann erst im Februar des Jahres 1916 von neuer und lebhafterer Kampftätigkeit auf dem Frontabschnitt der Kronprinzenarmee. Der Brennpunkt dieser mit gewaltiger Entfaltung der deutschen schweren Artillerie einsetzenden Kämpfe war die französische Festung Verdun, welche längst schon von den deutschen Stellungen in weitgeschweiftem Bogen umklammert war.

Am 23. Februar berichtete das Große Hauptquartier über den ersten deutschen Erfolg in dieser neuen Angriffsperiode. Östlich der Maas, in Höhe der Dörfer Consenvoye und Azannes, waren die seit anderthalb Jahren mit allen Mitteln der Befestigungskunst ausgebauten französischen Stellungen in einer Breite von 10 und einer Tiefe bis zu 3 Kilometern erstürmt und dem Feinde, abgesehen von seinen blutigen Verlusten, mehr als 3000 Mann an Gefangenen abgenommen worden. Damit hatte sich die deutsche Front um 3 Kilometer näher an die Fortslinie von Verdun herangearbeitet. Dieser Schlag mußte für die Franzosen um so schmerzlicher sein, als sich zwei Tage zuvor die deutsche Stoßkraft schon im Raume von Souchez erfolgreich bewährt hatte, wo 300 Meter der feindlichen Stellung im Sturme genommen worden waren. Und ebenfalls gegen die englische Front nördlich von Ypern war vor kurzem, am 19. Februar, ein deutscher Vorstoß geglückt, während im Süden, im Oberelsaß, deutsche Angriffe nicht minder erfolgreich verlaufen waren. Wenn die Franzosen wirklich an eine Erschöpfung der deutschen Kraft geglaubt hatten, so mußten sie nunmehr zu ihrem Schrecken sich vom Gegenteil überzeugen.

In den nächsten Tagen bauten die Truppen der Kronprinzenarmee ihren Erfolg weiter aus. Sie nahmen die Dörfer Brabant, Haumont und Samogneux und säuberten das ganze Waldgebiet um Beaumont. Am 25. Februar waren sechs weitere besetzte Ortschaften in die Hände der Deutschen gefallen und die Zahl der in diesen Kämpfen gefangenen Franzosen auf über 10 000 gestiegen.

Am 26. Februar wurde dann der nordöstliche Eckpfeiler der Hauptbefestigungslinie von Verdun, die Panzerfeste Douaumont, von dem brandenburgischen Infanterieregiment 24 erstürmt. Diese sehr starke Festung liegt nicht ganz 400 Meter hoch und beherrscht den ganzen Raum zwischen dem Ort Dieppe und dem Maasufer. Der Angriff war für die Deutschen mit überaus großen Schwierigkeiten verknüpft, hatten doch die Franzosen, welche Meister in Verteidigungsanlagen sind, längst alles hergerichtet, um ein Vorstürmen des Feindes gegen Verdun fast zur Unmöglichkeit zu machen. Wenn die Deutschen trotz alledem in sehr kurzer Zeit einen so großen Erfolg an sich rissen, so bewiesen sie damit dem Gegner aufs nachdrücklichste, daß ihr Feldheer in der langen Untätigkeit des Stellungskrieges nichts an lebendiger Kraft eingebüßt hatte. Einer Zeitungsnachricht zufolge war bei diesem Sturme auf Douaumont die Führung in den Händen des Generals von Lochow, welcher sich schon durch seinen Sieg bei Soissons unvergänglichen Ruhm erworben hatte (vergl. Seite 112).

Nach bewährtem Verfahren stellten die Franzosen alsbald diese Festung als veraltet und wertlos hin. Sie belogen sich damit selbst, denn in der Tat galt Douaumont als stärkster Punkt des ganzen Befestigungssystems von Verdun, das an sich von französischen Militärschriftstellern wiederholt als die am besten angelegte und uneinnehmbarste Festung Frankreichs bezeichnet worden war.

Douaumont ist vom Mittelpunkt der Stadt Ver=
dun etwa eine deutsche Meile entfernt und bildete
einen gewaltigen Stahl= und Betonpanzerblock, den
die deutsche Artillerie in Trümmer legte. Ein unweit
davon gelegenes kleineres Fort wurde durch einen ein=
zigen Volltreffer der schweren Mörser von oben durch
alle Stockwerke bis zur Munitionskammer hinab
durchschlagen und in die Luft gesprengt.

Der Sturm auf Douaumont fand in Anwesenheit
Seiner Majestät des Kaisers statt.

In erbitterten Angriffen suchten die Franzosen die
Feste zurückzuerobern. Fünfmal stürmten sie, immer
wieder mit frischen Truppen, vor, aber sie wurden ab=
gewiesen. Gleichzeitig nahmen die Deutschen westlich
der Feste französische Stellungen und erstürmten öst=
lich von Douaumont die ausgedehnten Befestigungs=
anlagen von Hardaumont. Die Zahl der gefangenen
Franzosen erhöhte sich auf 15 000.

Am 29. Februar vernahmen wir, daß zum ersten
Male die Stadt Verdun selbst beschossen worden sei.
Kein Teil der Stadt blieb von den Geschossen ver=
schont; in Scharen flüchteten die Einwohner.

Am 3. März nahmen die Deutschen das Dorf Dou=
aumont und machten dabei eine Beute von mehr als
1000 Gefangenen und 6 schweren Geschützen. Den
Ort hatten die Franzosen durch Schanzarbeiten zu
einem sehr widerstandsfähigen Werk hergerichtet, von
welchem aus sie die deutschen Flanken auch nach dem
Fall des Forts wirksam zu bedrohen hofften.

Am 8. März erstürmten die Deutschen in der Ge=
gend von Bethincourt die französischen Stellungen in
der Breite von 6 und der Tiefe von 3 Kilo=
metern. Über 3000 Franzosen wurden gefangenge=
nommen, 10 Geschütze und viel Kriegsmaterial er=
beutet. Wiederholte heftige Angriffe des Feindes
gegen Douaumont wurden immer wieder blutig abge=
wiesen.

20

Am 9. März nahmen nach gründlicher Artillerievorbereitung die Poſenſchen Reſerveregimenter 6 und
19, unter Führung des Generals der Infanterie von
Gurezky-Cornitz, in glänzendem Nachtangriff das
Dorf und die Panzerfeſte Vaux, ſüdöſtlich von Douaumont. In Vaux gelang es den Franzoſen, nach heftigen Gegenangriffen wieder Fuß zu faſſen. Am 11.
März war auf dem Weſtufer der Maas der Raben-
wald von Feinden geſäubert, während auf dem Oſtufer der Kampf um Vaux weitertobte. Am 13. März
konnte das Hauptquartier melden, daß die Zahl der
unverwundeten Gefangenen inzwiſchen auf 30 000 ge-
ſtiegen war. Auch die Beute an Geſchützen und Ma-
ſchinengewehren hatte ſich beträchtlich vermehrt.

Abermals entſpann ſich ein gewaltiges Artillerie-
duell auf beiden Seiten. Einzelne Teile der franzöſiſchen Front erhielten innerhalb zwölf Stunden bis
zu 100 000 Geſchoſſe. Wälder wurden bis zur Wurzel
abgemäht, Bergkämme abgehoben, das Flüßchen For-
ges durch Verſchüttung in eine Reihe von kleinen
Teichen verwandelt, Schützengräben durch andauern-
den Eiſenhagel vollkommen eingeebnet.

Am 15. März ſchoben ſchleſiſche Truppen ſüdlich
von Bethincourt in kräftigem Vorſtoß ihre Linien
auf die „Toter Mann“ genannte Höhe im Weſten des
Rabenwaldes vor und nahmen dabei über 1000 Mann
gefangen. Die auf dieſen Erfolg einſetzenden Gegenangriffe der Franzoſen wurden abgewieſen.

Am 21. März erſtürmten weſtlich der Maas bay-
eriſche Regimenter und württembergiſche Landwehr-
bataillone die ſtark ausgebauten franzöſiſchen Stellungen von Avocourt. Über 2500 Mann wurden gefangengenommen.

Am 29. März meldete das Große Hauptquartier
abermals einen anſehnlichen Erfolg. Auf dem linken
Ufer der Maas waren bei Malancourt die mehrere
Linien tiefen Stellungen in einer Breite von etwa

2 Kilometern erſtürmt worden. Am 31. März waren nach wuchtigem Sturmangriff das Dorf Malancourt und die beiderſeits anſchließenden Verteidigungsanlagen in die Hände der Deutſchen gefallen. Am gleichen Tage ſetzten ſich die Deutſchen in den Beſitz der feindlichen Stellungen nordweſtlich und weſtlich von Vaux. Ein am 2. April unternommener gewaltiger Gegenangriff der Franzoſen brach unter furchtbaren Verluſten zuſammen.

Am 6. April wurde das Dorf Haucourt im Sturm genommen. Der Feind büßte dabei über 500 Mann an unverwundeten Gefangenen ein. Zwei Tage ſpäter bauten die Deutſchen dieſen Erfolg weiter aus, indem ſie ſüdlich von Haucourt dem Feinde den Rücken des ſogenannten Termitenhügels entriſſen. 700 Mann wurden gefangengenommen.

Vergebens mühte der Feind ſich in immer wieder angeſetzten Gegenſtößen ab, überall wurde er zurückgeworfen, zum Teil unter ſchweren Verluſten. Der Abnutzungskrieg, mit welchem die Entente Deutſchland allmählich zu zermürben gehofft hatte, war jetzt hier um Verdun zuſtandegekommen, nur daß er ſich gegen Frankreich kehrte, deſſen Reſerven ſich in erbitterter Abwehr der deutſchen Angriffe, im heißen Anſtürmen gegen die neuen deutſchen Stellungen nutzlos verbluteten.

Mit erheblichen Kräften liefen ſie Sturm gegen den „Toten Mann" und wurden abgeſchlagen. In hellen Scharen ſuchten ſie Haudromont wiederzunehmen und wurden abgeſchlagen. Um Douaumont rangen ſie Mann gegen Mann und mußten weichen. Ohne Unterbrechung donnerte Tag und Nacht das Artilleriefeuer von beiden Seiten. 38 Infanteriediviſionen hatte ſeit dem Februar die franzöſiſche Heeresleitung an dieſen Teil ihrer Front geworfen. Wie ein Moloch verſchlang Verdun die Kinder Frankreichs, die jüngſten Jahrgänge und die älteſten. Aber die Franzosen schreckten vor keinem Opfer zurück, um vielleicht doch noch eine glückliche Wendung zu erzwingen. Mit verzweifelten Anstrengungen wehrten sie sich gegen die Schritt für Schritt vorrückende Umklammerung der Deutschen. Es half ihnen alles nichts. Die Deutschen hielten nicht nur alle Punkte, die sie erstürmt hatten, sie rückten vielmehr, nachdem sie die wildesten Angriffe der Franzosen zurückgewiesen hatten, abermals weiter vor. Den ganzen Mai über währte der gigantische Kampf um Verdun in dieser Weise weiter. Er schien zum Brennpunkt des ganzen Weltkrieges geworden zu sein. Die Kämpfe an den andern Fronten nahmen sich gegenüber diesem rasenden Duell der Artillerie und Infanterie fast klein und bedeutungslos aus.

In diesem Monat Mai des Jahres 1916 begann es mit der Erstürmung der so viel genannten, von den Feinden für so wichtig erklärten und so zäh verteidigten Höhe 304. Am 8. war das ganze Grabensystem am Nordhang der Höhe genommen, die deutschen Linien hatten sich bis auf die Höhe selbst vorgeschoben. Bei diesen Kämpfen wurden abermals frische Truppenteile auf feindlicher Seite festgestellt. Die Zahl der aufgewendeten Divisionen belief sich nach diesen neuen Wahrnehmungen auf 51. Die Franzosen hatten somit bereits doppelt soviel Truppen eingesetzt als der Angreifer. Gegenangriffe auf den „Toten Mann", die neuen deutschen Stellungen bei Douaumont und nun auch auf die Höhe 304 waren an der Tagesordnung. Und während die Franzosen sich die Zähne ausbissen und die Deutschen zu neuem Vorrücken Kräfte sammelten, erklärten englische Zeitungen: Die Schlacht von Verdun sei zu Ende, die Deutschen hätten ihre dritte große Niederlage erlitten. Als erste dieser drei großen Niederlagen galt diesen Schreibern dabei die Marne-Schlacht weil die Deutschen dort ihre Truppen vor französischer Übermacht hatten zurückführen müssen; als zweite zählten sie das Mißlingen des geplanten Durchbruchs in Flandern, der an dem englischen Widerstand bei Ypern gescheitert war. Die Franzosen konnten sich begreiflicherweise nicht zu diesem Standpunkt ihrer Verbündeten bekennen, die von ihrer sicheren Insel her die Lage sehr unsachgemäß beurteilten. Sie grollten ihnen vielmehr, weil jene gerade in dieser Zeit der höchsten Bedrängnis an ihrem Teil der Front so gut wie gar nichts unternahmen. Gewehr bei Fuß, sahen die Briten von Ypern aus dem erbitterten Ringen zu.

Gegen Ende des Monats Mai hatten die Deutschen ihre Erfolge auf der Höhe 304, auf dem Toten Mann und bei Haudromont soweit vervollständigt und ausgebaut, daß der Feind alle Hoffnung aufgeben mußte, etwas von dem verlorenen Boden zurückzugewinnen. Nichtsdestoweniger setzte er seine Infanterieangriffe hartnäckig fort und verschwendete nach wie vor einen ungeheuern Aufwand an Artilleriemunition gegen die deutschen Stellungen. Der letzte Erfolg der Deutschen im Mai war die Erstürmung des hart an der Maas gelegenen Dorfes Cumières (24. Mai), gegen das die Franzosen nun ebenfalls vergebliche Gegenangriffe richteten, und die Wegnahme der französischen Stellungen von Cumières bis zur Südkuppe des Toten Mannes, wobei 1350 Gefangene gemacht wurden (30. Mai).

Die ersten Tage des Monats Juni brachten die Einnahme des Dorfes Damloup. Der Feind versuchte den Deutschen diesen Erfolg durch den Einsatz von Infanteriemassen streitig zu machen. Die größten Anstrengungen unternahm er im Chapitre-Walde und im Südwesten des Dorfes Vaur. Seine Gegenangriffe brachen unter schweren Verlusten zusammen. Das schrittweise, aber unaufhörliche Vordringen hier um Verdun veranlaßte nun die französischen Zeitungen, allmählich auf die Möglichkeit einer Räumung

24

dieses Stützpunktes hinzuweisen. Ganz schüchtern fingen sie an damit zu rechnen, daß die französischen Linien westlich der Maas unter Umständen bis zur Hauptstellung zurückgebogen werden müßten. Einen solchen Plan hatte bereits der französische Generalissimus Joffre befürwortet, allein der Generalstabschef Marquis de Castelnau hatte die Ausführung dieses Vorhabens zu verhindern gewußt und die Verteidigung bis zum äußersten durchgesetzt. Der mit dieser schweren Aufgabe betraute General Pétain wurde in den ersten Phasen der Verteidigung als der Retter von Verdun gepriesen und hat, das wird die Geschichte ihm zubilligen müssen, das Menschenmögliche geleistet.

Nach Ablauf der ersten Juniwoche ergaben nun die Dinge um Verdun folgendes Bild: Die Umgebung des Dorfes Cumières war von den letzten Resten feindlicher Besatzungen geräumt; nordwestlich und südöstlich des Caillette-Waldes hatten die Deutschen Raum gewonnen. Damit war die bisher von den Franzosen festgehaltene Front zwischen den Forts Thiaumont und Vaux ernstlich bedroht. Die Dörfer Damloup und Vaux, der Südrand des Caillette-Waldes und die Umgebung östlich von Fort Thiaumont wurde von den Deutschen gegen alle noch so erbitterten Angriffe der Franzosen zäh verteidigt.

Am 8. Juni erfolgte darauf die Rückeroberung des Forts Vaux. Schon am 2. Juni hatten zwei deutsche Kompagnien sich in dem Fort festgesetzt, allein Teile der französischen Besatzung leisteten noch bis zum 8. Juni Widerstand. Leutnant Rackow war der Führer der ersten Stürmer; der Kaiser hat ihm für seine Heldentat den Orden Pour le mérite verliehen. Die vergeblichen Entsatzungsversuche der Franzosen mehrten nur die Zahl der Gefangenen. 700 unverwundete Feinde, eine große Anzahl Geschütze, Maschinengewehre und Minenwerfer fielen den Siegern in die

Hände. Gleichzeitig wurden auch die Kämpfe um die Hänge beiderseits des Werkes und um den Höhenrücken südwestlich des Dorfes Damloup siegreich durchgeführt: Fort Vaux war zum erstenmal am 8. März genommen worden; die Deutschen mußten es aber am nächsten Tage wieder räumen. Welchen großen Wert Fort Vaux für die Lage von Verdun hat, das geht allein aus den Opfern hervor, unter denen die Franzosen es behaupteten, aus der furchtbaren Erbitterung, mit der sie es verteidigten. In der Tat darf man es als eine Panzerfeste von außergewöhnlicher Kraft bezeichnen, welche an beherrschender Stelle gelegen ist. Was Douaumont als nordöstlicher Eckpfeiler im Befestigungsgürtel von Verdun war, das war Fort Vaux als östlicher Pfeiler.

Zuerst erklärten nun die französischen Zeitungen, der Verlust des Forts Vaux, das nur noch ein Schutthaufen gewesen, sei bedeutungslos; aber sehr bald wurden ernstere Stimmen laut, wurden bange Betrachtungen angestellt. Man war sich darin einig, daß nunmehr die schweren deutschen Batterien auf Fort Douaumont, welche sich schon bei der Zerstörung von Fort Vaux außerordentlich bewährt hätten, erst recht zu voller Geltung kommen könnten. Man tröstete sich, selbst für den Fall, daß die äußere östliche Befestigungslinie geräumt werden müsse, mit der gewaltigen Stärke der inneren Linie, als deren Hauptstütze die Feste Souville zu gelten habe.

Der letzte große Erfolg im Ringen um Verdun, welchen diese Chronik verbuchen kann, war die Erstürmung des Panzerwerks Thiaumont und des Dorfes Fleury, wobei 2673 Franzosen gefangengenommen wurden.

Die hartnäckigsten Optimisten in Frankreich konnten sich nun doch nicht mehr gegen die Tatsache verschließen, daß die Deutschen vor der bedrohten Festung Fortschritte machten, daß ihre schwere Artillerie besser war als die eigene, und daß man auf französischer Seite zu früh den Jubelruf ausgestoßen hatte: „Sieg bei Verdun."

Kronprinz Rupprecht von Bayern

ist am 18. Mai 1869 als Sohn des Prinzen Ludwig und der Prinzessin Maria Theresia, Erzherzogin von Österreich d'Este, geboren. Er genoß zunächst eine militärische Erziehung und studierte dann in München und Berlin. Am 8. August 1886 wurde er zum Offizier ernannt, diente als Leutnant im Infanterie-Leib-Regiment und im 3. Feldartillerie-Regiment, 1891 als Oberleutnant und später als Rittmeister im 1. Schweren Reiterregiment und war dann Kompagniechef im Infanterie-Leibregiment, bei welchem er 1896 Major und Bataillonskommandeur wurde.

Prinz Rupprecht unterbrach dann den aktiven Dienst, um eine Reise nach Indien zu machen, wurde 1899 Oberst und Kommandeur des 2. Infanterieregiments „Kronprinz" und 1900 Generalmajor und Kommandeur der 7. Infanteriebrigade. Am 10. Juli 1900 vermählte er sich mit Maria Gabrielle, Herzogin in Bayern, einer Tochter des am 30. November 1909 verstorbenen Herzogs Theodor und der Prinzessin Marie-José von Braganza, Infantin von Portugal. Im Winter 1902/3 machte er mit seiner Gemahlin und seinem Vetter Prinz Georg eine längere Reise nach Indien, Japan und China.

Nach der Rückkehr wurde er 1903 Generalleutnant, 1904 Kommandeur der 1. Division und 1906 kommandierender General des 1. Armeekorps und in dieser Stellung General der Infanterie. Der Kronprinz ist Inhaber des K. B. 2. Inf.-Regts. „Kronprinz", steht à la suite des K. B. Inf.-Leib-Regts., des K. B. 1. Feld-Art.-Regts, des K. Pr. Leib-Kürassier-Regts. (Schlef.

Nr. 1) „Großer Kurfürst", des K. Sächs. 3. Inf.-Regts.
Nr. 102 „König Ludwig III. von Bayern"; des K.
Württemb. 2. Feld-Art.Regts. Nr. 29 „Prinz-Regent
Luitpold von Bayern" und des Kaiserl. II. See-Ba-
taillons. Er ist Oberst-Inhaber des K. u. K. Österr.-
Ungarischen 43. Inf.-Regts. Seiner Ehe entsprossen
drei Söhne Erbprinz Luitpold, Prinz Albrecht und
Prinz Rudolf sowie eine Tochter Prinzessin Irmen-
gard, von welchen letztere im Jahre 1903, Prinz Rudolf im Jahre 1912 und Erbprinz Luitpold während
des Krieges im August 1914 gestorben sind.

Seine Gemahlin Prinzssin Marie Gabrielle starb
am 24. Oktober 1912 zu Sorrent.

Am 27. Mai 1900 trat Kronprinz Rupprecht dadurch politisch hervor, daß er sich in einer Delegierten-
versammlung des bayerischen Flottenvereins zu München energisch für die damals eingebrachte Flotten-
vorlage aussprach. Kronprinz Rupprecht ist zurzeit als
Generaloberst Inspekteur der 4. Armeeinspektion in
München.

Der fürstliche Heerführer errang am 20. August 1914
im Kampfe gegen die Franzosen einen glorreichen
Sieg, mit dem sein Name für alle Zeiten unlösbar
verknüpft bleiben wird. Nachdem am 11. August bei
Lagarde und am 12. bei Badonviller Teilkräfte der
im Aufmarsch befindlichen deutschen Truppen siegreich
gegen die Franzosen gekämpft hatten, zogen sie sich
vor feindlichen Heeresmassen, die zwischen Nancy und
Belfort nach Nordosten vorgingen, zurück und gaben
dem Feinde den Einmarsch auf deutsches Gebiet frei.

Am 19. August setzte der Kronprinz in der Linie
Morville (südlich von Metz)-Mörchingen-Bensdorf-
Finstingen-Pfalzburg seine Truppen an. Am 20. August
griffen die Deutschen wieder alles Erwarten an und
warfen die Franzosen über Delme = Château = Salins-
Marsal = Bisping zurück. Saarburg wurde noch vom
Feinde behauptet. Am heftigsten wurde bei Conthil

zwischen Dieuze und Vergaville, bei Bisping und bei
Saarburg gekämpft.

Das Ergebnis des ersten Schlachttages war, daß
die Franzosen um 15 Kilometer zurückweichen mußten.
Am 21. setzten die Deutschen ihr Vorgehen fort, war=
fen die Franzosen noch weiter zurück und gewannen
ihnen auch Saarburg ab. Mit echt bayrischer Derb=
heit gingen die tapfern Truppen des Kronprinzen
Rupprecht zu Werke, bis sie am 23. und 24. durch Vor=
stöße der Franzosen aus Nancy festgehalten wurden.

Das Feld dieser gewaltigen Schlacht zwischen Metz
und den Vogesen nahm einen größeren Raum ein als
1870/71 unsere gesamte Armee. Die Grenze von Metz
bis zu den Vogesen in Höhe Straßburgs beträgt über
100 Kilometer. „Es ist ein welliges, hügelreiches Ge=
lände,“ schreibt Major a. D. E. Moraht im „Berliner
Tageblatt“, „das dem ganzen Offizierkorps des deut=
schen Heeres so vertraut ist, wie die eigene Heimat.
Das ist keine Übertreibung. Kaum hat der Fähnrich
die Epauletten bekommen, so vertieft er sich alsbald
dienstlich in die Generalstabskarten und Kriegsspiel=
pläne von Metz und Umgegend. Und von diesen Or=
ten und Weilern von Saarburg bis Diedenhofen
nimmt der deutsche Offizier erst Abschied, wenn er den
Rock feines letzten Regiments auszieht. Jede Schlucht,
jeden Vorpostenhügel, jeden Waldweg, für spähende
Patrouillen geeignet, findet er selbst dann, wenn er,
müde vom Tagesdienst, theoretische Schlachten schlagen
muß, im Kriegspiel. Es war etwas gewagt von un=
seren Feinden, gerade in diese uns so bekannte Welt
hinein ihren Vorstoß zu richten. . . . Es handelt sich
um einen deutschen Sieg über dreihunderttausend
Feinde, wenn man einige Kavalleriekorps und Armee=
truppen hinzurechnet. Um einen Vorstoß mit starken
Kräften in das deutsche Grenzgebiet hat es sich nicht
gehandelt. Vielmehr wurde die Bewegung dieser
feindlichen Massen ersichtlich zu dem Zweck unternom=

men, den Durchbruch im großen Stile zu versuchen. Ausgegangen ist er offenbar aus der französischen Linie Toul—Nancy—Epinal, und man geht wohl nicht fehl, wenn man annimmt, daß das nächste Ziel für ihn die deutsche Linie Wallersberg—Bensdorf—Dieuze—Saarburg war. Wäre diese deutsche Linie durchbrochen worden, so wäre der französische Vorstoß gegen Saarbrücken—Saargemünd—Weißenburg weitergeflutet, und die Pfalz wäre der Kriegsschauplatz geworden. Daß solches Unglück abgewendet wurde, ist die eine erkennbare Bedeutung dieses Sieges."

Die Siegesbeute wurde auf 10 000 Gefangene und 50 Geschütze angegeben. Truppen aller deutschen Stämme, so sagte das Telegramm der obersten Heeresleitung, waren an dem Siege beteiligt. Der Rückzug der Franzosen artete in Flucht aus.

Der Vater des Kronprinzen Rupprecht, der jetzige König Ludwig von Bayern, richtete an seinen Sohn das folgende Telegramm:

„Lieber Sohn! Von Seiner Majestät dem Kaiser mit der Führung einer Armee betraut, haben Eure Königliche Hoheit die bayerischen Truppen gemeinsam mit Truppen anderer deutschen Stämme zu dem ersten großen Siege in dem gewaltigen Kampfe geführt, den Deutschlands Heere gegen übermütige Feinde auszufechten gezwungen sind. Ganz Bayern, ja ganz Deutschland teilt mit mir die Freude über diesen Erfolg der deutschen Waffen, über die glänzenden Leistungen der bayerischen Truppen und über den bayerischen Kronprinzen, meinen Sohn, der diese Truppen mit hervorragender Umsicht in der Schlacht geführt hat. In dankbarer Würdigung der hohen Verdienste, die Eure Königliche Hoheit sich erworben haben, verleihe ich demselben das Großkreuz des Militär-Max-Josephordens, und zwar dasselbe Großkreuz, das Eurer Königlichen Hoheit höchstseligen Herrn Urgroßvater, Seiner Majestät König Ludwig I., als Kron-

prinzen für feine Verdienste in dem Treffen bei Pop=
lowy am 16. Mai 1807 von Seiner Majestät König
Max Joseph verliehen worden ist. Möge Gott auch
fernerhin mit Eurer Königlichen Hoheit und mit dem
tapferen deutschen Heere sein. Eurer Königlichen
Hoheit von Herzen anhänglicher Vater

Ludwig."

Über die Persönlichkeit und die Denkweise des
fürstlichen Heerführers haben die Zeitungen zwei er=
wähnenswerte Auslassungen verzeichnet. Die erste
rührt her von dem Berichterstatter der „Neuen Freien
Presse". Er teilt seinem Blatte folgendes mit:

„Aus den Schützengräben eines bayerischen Re=
ferveforps zurückkehrend, wurde ich vom Kronprinzen
Rupprecht zur Tafel gezogen. Der Kronprinz be=
wohnt ein modernes französisches Schloß, von wo aus
er immer Fahrten an die Front unternimmt. Er
trug die bayerische blaue Offizierslitewka mit den
Achselstücken eines bayerischen Generalobersten.

Kronprinz Rupprecht sah vorzüglich aus, feine
Bewegungen waren trotz der großen Strapazen des
Feldzuges frisch und elastisch. Die Vorstellung er=
folgte in einem Empfangssalon durch den persönlichen
Adjutanten. Der Kronprinz hörte mit großem Inter=
esse, daß ich durch eine mehrtägige kurze Beurlaubung
nach Hause über die Stimmung, die Zuversicht und
die Verhältnisse in der Monarchie wohlunterrichtet
sei. Der Kronprinz sprach mit großer Liebe und
Wärme von Österreich und auch von Ungarn, wo ein
großer Grundbesitz seiner Familie liegt.

Bei der Tafel wies mir der Kronprinz einen Platz
zu seiner Rechten an. Es waren nur noch General
v. Krafft, der Chef seines Generalstabes, der Ober=
quartiermeister, einige hohe Offiziere vom Armee=
oberkommando und zwei Korrespondenten geladen.

Über Einzelheiten der Unterhaltung bin ich nicht
berechtigt, Mitteilungen zu machen, nur so viel glaube

ich bemerken zu dürfen, daß der Kronprinz außerordentlich zuversichtlich sowohl über die Gegenwart wie auch über die Zukunft denkt.

Der Kronprinz sprach mit warmen Worten von seinen Truppen, die mit heldenmütiger Bravour seit dem Beginn des Feldzuges stets siegreich gefochten haben, und die sich auch jetzt in den Schützengräben allen Strapazen gewachsen zeigten. Aus seinen Worten sprach immer die unbedingte Zuversicht und das feste Vertrauen in den nach hartem Kampfe entscheidenden und endgültigen Sieg Deutschlands und der mit ihm verbündeten Monarchie.“

Die zweite Mitteilung, die hier angeführt sein möge, ist von dem allbekannten bayerischen Romanschriftsteller Ludwig Ganghofer gegeben worden, der eine Reise zum westlichen (später auch zum östlichen) Kriegsschauplatze gemacht hat. Zu Anfang der Unterredung, die der Dichter mit dem Heerführer hatte, sagte der letztere:

„Unser Heer, das ist ein Menschenmaterial, mit dem man alles, auch das fast unmöglich Scheinende, leisten kann, wenn man es richtig macht und die rechte Stunde wählt. Die wird kommen. Man darf nur in der Heimat den Erscheinungen gegenüber, welche durch die Lage der Dinge hier verursacht werden, nicht allzu kritisch sein. Die Situation ist für uns eine ganz verläßliche. Daheim beurteilt man das nicht immer in zutreffender Weise. Wenn wir von der Heimat Geduld und gläubiges Ausharren erwarten, dann verlangen wir weniger, als wir selbst im Felde hier zu leisten haben. Glauben Sie mir, wir im Felde hier, besonders wir Führer, liefern Geduldsproben, mit denen die doch wesentlich ungefährlichere Geduld, die man in der Heimat beizusteuern hat, den Vergleich nicht aushält.“

Bei Besprechung der Skrupellosigkeit unserer Feinde in der Wahl ihrer Kampfmittel und ihrer po-

Prinz Heinrich

Albrecht v. Württemberg

Rupprecht v. Bayern

Leopold v. Bayern

Gravüren Bruckmann München

litischen Schachzüge sagte der Kronprinz: „Unter allen Völkern sind die Engländer in der Politik am brutalsten; aber es passiert ihnen manchmal trotz ihrem gewiegten Rechnen, daß sie in der Praxis das ihnen Schädliche ausführen, und ich glaube, daß es ihnen jetzt so geht. In uns Deutschen wohnen Kräfte, die für die Engländer am 4. August noch dunkle Ziffern waren. Darum haben sie sich verrechnet."

Über die psychische Erneuerung unseres Volkes durch den Krieg sagte der Kronprinz unter anderem: „Allen schwer erträglichen Härten zum Trotz ist dieser Krieg ein Gesundbrunnen für unser Volk. Alles Gute und Lebensfähige stärkt er, alles Schwächliche belebt er, Angekränkeltes, das sich vordrängte, verschwindet. Man ist jetzt in der Heimat doch wohl erlöst von allem überreizten Ästhetentum und aller manierierten Dekadenz. Wegen solcher Dinge hat man sich übrigens viel mehr Sorge gemacht, als notwendig war. Gar so arg, wie es für manchen aussah, war es nicht. Die frische prachtvolle Jugend, die jetzt mit dem Rekrutennachschub ins Feld kommt, beweist es mir."

Über die Meinung, daß alles Gegenwärtige schlechter als das Vergangene sei, sagte der Kronprinz weiter, er hätte alte Männer oft sagen hören, daß es im Jahre 1870/71 nicht so groß, einheitlich und heilig gewesen wäre, wie in den Befreiungskriegen. Jetzt würde das gleiche gesagt gegenüber der Zeit von 1870/71. „Ich glaube, es war vor 100 Jahren und vor 45 Jahren und im vergangenen August das gleiche: Deutsche Kraft, die sich ausstreckte in der Not, deutscher Wille, der zu Eisen wurde, und deutsche Energie, die sich nicht beugen läßt und beharrlich bleibt, ohne im Glück übermütig oder unter einem Rückschlag verzagt zu werden."

Weiter kam der Kronprinz in seinem Gespräch auf die materiellen Verluste zu sprechen, von denen er sagte, daß man sie doch bei dem Gedanken verschmerzen und überwinden könne, daß eine große Zukunft den Verlust wieder ersetzen werde. Er kam dabei des näheren auf den deutschen Süden zu sprechen, der als industriearmes Land besonders unter dem Kriege zu leiden hätte, noch dazu, wo auch die Fremdenindustrie vollkommen versiegt sei. Über München sagte er, daß es nach diesen Erfahrungen ein wenig werde umlernen müssen. Er sei aber überzeugt, daß München auch nach dem Kriege die Kunststadt bleiben werde, die es war, und er hoffe, daß sie daneben eine Stadt der deutschen Arbeit sein werde, die in ihrer Blüte unabhängig sei von allem Fremden.

Beim Abschied sagte der Kronprinz: „Daß unser Volk durch Dick und Dünn durchhalten wird, daran habe ich noch keine Sekunde gezweifelt. Ein paar Ungeduldige und Wehleidige? Was macht das aus?

Das Volk im ganzen fühlt seine deutsche Pflicht, und Pflichtgefühl und Geduld sind immer zwei Dinge, die zusammengehören wie Schwestern. Wenn wir recht und fest unsere Pflicht erfüllen, dann ist Geduld von selber dabei, oder haben Sie hier bei uns im Felde schon einen Ungeduldigen gesehen?“

Ganghofer erwiderte: „Nein, königliche Hoheit, nur Sehnsüchtige,“ worauf der Kronprinz sagte: „Das ist was anderes. Wäre es nicht so, dann wären wir doch keine Deutschen.“

Als im weiteren Verlauf der westlichen Kämpfe die Schlachtfront eine Ausdehnung bis hinauf zur belgischen Nordsee erlangte, nahm die Oberste Heeresleitung der Deutschen eine Umgruppierung ihrer Streitkräfte vor. Aus naheliegenden Gründen wurden über den neuen Kampfbereich der verschiedenen Heere keine Angaben gemacht. Wir erfuhren nur aus einem Tagesbefehl des Kronprinzen Rupprecht, daß dessen Armee, die im August zwischen Metz und den Vogesen gestanden hatte, nunmehr an den rechten

Flügel geschoben wurde. Dieser Armeebefehl des Kronprinzen Rupprecht lautete nämlich:

„Soldaten der VI. Armee! Wir haben nun das Glück, auch die Engländer vor unserer Front zu haben, die Truppen jenes Volkes, dessen Neid seit Jahren an der Arbeit war, uns mit einem Ring von Feinden zu umgeben, um uns zu erdrosseln. Ihm haben wir diesen blutigen, ungeheuern Krieg vor allem zu verdanken. Darum, wenn es jetzt gegen diesen Feind geht, übt Vergeltung für die feindliche Hinterlist, für so viele schwere Opfer. Zeigt ihnen, daß die Deutschen nicht so leicht aus der Weltgeschichte zu streichen sind, zeigt ihnen das durch deutsche Hiebe von ganz besonderer Art. Hier ist der Gegner, der der Wiederherstellung des Friedens am meisten im Wege steht. Drauf!   Rupprecht.“

Wir wissen aus den Berichten von den Kämpfen auf dem rechten Flügel der Westheere, daß die Truppen des bayerischen Thronerben diesen Befehl beherzigt haben. Im November 1914 erfuhren wir, daß sie an der belgisch=französischen Küste im Kampfe mit Franzosen, Farbigen und Engländern ständen. Gleichzeitig wurde ein neuer Armeebefehl des Kommandeurs bekanntgegeben:

„Die Augen der ganzen Welt sind jetzt auf euch gerichtet. Es gilt, in dem Kampfe mit unserm verhaßtesten Feinde nicht zu erlahmen, seinen Hochmut endgültig zu brechen. Schon wird er mürbe. Schon haben sich zahlreiche Offiziere und Mannschaften freiwillig ergeben, aber der größte, entscheidende Schlag steht noch bevor. Ihr müßt darum aushalten bis ans Ende, der Feind muß hinunter. Ihr müßt ausdauern, ihn nicht aus den Zähnen lassen. Wir müssen siegen, wir wollen siegen, und wir werden siegen.“

In ihrem neuen Kampfgebiet hatten die Truppen des Kronprinzen von Bayern am 9. Mai 1915 die schwerste Probe zu bestehen, die bisher in diesem ge=

waltigen Kriege an sie herangetreten war. Der Feind
richtete gegen den Abschnitt, den sie besetzt hielten,
einen großangelegten Durchbruchsversuch. Das Hauptquartier entwirft über diese gewaltige Schlacht bei La
Bassée und Arras die folgende Schilderung, aus der
wir nicht nur die ganze Furchtbarkeit des Angriffs,
sondern auch die große Bedeutung dieser Kämpfe für
die Gesamtstellung der deutschen Westfront ersehen:

Plänmäßig aber wirkungslos weckten Bomben-
würfe feindlicher Flieger einige höhere Kommando-
behörden und das Personal aller wichtigen Bahnhöfe.
Die Absicht, durch Zerstörungen Verwirrung in der
Befehlsgebung zu erzielen und den Antransport von
Verstärkungen zu vereiteln, war dem Feinde mißglückt.

Auf den Stellungen nördlich Arras lag von 4 Uhr
morgens ab schwerstes Feuer. Auch auf alle Beobachtungsstellen unserer Artillerie und in die Verbindungen nach vorwärts fiel Geschoß auf Geschoß ein.
Bald versagten die Drähte zu den Schützengräben,
selten und langsam kamen Meldegänger zurück. Daß
der Feind seine Hindernisse wegräume, teilten sie mit.
Von der Höhe von La Folie aus sah man, wie unsere
Gräben in dichten Rauch gehüllt waren. Eine feindliche Granate nach der anderen fuhr in die schwarze
Wolke, die sich bald haushoch türmte. Höher noch
schleuderten Minenwürfe Erdschollen und Trümmer
des weißen Kalkgesteins in die Luft.

Gegen 8 Uhr schweigt das Feuer auf einen Schlag.
Rasch eilen die schon stark gelichteten Reste der Gra-
benbesatzung, niederrheinische Landwehr sowie bayerische Chevaurlegers und Infanterie, an die Brustwehr, bereit, dem anstürmenden Feinde Auge in Auge
entgegenzutreten. Sofort schicken die vorne befindlichen Kommandeure zu den Unterstützungen, die in
der zweiten Stellung liegen, den Befehl vorzurücken.
Unsere Artillerie legt starkes Sperrfeuer auf die
französischen Gräben. Doch statt des Angriffs folgt

ein neuer, noch heftigerer Feuerstoß der feindlichen Artillerie. Wieder bedeckt Rauch und Qualm das ganze Gefechtsfeld. Da, um 9 Uhr, sieht die Artillerie von La Folie aus an der zufällig etwas rauchfreien Stelle zwischen Carency und dem Wäldchen südlich davon eine lange dunkle Linie im Vorgehen. Sie erkennt, wie zwischen Carency und La Targette mehrere Minen in die Luft gehen. Die Franzosen greifen an! Unter dem Rauch hindurch dringen sie in Massen vor.

Im Abschnitt zunächst nördlich der Scarpe brechen sie in unserem Feuer zusammen. Haufen von Toten und Verwundeten der französischen 19. Division und des 17. Armeekorps liegen vor den Drahthindernissen. 1600 feindliche Leichen zählte ein einziges unserer Regimenter vor seinem Abschnitt. Gegenüber Roclincourt dringt ein kleiner Teil ein. Bayerische Bajonette werfen ihn hinaus.

Allzumächtig aber ist der Ansturm auf den durch Artilleriefeuer besonders beschädigten Abschnitt zwischen La Targette und Carency. Mit gewaltiger Überlegenheit überrennen hier das 20. und 33. französische Armeekorps und mitten zwischen ihnen die marokkanische Division die schwache Besatzung der zertrümmerten Gräben. Verzweifelt wehren sich die wenigen Überlebenden. Schwer verwundet fällt der Regimentskommandeur der Landwehr, der die Unterstützungen persönlich vorführt, in Feindes Hand.

Unsere zweite Stellung ist entblößt. An den vorgeschobenen Geschützen nördlich Neuville und südlich Souchez bricht sich die Brandung kurze Zeit, bis der letzte Kanonier zu Boden sinkt. Dann geht der Ansturm weiter. Die Franzosen dringen auf die Höhe von La Folie vor. Die Artilleriebeobachtungsstellen bei La Folie sind in ihrer Hand, schon nähern sie sich dem Ostabfall des großen Höhenzuges. Und auch gegen Norden gewinnen sie Boden. Von der Höhe stürmen sie hinab in das Dorf Souchez. Der Kom-

mandeur eines bayerischen Jägerbataillons mit zehn
Mann hält hier vorläufig allein den Südeingang.

Westlich davon dringen Zuaven und Fremdenle-
gionäre über den Carencybach, nehmen Moulin Ma-
lon, bedrohen die Lorettohöhe von Süden und umschließen auch von Osten das Dorf Carency, gegen das
von Süd und West die 10. Division anstürmt.

Um 12 Uhr mittags scheint es fast, als sei hier den
Franzosen der Durchbruch gelungen. In einer Breite
von 4 Kilometern und einer Tiefe von 3 Kilometern
ist das Gelände zwischen den Dörfern Neuville, Carency und Souchez in ihrer Hand. Auch südlich Neuville
ist der Feind in das Grabengewirr eingedrungen, das
fein Bericht bezeichnenderweise „Labyrinth" nennt.
Bis über die Straße, die im Hohlweg von Ecurie
nach Norden führt, ist er gelangt. Ein von uns
kunstvoll mit Dach versehener Verbindungsweg bietet
ihm nun Schutz.

Aber jetzt zeigt unsere Truppe, welch Geistes sie
ist. Nördlich Ecurie machen die von Süden und
Westen angegriffenen Söhne des Algäus nun auch
nach Norden Front, und wehren dem Feind in erbittertem Nahkampf das Vordringen gegen den Rücken
des Regiments. Kein Mann denkt daran, die Stellung zu räumen. In Neuville werfen sich die Verteidiger in die Häuser und halten die östliche Hälfte
des Ortes. In einem Garten steht ein Geschütz, dessen
Bedienung gefallen ist. Ein Pionierleutnant und
zwei Pioniere feuern damit auf nächste Entfernung in
den Feind. Am Wege von Neuville nach Folie bildet
sich eine Schützenlinie, die den eingedrungenen Feind
von Süden flankiert. Von Norden her lösen eine
badische Batterie und ein bayerischer Haubitzzug, auf
600 Meter feuernd, glänzend diese Aufgabe, bis auch
im Dorfe schwache Unterstützungen, zuerst ein einziger
Jägerzug, der Handvoll Verteidiger zu Hilfe kommen. Von Ablain her verhindern Badener das Vor-

dringen des Feindes gegen Norden. Gegen die Front des Durchbruchs aber werfen sich auf den Höhen westlich Givenchy und Vimy die Reserven des Abschnitts. Jeder Mann weiß, worum es sich handelt. Sieht doch der hier kommandierende General von La Soulette aus schon französische Schützen auf dieser Höhe im Vorgehen. Wer nur Waffen hat, schließt sich den Kompagnien an, Mannschaften der Kolonnen und Pferdewärter stürmen den steilen Osthang hinauf. Und es gelingt. Auf den Höhen 119, 140 und an den Waldrändern südlich davon gebietet unsere Artillerie und Infanterie den Eindringlingen Halt, nachdem deren vorderste Abteilungen niedergemacht sind.

Ein Uhr ist vorbei, die erste Krisis hier überwunden und bis zum Abend ändert sich die Lage nicht.

Inzwischen aber tobt auch an anderer Stelle der Front der Kampf. Auf den nördlich anschließenden Teilen lag seit dem Morgen heftiges feindliches Artilleriefeuer. Die von Gräben, unzähligen Geschoßlöchern und Minentrichtern durchfurchte Lorettohöhe bildete sein hauptsächlichstes Ziel. Dann folgte auch hier der Angriff. Auserlesene Jägerbataillone des französischen XXI. Armeekorps führen ihn. Sie dringen in die Gräben ein. Trotz tapferster Gegenwehr müssen die Badener die vorderste Stellung räumen, nur eine Kompagnie hält sich dort, trotzdem der Feind sie umringt.

Auch weiter nördlich, in der Gegend von Loos, gelangte ein Angriff in unsere Linie. Wieder wurde hierbei ein neues französisches Armeekorps, das IX., festgestellt.

Überall auf diesem Teil des Schlachtfeldes war der Feind nicht über unsere erste Stellung durchgedrungen. Seine Erfolge blieben daher weit hinter dem erstrebten Ziele zurück.

Nicht unmittelbar im Anschluß an die Franzosen erfolgte der englische Angriff. Vom 9. morgens ab beschossen sie unsere Gräben heftig, besonders westlich der großen Straße La Bassée—Estaires und nördlich Fromelles. Allerdings erleichterte ihnen der hohe Grundwasserstand in dieser Gegend die Arbeit. Die Brustwehren mußten seinetwegen größtenteils hier auf den gewachsenen Boden mit Sandsäcken aufge- schüttet werden. Kein Wunder daher, wenn bald alles verschüttet war. Um 6 Uhr 30 Minuten vor- mittags sprangen vollkommen überraschend in der Brustwehr der Bayern nördlich Formelles zwei Mi- nen. An dieser Stelle und an zwei anderen in der Nähe gelegenen drangen sofort starke englische Schüt- zenlinien ein, überrannten die vereinzelten lebenden Verteidiger und warfen sich in weiter hinter unserer Front gelegene Gräben und Gehöfte. Welle auf Welle folgte und versuchte, sich von den schmalen Durch- bruchsstellen aus nach beiden Seiten in den Gräben auszudehnen. Aber schon hatten die anschließenden Abteilungen die Gräben verdämmt, und schon hin- derte das Sperrfeuer der Artillerie die Engländer, weitere Kräfte nachzuschieben.

In wahrhaft musterhafter Weise wirkten die baye- rischen Truppen zusammen, um diesen Anfangserfolg des Feindes zunichte zu machen.

Um die Mittagsstunde war jede Gefahr beseitigt, bis zum Abend das ganze Gelände wieder zurückge- wonnen. An einer Stelle hatte die vorderste Linie durch Angriff von beiden Seiten mit Handgranaten und Bajonett die eingedrungenen Feinde aus eigener Kraft hinausgequetscht, an den beiden anderen hatte der Einsatz von Reserven dieses Ziel erreicht. Der Versuch, dem Schicksal zu entgehen und in die eigenen Gräben zurückzufliehen, kostete die Engländer zahl- lose Tote. Ganz erbitterte Nahkämpfe gegen die durchgebrochenen, verzweifelt sich wehrenden Engländ- der spielten sich hinter unserer Front unterdessen ab. An jeden alten Graben, an jedes Wasserloch, jeden

Trümmerhaufen klammerten sich ihre Reste an. Viel=
fach mußten Ober= und Niederbayern zur heimischen
Waffe greifen, um den Widerstand zu brechen. Von
der Erbitterung der Kämpfe zeugt es, daß nur 140
Gefangene mit 7 Maschinengewehren in unsere Hand
fielen, während 1500 englische Leichen allein hinter
unserer Front begraben wurden. Nicht weniger als
143 tote englische Offiziere zählten wir, eine Zahl, die
nur unerheblich unter der unserer gefallenen Mann=
schaften blieb.

Glänzend hatte eine bayerische Division den An=
griff des dreifach überlegenen verstärkten IV. engli=
schen Armeekorps abgewiesen.

Nicht gleichzeitig setzte der kommandierende Gene=
ral des durch eine indische Division verstärkten I. eng=
lischen Armeekorps seinen Angriff gegen den Abschnitt
Bois du Biez—La Quinque Rue an. Nachdem am
Vormittag seine Infanterie sich nur schwächlich heran=
getastet hatte, steigerte er von 4 Uhr 30 Minuten
nachmittags an sein Feuer zur äußersten Heftigkeit.
Um 5 Uhr 15 Minuten brach der Angriff los. Voran
eine Welle farbiger Engländer, dann weiße, stürzen
aus den vom Feinde für große Massen sehr geschickt
angelegten Versammlungsgräben heraus; noch einmal
farbige und wieder weiße Engländer folgen ihnen.
Bis in unsere Drahthindernisse stürmen die Tapfer=
sten. Aber stärker als des Feindes Wille ist das
Feuer unserer Westfalen. Kein einziger Feind ge=
langt in unseren Graben. Massen von Engländern
verschiedener Rassen decken das Feld.

So war es trotz eingehendster Vorbereitung, ge=
nauester Kenntnis der schwachen Besetzung unserer
Linien, großer Überlegenheit an Zahl, gewaltigen
Munitionsaufwands und rücksichtslosen Einsatzes
guter Truppen dem Führer der englischen Armee
nicht gelungen, irgendwo Vorteile zu erringen. Was
er beabsichtigt hatte, war nicht etwa nur eine Demon=

ſtration zugunſten der Verbündeten. Was er gewollt
hatte, darüber geben uns ſeine Befehle Aufſchluß:

„Die geplanten Operationen zielen auf einen
entſcheidenden Sieg, nicht auf einen lokalen Erfolg ab. Das Ziel der erſten Armee iſt: Durchbruch der feindlichen Linie, um ſich in den Beſitz
der Straße La Baſſée — Fournes zu ſetzen und
dann auf Don vorzuſtoßen.“

Aber auch die Erfolge der Franzoſen blieben
weit hinter dem zurück, was der kommandierende General des XXXIII. Armeekorps ſeinen Truppen angekündigt hatte:

„Nach neunmonatlicher Feldzugsdauer iſt es an
der Zeit, eine endgültige Anſtrengung zu machen,
die feindlichen Linien zu durchbrechen und zunächſt
als Erſtes die Deutſchen von Frankreichs Boden zu
verjagen.

Der Augenblick iſt günſtig. Niemals war das
Heer ſtärker, noch von größerem Mute beſeelt.

Der Feind ſcheint nur einige Diviſionen vor
unſerer Front zu haben, unſere Kräfte ſind viermal ſo ſtark als die ſeinigen. Wir verfügen über
die ſtärkſte Artillerie, die je auf einem Schlachtfelde verwendet worden iſt.

Es handelt ſich heute nicht um einen Hand-
ſtreich oder um die Wegnahme von Schützengräben. Es handelt ſich darum, den Feind mit
äußerſter Heftigkeit anzugreifen, ihn zu ſchlagen,
mit beiſpielloſer Hartnäckigkeit und Zähigkeit zu
verfolgen, ohne Rückſicht auf Strapazen, Hunger,
Durſt und Leiden.“

Das wollte der Feind, dazu hatte Joffre einen der
beſten ſeiner Unterführer, den General Foch, mit der
Leitung des Angriffs betraut, dazu hatte er Frankreichs ganze verfügbare Kraft vereinigt.

Gleichzeitig mit dem Deutschen Kronprinzen er=
hielt auch der bayerische Thronfolger am 26. August
1915 den Orden Pour le mérite.

„Mit Stolz,“ schrieb ihm der Kaiser dazu, „er=
innert sich Deutschland in diesen Tagen der glor=
reichen Schlacht in Lothringen, in der Eure König=
liche Hoheit an der Spitze von Söhnen aller deut=
schen Stämme den in das Reich eingebrochenen
Feind über die Grenze zurückgetrieben. Dem leuch=
tenden Siege ist eine lange, schwere Zeit gefolgt. Dem
immer wieder erneuerten Ansturm der der Zahl nach
überlegenen Gegner galt es die Stirn zu bieten, um
die Grundbedingungen für unsere Operationen im
Osten zu schaffen. Wie Eure Königliche Hoheit und
die Ihnen anvertrauten Truppen diese Aufgabe
lösten, das ist für alle Zeiten auf der Tafel der deut=
schen Heeresgeschichte verzeichnet. Mir aber ist es
ein Bedürfnis, Ihnen in dankbarster Anerkennung
dessen, was Sie für die deutsche Sache geleistet haben,
den Orden Pour le mérite zu verleihen.“

Gegen Ende des Monats September 1915 setzten
Franzosen und Engländer gegen die Stellungen Rupp=
rechts von Bayern zu einem gewaltigen Angriff ein,
den sie erst mit ungeheurem Granathagel und dann mit
erstickenden Gaswolken einleiteten. Am 27. Septem=
ber meldete das Große Hauptquartier: „Südwest=
lich von Lille gelang es dem Gegner, eine unserer
Divisionen bei Loos aus der vordersten in die zweite
Verteidigungslinie zurückzudrücken. Hierbei haben
wir naturgemäß erhebliche Einbuße auch an dem
zwischen den Stellungen eingebauten Material aller
Art erlitten. Der im Gange befindliche Gegenan=
griff schreitet erfolgreich fort. Die Trümmer des
einstigen Dorfes Souchez räumten wir freiwillig.
Zahlreiche Angriffe auf dieser Front wurden glatt
abgeschlagen, an vielen Stellen mit schwersten Ver=
lusten für den Gegner.“

Aus den großen Kräften, welche Joffre und French bei diesem Vorgehen heranführen ließen, konnte die Welt erkennen, daß es den Briten diesmal bitterer Ernst gewesen war. Es ging wirklich um einen Durchbruch der deuschen Front; eine Entscheidung sollte herbeigeführt werden. Wir wissen, daß zur gleichen Zeit zwischen Reims und den Argonnen die Franzosen mit gewaltigen Massen und nach siebzigstündiger Beschießung der deutschen Stellung einen Angriff gemacht haben, und erfuhren aus einem Armeebefehl Joffres — man fand einige Exemplare dieses Befehls bei Gefangenen — daß die Engländer und Franzosen in gegenseitigem Einklang vorgegangen waren, und welche Truppenteile sie zu dem gewaltigen Durchbruchsversuch angesetzt hatten.

An diesem Massenaufgebot, an der ungeheuerlichen Artillerievorbereitung und an der Wichtigkeit der gestellten Aufgabe gemessen, wären selbst größere Erfolge des Feindes, wenn solche errungen worden wären, noch unbedeutend gewesen. Aber der große Angriff kam nicht nur sehr schnell zum Stehen, er wurde von deutscher Seite nicht allein abgeschlagen, wir vermochten vielmehr fast an allen Punkten zu erfolgreichem Gegenangriff überzugehen und Teile des uns entrissenen Geländes wiederzunehmen, wobei der Feind viele Gefangene und viel Material in unsern Händen laßen mußte.

Wenn wir hören, daß vierzehn bis fünfzehn englische Divisionen bei diesem Angriff beteiligt waren, daß hinter Hunderttausenden von Kubikmetern giftiger Gase Schotten, Irländer, Gurkhas, Sikhs und Farbige aller Schattierungen heranstürmten, daß gleichzeitig weiter südlich, beiderseits Arras, fast ebensoviele Franzosen angriffen, nachdem tagelang ein Wirbelfeuer von unerhörter Stärke auf die deutschen Gräben getrommelt hatte, so können wir gewiß den Heldenmut der Truppen, welche die Anstrengungen der Feinde zunichte werden ließen, nicht hoch genug preisen. Bei Fromelles ging es besonders heiß her; bei Aubers wurde eine ganze indische Brigade vernichtet. Auch bei Givenchy und Festubert — wo schon bei der Frühjahrsoffensive die Briten 15 000 Mann eingebüßt hatten — brachten die Unsrigen ihnen starke Verluste bei. Nur südlich La Bassée errangen die Engländer Erfolge, allein sie verdankten diese nur den giftigen Gasen, die sie, dank einem günstigen Winde, ihren Sturmkolonnen vorausschicken konnten.

Schon am 2. Oktober hörten wir, daß der englische Angriff abgeflaut wäre und unser Gegenangriff langsam von Erfolg zu Erfolg geführt würde. Von Stützpunkt zu Stützpunkt geworfen, verloren die Briten mehr und mehr von dem erstürmten Gelände. Von der Straße Lens—La Bassé, die sie an einigen Stellen erreicht hatten, mußten sie weichen, obwohl sie Brigade um Brigade einsetzten und wiederholt giftige Gase heranrollen ließen.

Auf den Höhen westlich Vimy gelang es unterdessen den Franzosen, nur einige Gräben zu nehmen. Weiter südlich scheiterten alle ihre verzweifelten Anstrengungen.

Mit Recht durfte Kronprinz Rupprecht von Bayern die Tapferkeit seiner Soldaten aufs höchste rühmen und die Zuversicht aussprechen, daß auch weitere Angriffe, mit welchen man rechnen müsse, erfolgreich abgewiesen werden würden. „Wenn die Engländer wollen," sagte er zu den Kriegsberichterstattern, „können sie es noch einmal versuchen."

Als er am Vorabend der großen Durchbruchsschlacht in einem Armeebefehl die Erwartung aussprach, die ruhmredig angekündigte Offensive des Feindes werde an dem eisernen Willen unseres Volkes in Waffen zerschellen, da wußte er, was er seinen

Soldaten zutrauen dürfe, und dieses Zutrauens haben sie sich würdig gezeigt.

Die englische Heeresleitung hatte davon gesprochen, daß durch diese größte Schlacht aller Zeiten der Krieg mit einem Schlage beendet werden sollte, daß vom Ausgange der großen Offensive das Schicksal kommender englischer Generationen abhinge. Mit ersterem Ausspruche hat sie nicht recht behalten, der zweite mag sich ja wohl noch bewahrheiten.

Im Winter des Jahres 1915 ist es an diesem Frontabschnitt zu keinen Unternehmungen größeren Stils gekommen. Minen- und Handgranatenkämpfe waren an der Tagesordnung. Gegen Ende Januar drangen die Deutschen 1000 Meter tief in die feindliche Stellung ein und nahmen über 1200 Franzosen und Engländer gefangen.

Alle Angriffe, welche späterhin die Engländer unternahmen, um den bei Verdun mehr und mehr bedrängten Franzosen Luft zu machen, wurden abgeschlagen. Zu starken Vorstößen rafften sie sich erst Ende Mai auf, allein sie hatten auch damit kein Glück. Bis zu dem Zeitpunkt, mit welchem diese Chronik abschließt, haben die Truppen des bayerischen Kronprinzen nicht nur ihre Front festgehalten, sondern sind stellenweis sogar noch weiter vorgedrungen.

Herzog Albrecht von Württemberg,

bisher Generalinspekteur der 6. Armee-Inspektion zu Stuttgart, ist am 23. Dezember 1865 in Wien geboren. Sein Vater ist der Herzog Philipp von Württemberg, seine Mutter die Erzherzogin Maria Theresia von Österreich. Herzog Albrecht gehört der katholischen Linie des württembergischen Königshauses an.

Herzog Albrecht von Württemberg.

Am 28. August 1883 trat Herzog Albrecht als Leutnant in den aktiven Heeresdienst, 9. Juni 1888 wurde er Oberleutnant, 18. Januar 1890 Hauptmann, 24. Januar 1893 Major. Von 1895 bis 1896 war er etatsmäßiger Stabsoffizier beim 2. württembergischen Dragoner-Regiment Nr. 26. Am 18. April 1896 rückte er zum Obersten auf und erhielt das Kommando über das Württembergische Grenadier-Regiment Nr. 119 „Königin Olga". Am 15. Juni 1898 wurde er zum Generalmajor befördert und mit der Führung der 4. Garde-Kavallerie-Brigade in Potsdam betraut. 1900 übernahm er die 51. Württembergische Infanterie-Brigade in Stuttgart.

Am 16. Juni 1901 erfolgte seine Beförderung zum Generalleutnant und Kommandeur der 26. (Württ.) Division, am 22. September 1906 seine Ernennung zum General der Kavallerie und zum Kommandierenden General des 11. Armeekorps in Kassel. Im Februar 1908 übernahm er das Kommando des 13. (Württembergischen) Armeekorps. Am 1. April 1913 wurde er Generalinspekteur der 6. Armeeinspektion. Er ist mit Erzherzogin Margarete von Österreich vermählt und hat sechs Kinder.

An der Spitze der 4. Armee marschierte er in die belgische Provinz Luxemburg ein, zu beiden Seiten von Neufchateau. Am 22. Augst stießen seine Truppen auf eine über den Semois vorgedrungene französische Armee. Der Kampf endete mit einem vollen Siege der 4. Armee. Sie nahmen dem Feinde zahlreiche Geschütze, Feldzeichen und Gefangene, darunter mehrere Generäle, ab. Darauf verfolgten sie die Franzosen über den Semois und überschritten die Maas.

Dieser Sieg wurde unter sehr schweren Umständen errungen. Ein deutsches Armeekorps stand gegen drei französische. Ganz besonders zeichnete sich dabei das 81. Infanterie-Regiment aus, das Generalmajor Prinz Friedrich Karl von Hessen, ein

Schwager des Kaisers, führte. Beim Sturm ergriff er selbst die Fahne und trug sie seinen Soldaten voran.

Bei der Fortsetzung des Überganges über die Maas gingen Vortruppen der Armee des Herzogs von Württemberg, den Feind überrennend, weiter vor. Von stärkeren feindlichen Kräften wurden sie zurückgedrängt und mußten teilweise wieder über die Maas zurückgehen. Dann aber gewann die Armee die Maasübergänge von neuem und drang unaufhaltsam gegen die Aisne vor. Sie ließ das Fort Les Ayvelles hiner sich, das dann in kurzem gefallen ist.

Nach der im Oktober erfolgten Neugruppierung der Westheere kam auch die Armee des Herzogs von Württemberg an den rechten Flügel und errang hier vor Ypern einen zweiten großen Sieg. Wir erfahren hierüber Mitte Mai 1915 durch einen ausführlichen Bericht des Großen Hauptquartiers. Dieser Bericht lautete:

Nach den schweren Kämpfen des Oktober 1914 waren in Westflandern am Yserkanal ebenso wie auf der übrigen Westfront die Operationen in einen zähen Stellungskrieg übergegangen, der nur zeitweilig von kleinen Offensiv-Unternehmungen auf beiden Seiten unterbrochen wurde, ohne daß die allgemeine Lage eine wesentliche Änderung erfuhr.

Von der Nordsee folgten die beiderseitigen Stellungen bis Steenstrate (8 Kilometer nördlich Ypern) im allgemeinen dem Laufe des Yserkanals, dessen westliches Ufer zwischen der See und Dixmuiden und Ypern nur bei Drie Grachten von unseren Truppen gewonnen worden war. Zwischen Steenstraate und Oosthoek (4 Kilometer südlich Ypern) sprang die Stellung des Gegners keilförmig über den Kanalabschnitt nach Osten bis zur Straße Passchendaele—Becelaere vor und umschloß in weitem Bogen ein Ge-

v. Kluck

v. Bülow

v. Einem

v. Heeringen

Gravüren Bruckmann München

biet deffen Hauptverbindungen konzentrisch in Ypern zusammenlaufen.

Im einzelnen erstreckte sich die Linie des Gegners von Steenstraate nach Osten über Langemarck bis Poelcapelle, das im deutschen Besitz war, nahm westlich dieses Dorfes eine südöstliche Richtung und bog zwischen Wallemolen und Passchendaele nach Süden um; weiter folgte sie die Straße Mosselmart—Broodseinde—Becelaere, von der sie sich 2 Kilometer südöstlich Zonnebeke nach Südosten wandte, um bei Oosthoek auf das Westufer des Kanals zurückzutreten. Dieser von den Franzosen, Engländern und Kolonialtruppen jeder Färbung besetzten Linie lagen die deutschen Stellungen in wechselndem Abstand, im allgemeinen aber sehr nahe gegenüber.

Das von ihnen umschlossene Gebiet ist, wie die ganze westflandrische Ebene von flachen Erhebungen und Mulden durchsetzt und mit zahlreichen, weitläufigen Ortschaften, Einzelhöfen, Waldstücken, Parks und Hecken so dicht bedeckt, daß die Unübersichtlichkeit des Geländes die Truppenführung und einheitliche Gefechtsleitung schwierig gestaltete. Artilleriebeobachtung ist meist nur von erhöhten Punkten, Kirchtürmen, Windmühlen und ähnlichem möglich, aber auch hier beschränkt die dichte Bodenbewachsung und die feuchte, silbergraue Luft, die die Fernen verschleiert, die Aussicht. Diese Schwierigkeiten des Geländes sind zum Teil der Grund, daß sich der Gegner monatelang in der taktisch ungünstigen Stellung, aus der er jetzt geworfen ist, behaupten und der im April begonnenen deutschen Offensive einen nachhaltigen, nur langsam weichenden Widerstand bieten konnte.

Es lag seit langem in der Absicht des deutschen Armeeführers, die taktisch ungünstige Lage des Gegners zum Angriff östlich Ypern auszunutzen.

Die Zurückdrängung des Gegners aus seiner vor-
springenden Stellung gegen oder über den Yser-
abschnitt würde die Frontbreite der Armee verringern
und den noch in Feindeshand befindlichen Teil Bel-
giens verkleinern. Auch die moralische Wirkung
eines groß angelegten Angriffes auf die Truppen
mußte nach dem langen Stellungskampf von Bedeutung sein.

Die Armee Sr. Königl. Hoheit des Herzogs Albrecht von Württemberg, die an der Yser liegt,
konnte an die Verwirklichung dieser Absicht aber erst
gehen, sobald sie über die ihr so nötigen Kräfte
verfügte. Der von Norden, Osten und Süden um-
faßte Gegner konnte auf die Dauer einem mit aus-
reichenden Kräften geführten Angriff nicht widerstehen, die deutschen Truppen standen im Norden und
Süden von Ypern den dortigen Yserübergängen
näher als die am weitesten nach Osten vorgeschobenen
Teile des Feindes. Aus dieser Lage ergab sich die
Art der Durchführung des Angriffes.

Der Hauptangriff mußte nach der Basis der
feindlichen Stellung, die der Yserkanal bildete, angesetzt werden, um den Ausgang des Sackes, in dem
sich der Gegner östlich Ypern befand, allmählich zu-
zuschnüren und damit die rückwärtigen Verbindungen zu bedrohen. Da die deutschen Stellungen südlich Ypern bereits auf 4 Kilometer gegen die Stadt
vorgeschoben, im Norden aber um die doppelte
Strecke von ihr entfernt waren, schien der Angriff
aus dieser Richtung geboten. Es war anzustreben,
daß der Gegner im östlichen Teile des Sackes möglichst lange festgehalten wurde. Der Hauptangriff
durfte daher nicht zu weit nach Osten ausgedehnt
werden, während den übrigen Teilen der Einschlie-
ßungsfront die Aufgabe zufiel, den gegenüberstehen-
den Gegner zu fesseln. Diese Gedanken leiteten die
am 22. April beginnende Offensive.

An diesem Tage waren die Vorbereitungen beendet, die der schwierige Angriff gegen eine seit Monaten ausgebaute, von einem zähen Verteidiger besetzte Stellung forderte. 6 Uhr abends brachen unsere Truppen aus der Linie Steenstraate—Langemark vor. Der vollkommen überraschte Feind überließ ihnen seine erste und zweite Stellung, die 30 bis 500 Meter vor unserer Front lagen, und floh in westlicher Richtung über den Kanal und nach Süden, während seine Artillerie die nachdrängenden Deutschen aufzuhalten suchte. Als aber die Nacht herabsank, standen die Angriffstruppen in einer Linie, die dem Kanal von Steenstraate über Het Sas bis zwei Kilometer südwestlich Pilkem folgte und, von hier nach Osten umbiegend, in Richtung Kersselaere die alten Stellungen des nächsten Abschnittes erreichte. Nur bei Steenstraate hatte der Feind heftigen Widerstand geleistet, aber dennoch war es gelungen, den Ort abends zu nehmen und hier, ebenso wie bei Het Sas, mit Teilen das linke Kanalufer zu gewinnen. Das taktische Ergebnis des ersten Kampftages war, daß Gelände in einer Breite von 9 Kilometern und in einer Tiefe von 3 Kilometern gewonnen, der Ausgang des Sackes somit wesentlich verengert worden war; außerdem war in zwei neuen Stellungen westlich des Kanals fester Fuß gefaßt. Gleichzeitig mit dem Hauptangriff wurde der Gegner auf der ganzen übrigen Front beschäftigt.

Es war vorauszusehen, daß die Verbündeten, nachdem sie ihren Verlust in vollem Umfange erkannt hatten, versuchen würden, das Verlorene wiederzugewinnen. Die am 23. April beginnenden Kämpfe stellen auf seiten des Gegners eine fast ununterbrochene Reihe von Versuchen dar, die Deutschen aus ihren neuen Stellungen zurückzudrängen, um sich von dem Druck auf die rückwärtigen Verbindungen zu befreien, und das westliche Kanalufer dann in die

4*

Hand zu bekommen, um von hier den deutschen Hauptangriff im Rücken zu bedrohen. Die Aufgabe der deutschen Truppen war, die gewonnenen Stellungen nicht nur zu behaupten, sondern unter Ausnutzung jeder günstigen Gelegenheit weitere Fortschritte in südlicher Richtung zu machen und den Ring um den Feind immer enger zu schließen. Bis zum 2. Mai spielten sich die Kämpfe am Kanal und zwischen ihm und der Straße Passcherdaele—Broodseinde ab.

Bereits am 23. April setzten die feindlichen Gegenangriffe ein, aber an diesem Tage verfügte der Gegner anscheinend nur über geringe Menschenkräfte. Zwei Angriffe, von zwei französischen Regimentern und einem englischen Bataillon getrennt unternommen, brachen vor den schnell ausgebauten Stellungen zusammen. Die Angriffe waren gegen den westlichen Abschnitt unserer Front angesetzt, in der Erkenntnis, daß aus dieser Richtung die größte Gefahr drohte. An den folgenden Tagen dehnten sich die Kämpfe weiter nach Osten aus, aber die stärksten Angriffe richteten sich immer wieder gegen den Westabschnitt, gegen den auch die Artillerie des Gegners vom linken Kanalufer flankierend wirken konnte. Die erbitterten Kämpfe, bei denen beide Seiten abwechselnd Angreifer und Verteidiger waren, kennzeichnen sich meist als Einzelgefechte auf der in dem unübersichtlichen Gelände vielfach gebrochenen Front.

Es erübrigt sich, den Kämpfen in den Tagen bis zum 2. Mai im einzelnen nachzugehen. Es ist ein zähes Ringen, in dem die Stärke der angreifenden Truppen bedeutend schwankt, größere zusammenhängende Angriffe des Gegners aber selten sind. Über Ypern zieht er Verstärkungen heran, die auf etwa zwei englische und ein bis zwei französische Divisionen zu schätzen sind. Am 24. April wird der Angriff einer englischen Division unter schwersten Ver= lusten für diese abgeschlagen. Am 25. werden fünf englische Bataillone westlich St. Julien durch flan= kierendes Maschinengewehrfeuer fast bis auf den letzten Mann vernichtet. Den stärksten Angriff brachte der 26. April, als etwa ein Armeekorps zwischen den Straßen von Pilkem nach Ypern und St. Julien sowie weiter östlich vorging; es wurde blutig abgewiesen, und 3000 tote Engländer blieben liegen. Denselben Mißerfolg hatte ein an dem Ka= nal angelegter breiter Angriff am folgenden Tage. Auch aus dem östlichsten Punkt ihrer Stellung bei Broodseinde, versuchten die Engländer einen Vorstoß. Ein starker, aber erfolgloser französischer Angriff am 1. Mai in unserm Westabschnitt stellte den letzten Versuch des Gegners dar, seine Stellung, in die er am 23. April gedrängt war und die er am 2. Mai ebenfalls aufgeben mußte, wieder vorzutragen. Trotz der außerordentlich großen Verluste in diesen Kämpfen vom 23. April bis 1. Mai — außer tausenden Toten und Verwundeten etwa 5000 Gefangene, 65 Geschütze, darunter 4 schwere englische lange Kanonen und an= deres Kriegsmaterial — hatten die Verbündeten kein Stück des am 22. April verlorenen Gelän= des zurückgewonnen. Dagegen war es unseren Truppen gelungen, die eigenen Linien langsam in Gegend St. Julien — nordwestlich S'Gravenstafel — vorzuschieben. Von großer Wirkung war das Feuer der deutschen Artillerie, das sich Tag und Nacht, außer auf die feindliche Front, gegen die rückwär= tigen Verbindungen sowie Ypern richtete und sogar den 12 Kilometer westlich dieser Stadt gelegenen Etappenhauptort Poperinghe erreichte. Die Batte= rien unseres Südflügels konnten nach dem Erfolge des 22. April die Angriffe gegen unfern Nordflügel im Rücken wirkungsvoll unter Feuer nehmen. Der ganze Raum, den die Stellung des Gegners um=

schloß, war von drei Seiten durch unser Feuer be=
herrscht, dessen verheerende Wirkung zahlreiche
Brände bekundeten. Ypern brannte.

Der Gegner hatte den Ernst seiner Lage erkannt;
das bewiesen seine verzweifelnden, Verluste nicht ach=
tenden Angriffe. Die Meldungen über das Heraus=
ziehen schwerer Artillerie aus dem Sack und der
Bau eines Brückenkopfes, dicht östlich Ypern, sprachen
dafür, daß die Verbündeten mit dem schließlichen
Verluste ihrer vorgeschobenen Stellungen, vielleicht
mit dem Verluste des ganzen östlichen Yserufers
rechneten.

Am Kanal zwischen Steenstraate und Het Sas
hatten sich selbständige Kämpfe, unabhängig von den
bisher geschilderten, entwickelt, mit denen sie nur
durch gegenseitige artilleristische Unterstützung der
benachbarten Abschnitte gegen die flankierenden
Batterien des Gegners auf dem Westufer des Kanals
verbunden waren. Nach der Festsetzung unserer
Truppen auf dem linken Kanalufer in der Nacht vom
22. zum 23. April war es ihre nächste Aufgabe, die
gewonnenen Stellungen in zusammenhängender
Linie unter Gewinnung von Raum nach vorwärts
auszubauen. Diesem Bestreben setzte der Gegner
heftigen Widerstand entgegen. In der Nacht vom 23.
zum 24. April entwickelten sich schwere Kämpfe, be=
sonders westlich Steenstraate, in denen unsere Trup=
pen das Dorf Lizerne vor dem rechten Flügel der
Front stürmten. In erbittertem Nahkampfe mußte
Haus für Haus genommen werden, und auf beiden
Seiten waren die Verluste schwer. Ein Vorgehen
über das Kanalhindernis in Gegend Boesinghe, um
eine breite Basis auf dem Westufer zu gewinnen,
war unausführbar, weil der Gegner die Brücken ge=
sprengt hatte.

Der Vorstoß über den Kanal veranlaßte aber den
Gegner in den folgenden Tagen, gegen diese verhält=

54

nismäßig schmale deutsche Front bedeutende Ver=
stärkungen heranzuziehen die für die entscheidenden
Kämpfe in dem Sack östlich von Ypern verloren
gingen. Gegen die energischen Angriffe des Geg=
ners, die am 26. April begannen, hatten unsere
Truppen einen schweren Stand. Den Brennpunkt
bildete das Dorf Lizerne, dessen vorgeschobene Lage
es den feindlichen Batterien ermöglichte, den Ort
durch konzentrisches Feuer so völlig zuzudecken, daß
der Entschluß gefaßt wurde, diesen in der Nacht vom
26. zum 27. freiwillig zu räumen und die Besatzung
in den rückwärts gelegenen, stark ausgebauten
Brückenkopf auf dasselbe Kanalufer zurückzunehmen.
Am 28. April gelang es dem Gegner, in einen klei=
nen Teil unserer Front bei Het Sas vorübergehend
mit schwachen Kräften einzudringen, die indessen
bald durch voreilende Reserve zurückgeworfen wur=
den. Bei einer Wiederholung dieses Angriffs suchte
der Gegner vergeblich, durch einen gleichzeitigen Vor=
stoß durch Turkos und Zuaven auf dem östlichen Ufer
längs des Kanals den Frontangriff zu erleichtern.
In den ersten Maitagen nahm die lebhafte Tätigkeit
der französischen Infanterie gegen unsere Kanal=
stellungen ab, und der Gegner beschränkte sich hier
in der Hauptsache auf Artilleriekämpfe, denn die Ent=
wicklung der Lage in dem Sack östlich Ypern zog seine
ganze Aufmerksamkeit dorthin.

Die Schilderung der dortigen Kämpfe bis zum
2. Mai hat gezeigt, daß in ihnen im allgemeinen
dem Gegner die Rolle des Angreifers überlassen
wurde und die vergeblichen, in ihrer Gesamtheit
blutig abgewiesenen Angriffe mußten ihn schwächen
und seinen inneren Halt erschüttern, wodurch die
Fortsetzung des deutschen Angriffs günstig vorberei=
tet wurde.

Der Entschluß hierzu wurde am 2. Mai gefaßt.
Am Abend dieses Tages begann der Angriff auf der

ganzen Nord- und Nordostfront; im Westen kam er
in der Mitte, südlich St. Julien, in dem Abschnitt
zwischen dem westlich des Dorfes gelegenen Wäldchen und der Straße Langemarck — Zonnebeke vorwärts. Noch vor Einbruch der Nacht war hier Gelände in einer Tiefe von ½ bis 1 Kilometer gewonnen und die Straße Mosselmarkt—Fortuin erreicht; der Häuserkampf in dem letztgenannten
Orte endete mit dem deutschen Siege. Zu beiden
Seiten dieses Angriffsstreifens entwickelten sich
ebenfalls hartnäckige Kämpfe, in denen unsere Truppen nur sehr langsam Boden gewannen. Trotz heftiger Gegenangriffe schob sich aber unsere Linie am
3. Mai weiter vor. In kühnem Sturme entrissen
württembergische und sächsische Bataillone den Engländern das als Stützpunkt stark ausgebaute Wäldchen nördlich S'Grabenstafel, den Eckpfeiler im
Schnittpunkt der feindlichen Nord- und Ostfront.
Die die Gräben füllenden englischen Leichen bezeugen den tapferen Widerstand des Gegners.

Der starke Druck des von der gesamten Artillerie
gestützten deutschen Angriffs verfehlte nicht seine
Wirkung auf die Entschlüsse des Gegners. Wieder
war der Sack, in dem er sich befand, enger geworden,
und mit dem weiteren Fortschreiten des deutschen
Angriffs wuchs die Gefahr, daß die am weitesten nach
Osten vorgeschobenen Teile nicht mehr rechtzeitig zu-
rückgenommen werden konnten. Schon am Abend
des 2. Mai hatten Flieger den Rückmarsch kleinerer
Abteilungen in westlicher Richtung und die Fertig-
stellung des feindlichen Brückenkopfes dicht östlich
Ypern gemeldet. Im Rücken der feindlichen Front
war auffallend wenig Bewegung festzustellen.

In der Nacht vom 3. zum 4. Mai baute der
Gegner ab. Seine ganze Nord-, Ost- und Südfront
zwischen Fortuin, Broodseinde, Klein-Zillebeke gab er
in einer Breite von 15 Kilometern auf und überließ

unfern überall sofort nachdrängenden Truppen Gelände von ½ bis 3 Kilometern. Es waren seit langem
nicht mehr gesehene Bilder des Bewegungskrieges,
als unsere Schützenlinien, von geschlossenen Abteilungen gefolgt, die flandrische Landschaft belebten,
lange Artillerie= und Munitionskolonnen im Trabe
nachgezogen wurden und Reserven in grünen Wiesen und verlassenen englischen Stellungen lagen.
Überall in dem vernichteten Landstrich waren die gewaltigen Wirkungen unserer Kampfmittel zu sehen.

Im westlichen und mittleren Abschnitt ihrer
Nordfront, wie in den westlichen Teilen ihrer
Südfront behaupteten die Verbündeten ihre Stellungen mit zähem Widerstand, um den Rückzug der
übrigen Teile zu decken. Diese setzten sich erneut in
der ungefähren Linie 700 Meter südwestlich Jor-
tuin—Frezenberg—Elsternest—Ostrand des Waldes
östlich Zillebeke fest, und hiermit beginnt ein neuer
Abschnitt der Kämpfe.

Das vom Gegner behauptete Gebiet östlich des
Kanals, das bis zum 22. April eine Frontbreite von
25 Kilometern und eine größte Tiefe von 9 Kilometern
hatte, ist auf 13 Kilometer Breite und 5 Kilometer
Tiefe zusammengeschrumpft. Der Sack ist so bedeutend enger geworden und der konzentrischen Wirkung
der deutschen Artillerie noch mehr als bisher aus-
gesetzt.

Dieser Sieg des Herzogs von Württemberg war
in jener Periode des Krieges das wichtigste Ereignis. Ein an Zahl überlegener Gegner, der eine an
sich schon günstige Stellung furchtbar gewappnet
hatte und ein Meister der Verteidigung genannt
werden kann, war geschlagen. Der württembergische
Heerführer hat hier volle Gelegenheit gefunden, sein
taktisches Können zu zeigen, indem er in geschick-
tem Wechsel den Schwerpunkt seiner Vorstöße bald
hierhin, bald dorthin verlegte und das schwierige

Gelände vortrefflich ausnützte. Unter Flanken- und Rückenfeuer nahm er den Gegner, zog den Gürtel immer fester zu und vermied es, durch blutige Sturmangriffe die Zahl der Opfer unnötig zu erhöhen. Neben den Württembergern zeichneten sich sächsische Truppen ganz besonders aus. Herzog Albrecht richtete am 4. Mai folgendes Telegramm an den König von Sachsen:

„Ich eile, Dir untertänigst zu melden, daß Deine 53. Reserve-Division unter der vortrefflichen Führung des Generals von Watzdorf mit herrlicher Tapferkeit gestern und heute gefochten und den Gegner zurückgeworfen hat. Major von Metzsch, Kommandeur des Reserve-Feldartillerie-Regiments Nr. 53, hat durch vorzügliche Leitung des Feuers in hervorragendem Maße zum Erfolge beigetragen."

Gleichzeitig mit dem deutschen und dem bayrischen Kronprinzen erhielt auch Herzog Albrecht von Württemberg die Auszeichnung des höchsten militärischen Ordens.

„Ein Jahr ist seit der Zeit verflossen," schrieb der Kaiser dazu, „in der sich die damalige IV. Armee unter Eurer Königlichen Hoheit ausgezeichneter Führung in den schweren, aber sieg- und ruhmreichen Kämpfen am Semois und an der Maas die Bahn zum Stoß weit in das Gebiet des Feindes hinein erzwang. An der Spitze der dann neugebildeten Armee gelang es Ihnen, mit jungen und ungeübten, wenn auch vom herrlichsten Geist erfüllten Truppen nicht nur die Umfassungsversuche des Gegners gegen unsere nördliche Flanke trotz ungünstigster Verhältnisse zu vereiteln, sondern auch an der Küste und auf dem blutgetränkten Boden Flanderns festen Fuß zu fassen. In Wassersnot und im Kampf gegen überlegenen Feind sind dort vollwertige Verbände herangereift, die ihre Aufgabe, uns Sicherheit im Rücken zu geben, während der Entscheidung im Osten erstritten wurde, in vortrefflicher Haltung erfüllten. In Anerkennung solcher Leistungen verleihe ich Eurer Königlichen Hoheit den Orden Pour le mérite."

Die große Offensive der Engländer zu Ende des September 1915 hat auch den Truppen des Herzogs von Württemberg viel zu schaffen gemacht. In Flandern und im Raume von Ypern wurden alle Vorstöße blutig zurückgewiesen und hinterdrein dem Feinde einige wichtige Stützpunkte entrissen. Am 3. Oktober hatte der Gegner sich verblutet, ganze Felder feindlicher Leichen lagen vor den deutschen Gräben.

Am 14. Oktober gab es im Raume von Ypern einen neuen großangelegten Gasangriff, der jedoch wiederum scheiterte. Stellenweise schlugen die Rauchwolken in die feindlichen Gräben zurück.

Aus einem Befehl, welcher bei einem gefangenen französischen Stabsoffizier gefunden wurde, wissen wir, daß an dem großen Angriff von englischer Seite 13 Infanterie- und 5 Kavalleriedivisionen beteiligt gewesen sind und daß der Angriff durch eine ungeheure Zahl von Feld- und schweren Geschützen unterstützt worden ist. Er endete ohne Erfolg und unter furchtbaren Verlusten für die Engländer.

Erst Anfang Juni 1916 kam es um Ypern herum wieder einmal zu größeren und ernsteren Kämpfen. Aber wenn die Engländer dabei von der Mutmaßung ausgingen, die Deutschen hätten ihre Front an diesem Abschnitt durch Truppenabzüge geschwächt, um bei Verdun stärker auftreten zu können, so hatten sie sich getäuscht. Denn sobald die Deutschen die englische Absicht eines Angriffs erkannten, griffen sie selber zuvor an. Württembergische Regimenter erstürmten am 3. Juni den Höhenrücken südöstlich von Zillebeke und die dahinter liegenden englischen Stellungen. Gegenstöße der Engländer wurden restlos abgewiesen. Am 7. Juni griffen oberschlesische und württembergische Truppen die englischen Stellungen bei Hooge an und nahmen den bislang noch vom Feinde behaupteten Rest dieses Dorfes. Damit war das gesamte Höhengelände südöstlich und östlich Ypern in einer Ausdehnung von über 3 Kilometer im Besitz der Deutschen. Damit endete die letzte größere Unternehmung der Engländer, welche bis zum Abschluß dieser Chronik zu verbuchen ist.

Alexander von Kluck

(1909 geadelt) wurde am 20. Mai 1846 zu Münster in Westfalen geboren. Am 13. Oktober 1865 trat er in das Infanterie-Regiment Nr. 55 ein. Am 16. August 1866 wurde er zum Leutnant befördert. Im Kriege 1866 stand er bei der Mainarmee. Im Feldzug von 1870/71 nahm er an der Einschließung von Metz teil, machte die Schlachten bei Colombey-Nouilly, Vionville und Gravelotte, die Gefechte bei Saarbrücken, Colombey und Peltre mit und erhielt das Eiserne Kreuz.

Bei Colombey wurde er durch einen Streifschuß am Arm verwundet, ein Prellschuß zerschmetterte ihm die Uhr.

Am 14. Januar 1872 kam er zur Okkupationsarmee nach Frankreich. Die Zeit, die er hier weilte, nutzte er fleißig zu militärwissenschaftlichen Studien und Arbeiten aus.

Nach seiner Rückkehr blieb er bis 1876 in Detmold bei den Fünfundfünfzigern. Aus Detmold hat er sich auch die Lebensgefährtin gewonnen: Freiin Fanny von Donop, die Tochter eines altlippischen Edelmannes. Vom Detmolder Regiment, wo er zuletzt Adjutant war, kam er ebenfalls als Adjutant

zur 28. Infanterie-Brigade. Später erhielt er ein
Kommando an die Unteroffizierschule zu Jülich,
und von 1884 bis 1887 war er dann Kommandeur
der Unteroffizier-Vorschule des Militärknabeninsti-
tuts zu Annaburg. Hiernach war er noch einmal
Kommandeur der Unteroffizierschule zu Neubreisach.

Am 16. April 1889 wurde er Bataillonskommandeur im Infanterie-Regiment Nr. 66, am 25. März
1893 rückte er zum Oberstleutnant auf, am 27. Januar 1896 wurde er zum Kommandeur des Landwehrbezirks 1 Berlin ernannt. In dieser Stellung
erfolgte am 18. April des gleichen Jahres seine Beförderung zum Obersten. Am 15. Juni 1898 erhielt er die Führung des Pommerschen Füsilier-
Regiments Nr. 34 (jetzt Füsilier-Regiment Königin
Viktoria von Schweden). Nachdem er Generalmajor
geworden, erhielt er am 22. Mai 1899 das Kommando über die 23. Infanterie-Brigade.

Am 23. April 1902 wurde er Generalleutnant
und Kommandeur der 37. Division. Am 13. September 1906 übertrug der Kaiser ihm die Führung
des 5. Armeekorps. Am 16. Oktober desselben Jahres wurde er zum General der Infanterie befördert
und zum Kommandierenden General des 5. Armeekorps ernannt. Am 11. September 1907 kam er in
der gleichen Eigenschaft zum 1. Armeekorps. Im
Jahre 1909 wurde er zum Geburtstage des Kaisers
in den Adelsstand erhoben. Am 10. September 1910
stellte ihn sein allerhöchster Kriegsherr à la suite
des Grenadier-Regiments König Friedrich Wilhelm I. (2. Ostpreuß.) Nr. 3. Am 1. Oktober 1913
wurde er Generalinspekteur der damals neuerrich-
teten 8. Armeeinspektion.

Sehr früh zeigte sich bei ihm eine ungewöhnliche organisatorische Begabung. Vermutlich war es
der jetzige Herzog von Sachsen-Meiningen, damals
Erbprinz, welcher den Kaiser auf Klucks Fähigkeiten

aufmerksam machte. Es erwies sich denn auch, daß Kluck den größten Aufgaben gewachsen war.

Bei Beginn des Krieges erwartete man allge=
mein, Kluck würde ein Kommando auf dem östlichen Schauplatz erhalten; denn als Divisionär war er in Allenstein, als Kommandant des 5. Korps in Posen, als Kommandeur des 1. Korps in Königsberg ge=
wesen. In Posen machte er gelegentlich eines Kaiser=
manövers durch einen genial angelegten Angriff auf die Festung viel von sich reden. Diesen Angriff führte damals Generalleutnant Emmich aus, der zu jener Zeit Divisionär war, derselbe Emmich, den wir jetzt als Eroberer von Lüttich preisen; und er voll=
endete diese Waffentat des friedlichen Krieges mit ebensolcher Schneidigkeit wie jetzt die schwere Arbeit des blutigen Ernstes. Die Truppen machten ihre Sache so großartig, daß Exzellenz Kluck sie fünf Tage dienstfrei ließ.

Noch eine andere Anekdote verdient über ihn be=
richtet zu werden, welche ebenfalls seine hervor=
ragende Tüchtigkeit, aber auch seine eiserne Ruhe kundgibt. Im Herbst 1910 — kurz bevor er als Ge=
neralinspekteur der VIII. Armeeinspektion nach Berlin berufen wurde — stand er im Manöver als Heerführer demselben Mackensen gegenüber, der jetzt in Galizien im Kampfe gegen die Russen so Großes geleistet hat. Mackensen hatte den Angriff, Kluck die Verteidigung zu leiten. Seine Aufgabe war nach aller Meinung überaus schwierig. Nachdem er sich aber am Abend vorher in Karten und Pläne vertieft hatte, nahm er die Büchse, ging auf die Jagd und schoß einen Schaufler. Tags darauf erwies er sich als vollendeter Stratege. Diese kleine Geschichte zeigt, was für ein kaltblü=
tiger und im Bewußtsein seiner Kraft und Fähig=
keit gefestigter Führer Kluck ist.

Seit seinem Kommando in Berlin liebt er die Hauptstadt des Deutschen Reiches, und es war sein

Traum, in ihrer Nähe auf dem Lande den Lebensabend zu beschließen.

Nun hat er zunächst eine Heerfahrt antreten müssen, abermals nach Frankreich hinüber.
Das französische Tageblatt „Figaro" will aber wissen,
daß er inzwischen schon einmal nach Frankreich
zurückkehrte. Das soll im Frühjahr des verflossenen
Jahres gewesen sein. „Eines schönen Tages", erzählt das Blatt, „traf ein Herr von stattlichem Äußern
und gewissem Alter in Soissons ein. Sein höfliches
Wesen und seine Leutseligkeit gewannen ihm rasch
das Wohlwollen des Gastwirts und der Einwohner,
mit denen er in Berührung kam. Ins Fremdenbuch
trug er sich als Monsieur Kluck ein. Er schien von
dem Wunsche beseelt zu sein, das Land kennen zu
lernen, und ließ sich zu wiederholten Malen zu den
bekannten großen unterirdischen Steinbrüchen führen, die durch eine kriegerische Begebenheit aus dem
Jahre 1814 historisch Bedeutung erhalten haben.
Seit langem liegen sie unausgebeutet da, der Stein
ist bröckelig und für Bauten unbrauchbar. Man
zeigte die Brüche nur Reisenden als geschichtliche
Sehenswürdigkeit. Als einige Zeit nach des Monsieur Kluck Abreise eine deutsche Gesellschaft den An-
kauf der Steinbrüche vorschlug, um eine große Cham-
pignonzucht zu errichten, ward der Handel bald abgeschlossen. Als man jetzt den städtischen Beamten,
die Gelegenheit hatten, den friedlichen Reisenden
vom letzten Frühjahr kennen zu lernen, die Photo-
graphie des Generals v. Kluck zeigte, da erkannten
sie sofort die Züge des Monsieurs Kluck wieder."

Der jetzt 68 Jahre alte Heerführer hat nichts von
seiner Tatkraft, aber auch nichts von seiner unerschütterlichen Ruhe eingebüßt. Gegen seine Untergebenen war er stets streng, doch gerecht, viel for-
dernd, doch nie hart.

Klucks Vater war Königlicher Regierungsbaumeister und starb 1864 in Münster. Die Mutter, eine geborene Tiedemann, starb 1881. Aus seiner 1874 geschlossenen Ehe erwuchsen ihm drei Kinder: eine Tochter und zwei Söhne, von denen der eine als Offiziere am 28. Januar 1915 gefallen, der andere Ingenieur geworden ist.

Das Vertrauen seines kaiserlichen Herrn berief ihn, als der gegenwärtige Krieg ausbrach, an die Spitze der I. Armee. Vorwärtsstürmend, marschierte er durch Belgien und stand am 27. August vor Maubeuge, wo die Engländer sich ihm entgegenstellten. Mit Hilfe des seiner Armee zugeteilten Kavalleriekorps von der Marwitz, das geschickt die Bewegungen der Armee zu verschleiern wußte (siehe S. 107), schlug er den Feind aufs Haupt bei Saint Quentin und wiederholt bei Solesnes-Camnar.

Unaufhaltsam drang der Vormarsch der Kluckschen Armee bis dicht an Paris heran, zwang die französische Regierung, ihren Sitz nach Bordeaux zu verlegen, und erfüllte Paris und das ganze französische Volk mit Entsetzen. Die Kavallerie Klucks streifte hart bis an die Stadt heran. Dann aber brachen von Paris her überlegene Streitkräfte vor. In viertägiger Schlacht schlug er die Armee Mauerurys und zog dann an die Aisne ab. Die glückliche Vollendung dieses strategischen Rückzugs war eine Feldherrntat ersten Ranges. Mit der glänzenden Lösung dieser riesenhaften Aufgabe bewies Kluck seine Meisterschaft als Heerführer.

Besonnen wies er alle Umfassungsversuche der feindlichen Übermacht ab und brachte seine Armee unter geringen Verlusten in eine Stellung zurück, in der er allen weiteren Angriffen standhaft Trotz bot.

Über diese Kluckschen Heeresbewegungen brachten die Tageszeitungen folgende aufklärende Nachrichten:

27. August. Die Armee des Generalobersten von Kluck hat die englische Armee bei Maubeuge geworfen und sie heute südwestlich Maubeuge unter Umfassung erneut angegriffen.

1. September. Die Armee des Generalobersten von Kluck hat den durch schwache französische Kräfte unternommenen Versuch eines Flankenangriffs in der Gegend von Combles durch ein Armeekorps zurückgeschlagen.

3. September. Die Kavallerie der Armee des Generalobersten von Kluck streift bis Paris.

12. September. Die erste Periode der Operationen nähert sich ihrem Abschluß. Am 5. September erfolgte ein Ausfall aus Paris in nordöstlicher Richtung auf die Gegend südlich Crépy=Valois, der von der Armee des Generalobersten von Kluck zurückgeworfen wurde. Die Truppen haben dabei den Feind verfolgt bis unter das Feuer der schweren Geschütze von Paris. Am 6. September wurde der Ausfall hier erneuert, der ein gewaltiges französisches Artilleriefeuer durch mitgeführte schwere Batterien brachte. Im Anschluß daran erfolgte ein Vorstoß starker französisch=englischer Kräfte gegen die Linie Meaux = Montmirail. Teile des deutschen rechten Flügels in der Gegend von Crépy gerieten angesichts der Übermacht in Gefahr, so daß man aus taktischen Gründen den Flügel zurückbog. Die Kämpfe führten zum blutigen Zusammenbruch des französischen Angriffs. 50 französische Geschütze und 4000 Gefangene wurden allein hierbei erobert.

14. September. Im Westen finden am rechten Heeresflügel schwere, bisher unentschiedene Kämpfe statt. Ein von den Franzosen versuchter Durchbruch wurde siegreich zurückgeschlagen.

15. September. Der auf dem rechten Flügel des Westheeres seit zwei Tagen stattfindende Kampf hat

sich heute auf die nach Osten anschließenden Armeen bis nach Verdun heran ausgedehnt.

17. September. Ein mit großer Bravour unternommener französischer Durchbruchsversuch auf dem äußersten rechten deutschen Flügel wurde ohne besondere Anstrengung abgeschlagen.

21. September. Auf dem rechten Flügel des deutschen Westheeres jenseits der Oise steht der Kampf. Umfassungsversuche der Franzosen haben keinerlei Erfolg gehabt.

25. September. Der Fortgang der Operationen hat auf unserem äußersten rechten Flügel zu neuen Kämpfen geführt, in denen eine Entscheidung bisher nicht gefallen ist.

26. September. Der Feind hat unter Ausnutzung seiner Eisenbahnen einen weit ausholenden Vorstoß gegen die äußerste rechte Flanke des deutschen Heeres eingeleitet. Eine hierbei auf Bapaume vorgehende französische Division ist von schwächeren deutschen Kräften zurückgeworfen worden, auch sonst ist der Vorstoß zum Stehen gebracht.

2. Oktober. Vor dem westlichen Armeeflügel wurden erneute Umfassungsversuche der Franzosen abgewiesen.

6. Oktober. Die fortgesetzten Umfassungsversuche der Franzosen gegen unseren rechten Flügel haben die Kampffront bis nördlich Arras ausgedehnt.

Aus diesen knappen Berichten ersieht man die großartige Leistung Klucks. Mit Recht verlieh der Kaiser ihm für die umsichtige Führung und die unter großen Schwierigkeiten errungenen Erfolge am 7. April 1915 den Orden Pour le mérite.

Im November des Jahres 1914 erhielt die Armee Klucks einen Besuch des Kaisers. Darüber berichtet folgender Armeebefehl des Kommandeurs:

Seine Majestät der Kaiser und König hatten die Gnade, zum zweiten Male die 1. Armee mit

Allerhöchstihrer Anwesenheit zu beehren und sich in hohem Grade lobend über den Zustand der Truppen und deren große Tüchtigkeit und hervorragende Tapferkeit auszusprechen. Seine Majestät besuchten gestern eine Gefechtsstellung und überzeugten sich Allerhöchstselbst von den Bauten der 1. feuernden Batterie, der Anlage von Schützengräben und feindlichen Stellungen im Aisnetal. Eine über das Grenadier=Regiment Prinz Karl abgehaltene Parade mit Ansprache an das Regiment in ausgezeichneter Haltung beschloß die Anwesenheit des Allerhöchsten Kriegsherrn bei den Truppen. Auf der Fahrt fielen aufgestellte Trains Seiner Majestät in vorteilhaftester Weise auf und befahlen Allerhöchstdieselben mir, der 1. Armee die größte Anerkennung über die bei dem Armeekorps wahrgenommenen vortrefflichen Eindrücke zur Kenntnis der Armee zu bringen. Ich spreche den Herren Kommandierenden Generalen sowie den Truppen meine Glückwünsche aus.

Gez. v. Kluck.

Am 27. März wurde Generaloberst von Kluck bei einer Besichtigung der vordersten Schützengräben durch einen Schrapnellschuß mit sieben Kugeln schwer verwundet.

Karl von Bülow

wurde am 24. März 1846 in Berlin als Sohn des Oberstleutnants Paul von Bülow geloren. Seine Schulzeit machte er infolge mehrerer Versetzungen des Vaters auf verschiedenen Gymnasien ab. Mit 18 Jahren trat er als Junker in das 2. Garde=Regiment zu Fuß ein. Den Krieg von 1866 machte er als Fähnrich mit. Beim Sturm auf Soor trug er eine leichte Verwundung davon, die ihn jedoch nicht

daran hinderte, an der Schlacht bei Königgrätz teil-
zunehmen. Er wurde mit dem Militärehrenzeichen
I. Klasse ausgezeichnet.

1870/71 war er zur Gardelandwehr kommandiert, war Regiments-Adjutant beim 2. Garde-Land-
wehr-Regiment und tat sich bei den Belagerungen von
Straßburg und Paris hervor. Er wurde mit dem
Eisernen Kreuze geschmückt und 1871 zum Oberleutnant befördert. 1872 bis 1875 war er Adjutant bei
der Inspektion der Infanterieschulen. 1876 wurde
er zum Generalstab kommandiert und 1877 als Hauptmann hinein versetzt. 1879 wurde er Generalstabsoffizier beim 9. Armeekorps in Altona. 1881 ging
er in der gleichen Eigenschaft zur 4. Division nach
Bromberg.

Im Jahre 1884 übernahm er die Führung einer
Kompagnie des Infanterie-Regiments 96, das in
Gera liegt. Unter Beförderung zum Major wurde
er 1885 dem Generalstab des 2. Armeekorps
(Stettin) zugeteilt. 1887 kam er in den Großen Generalstab und wurde 1890 Chef des Generalstabs des
Gardekorps und zum Oberstleutnant befördert. 1893
erfolgte seine Beförderung zum Oberst, 1894 erhielt
er die Führung des 4. Garde-Regiments zu Fuß. 1897
als Direktor des allgemeinen Kriegsdepartements in
das Kriegsministerium versetzt, wurde er hier Generalmajor. Vier Jahre später war er Generalleutnant
und Kommandeur der 2. Gardeinfanterie-Division.
1902 erhielt er das Amt des Generalquartiermeisters
im Großen Generalstabe. Allein schon im folgenden
Jahre wurde er Kommandierender des 3. (brandenburgischen) Armeekorps und als solcher 1904 General der Infanterie. Bei den Kaisermanövern 1912
bewies er als Führer der roten Armee sein großes
strategisches Können. Er wurde Generaloberst und
Generalinspekteur der 3. Armeeinspektion.

Er gehörte den Kommissionen an, die das neue

Artillerie- und Infanterie-Exerzier-Reglement bearbeiteten. Er ist Ritter des hohen Ordens vom Schwarzen Adler und besitzt auch das Großkreuz des Roten Adlerordens mit Eichenlaub.

Im Kriege von 1914 ernannte der Kaiser ihn zum Führer der 2. Westarmee. Bülow hatte bald Gelegenheit, sich des kaiserlichen Vertrauens würdig zu zeigen. Am 27. August griff er zwischen Sambre und Namur die vereinigten Franzosen und Belgier an, schlug sie in mehrtägigen Kämpfen und trieb sie hinter Maubeuge zurück. Am 31. August schlug er überlegene französische Kräfte bei St. Quentin, nachdem er auf dem Vormarsche bereits ein englisches Infanteriebataillon gefangengenommen hatte. Die Siegesbeute war groß: 6 Fahnen, 233 schwere Geschütze, 116 Feldgeschütze, 79 Maschinengewehre und 166 Fahrzeuge wurden erbeutet; in Gefangenschaft fielen 12 934 Mann. Bei dem strategischen Rückzug Klucks hatte Bülow die schwere Aufgabe, den rechten Flügel zu stützen und zu entlasten. Die treue Waffenbrüderschaft, die seine Truppen der benachbarten 1. Armee in den bitter schweren Septembertagen erwiesen hat, wird in alle Zeiten unvergessen bleiben.

Zu Kaisers Geburtstag 1915 wurde der bisherige Generaloberst Karl v. Bülow zum Generalfeldmarschall ernannt.

Unter Verleihung des Ordens Pour le mérite wurde Generalfeldmarschall von Bülow am 4. April 1915 wegen Krankheit zu den Offizieren von der Armee versetzt. Am 22. Juni 1916 bewilligte der Kaiser durch Kabinettsorder das Abschiedsgesuch, das der 71jährige Heerführer aus Rücksicht auf seine wankende Gesundheit vorgelegt hatte. v. Bülow erhielt gleichzeitig das Kreuz der Großkomture des königlichen Hausordens von Hohenzollern mit Schwertern und trat nunmehr in das Verhältnis der zur Disposition gestellten Offi-

ziere. Er blieb jedoch Chef des Grenadierregiments
Nr. 12 und à la suite des 4. Garderegiments zu Fuß,
dessen Kommandeur er von 1894 bis 1897 gewesen.
Er wird auch in der Dienstaltersliste der Generale
weitergeführt.

Max Freiherr von Hausen

entstammt einem uralten lothringischen Adelsge-
schlecht. Er wurde am 17. Dezember 1846 als Sohn
des früheren Stadtkommandanten von Dresden geboren. 1861 trat er in das Kadettenkorps ein. 1863
wurde er als Portepeefähnrich beim damaligen 3.
Jägerbataillon eingestellt, das später in der deutschen Armeerangliste die Nr. 13 erhielt. Im Jahre
1866 zog er als Leutnant mit in den Krieg und zeichnete sich in der Schlacht bei Königgrätz unter dem
Kronprinzen Albert besonders aus. Dort hatten bekanntlich die Sachsen auf den Höhen von Prim und
Problus den Ansturm der Preußen unter Herwarth
von Bittenfeld aufzuhalten. Als dann der Umschwung
der politischen Verhältnisse Deutschlands das sächsische Heer als Bundesheer Preußens in den Krieg
gegen Frankreich führte, nahm Hausen als Adjutant
des Jäger=Bataillons Nr. 13 (Kgl. Sächs. Nr. 2) an
den Schlachten bei St. Privat, Beaumont und Sedan
teil und machte die Belagerung von Paris mit. Bei
seiner Heimkehr zierten ihn das Eiserne Kreuz 2. Klasse
und das Ritterkreuz 1. Klasse des Albrechtsordens mit
Schwertern.

Nach dem Feldzuge wurde er zur Kriegsakademie
nach Berlin geschickt. Während dieses Kommandos
rückte er zum Hauptmann auf. 1874 kam er auf
ein Jahr als Kompagniechef zu seinem Bataillon zurück, wurde jedoch 1875 schon wieder zum Großen Generalstab versetzt, um dort in verschiedenen Stellun-

gen Dienst zu tun. 1876 berief man ihn in den Säch=
sischen Generalstab. Er stieg nun sehr schnell auf,
wurde 1887 Oberstleutnant und Kommandeur des
12. Jäger=Bataillons, 1890 Oberst und Kommandeur
des Kaiser=Grenadier=Regiments Nr. 101. Von 1892
bis 1897 war er wieder dem Generalstabe zugeteilt,
zuerst als Chef des Generalstabes des II. Armeekorps,
dann als Oberquartiermeister beim Großen General=
stabe. 1897 wurde er Generalleutnant und Komman=
deur der 32. Division, 1900 Kommandierender Gene=
ral des VII. Armeekorps, 1901 General der Infanterie.

1902 übernahm er als Nachfolger des Generals
der Infanterie Edler von der Planitz das Amt des
sächsischen Staats= und Kriegsministers. In dieser
verantwortungsvollen Stellung hat Hausen bis zum
Ausbruch des Krieges an der Spitze der sächsischen
Heeresverwaltung gestanden.

Sein König hat seine Dienste belohnt, indem er
ihn im Jahre 1906 à la suite des 1. Jäger=Bataillons
Nr. 12, dessen Kommandeur er gewesen war, stellte,
ihm 1909 den hohen Hausorden der Rautenkrone ver=
lieh und ihn 1910 zum Generalobersten ernannte. Der
Kaiser verlieh ihm 1909 den hohen Orden vom
Schwarzen Adler und übertrug ihm im Jahre
1912 im Kaisermanöver in Sachsen die Führung
der blauen Partei. Sein König ernannte ihn
aus Anlaß seines fünfzigjährigen Militärdienst=
jubiläums zum Chef des Infanterie = Regiments
Nr. 182 (Kgl. Sächs. Nr. 16). — Frhr. v. Hausen
übernahm nach dem Tode des Justizministers v. Otto
den Vorsitz des sächsischen Gesamtministeriums, den
er vor Jahresfrist auf seinen Wunsch an den Staats=
minister Dr. Beck abtrat. Er ist seit 1876 mit der
Tochter Marie des preußischen Geheimen Ober=Re=
gierungsrats von Salviati vermählt.

Seine Truppen — III. Armee — nahmen an den ge=
waltigen Kämpfen der deutschen Armeen teil. Vereint

mit der I., II. und IV. Armee errangen sie den großen
Sieg des 27. August über acht Armeekorps französischer
und belgischer Truppen zwischen Sambre, Namur und
Maas.

Den Gegner nach dem Siege verfolgend, warf
Hausen ihn hinter die Aisne bei Rethel zurück. Danach
überschritt zugleich mit den Armeen Kluck, Bülow
und Herzog von Württemberg die Armee Hausens die
Aisne=Linie und trieb die Franzosen bis über die
Marne bei Châlons. Auch diese Heeresgruppe hatte
dann bei den Rückzugskämpfen einen schweren Stand.
Die Durchbruchsversuche der Franzosen waren mit der
gleichen Heftigkeit wie gegen die Stellungen Klucks
und Bülows auch gegen die der Armee Hausen gerich=
tet, und sie hat alle Angriffe standfest abgewiesen.

Mitte September erkrankte Generaloberst von
Hausen an der Ruhr. Die Führung seiner Armee
übernahm General der Kavallerie von Einem. Hau=
sen begab sich zunächst nach dem Joseph=Hospital in
Wiesbaden, seine Wiederherstellung erfolgte erst nach
Monaten. Seine Majestät der Kaiser hat den ver=
dienten Heerführer für die Dauer der Krankheit von
seinem Kommando enthoben, ihm in einem Hand=
schreiben die allerhöchste Anerkennung für die hervor=
ragenden Leistungen der sächsischen Korps ausge=
sprochen und das Eiserne Kreuz 1. Klasse verliehen.

Karl von Einem gen. von Rothmaler,

der an Stelle des erkrankten Generalobersten Frhrn.
v. Hausen zum Armeeführer ernannt worden ist, ist
am 1. Januar 1853 in Herzberg in Hannover ge=
boren und erhielt seine Erziehung im Kadettenkorps,
aus dem er am 2. August 1870 als Fähnrich dem 2.
Hannoverschen Ulanenregiment Nr. 14 überwiesen
wurde. Im Oktober desselben Jahres kam er zum

mobilen Regiment, machte die Belagerung von Metz und mehrere Schlachten und Gefechte mit, wurde im Gefecht bei Pouilly-Tertry leicht verwundet und erwarb sich das Eiserne Kreuz 2. Klasse.

Am 12. Dezember 1870 zum Leutnant befördert, war v. Einem von 1873 bis 1876 Regimentsadjutant, kam im Oktober 1876 als Adjutant zur 8. Kavalleriebrigade, rückte am 27. November 1877 zum Oberleutnant auf und wurde im Mai 1880 zum Großen Generalstabe kommandiert und ein Jahr später in den Nebenetat des Großen Generalstabes versetzt. Am 18. April 1882 erfolgte seine Beförderung zum Hauptmann, im Herbst desselben Jahres kam er zum Generalstabe des 15. Armeekorps. Hauptmann von Einem wurde am 14. Oktober 1884 als Rittmeister und Eskadronchef in das Dragonerregiment Nr. 14 und im Januar 1887 wieder in den Generalstab versetzt und dem Generalstabe des 15. Armeekorps zugeteilt.

Am 15. Oktober 1888 zum Major befördert, kam er am 2. Juli 1890 in den Großen Generalstab, wurde im Juli 1893 mit der Führung des Kürassierregiments Nr. 4 beauftragt und am 27. Januar 1894 unter Beförderung zum Oberstleutnant zum Kommandeur ernannt. Am 18. Oktober 1895 wurde er unter Zurückversetzung in den Generalstab zum Chef des Generalstabes des 7. Armeekorps ernannt, am 22. März 1897 zum Obersten befördert und Ende September 1898 in das Kriegsministerium als Abteilungschef versetzt.

Am 18. April 1900 erhielt er die Beförderung zum Generalmajor, am 22. Mai 1900 die Ernennung zum Direktor des Allgemeinen Kriegsdepartements.

Im April 1903 rückte er zum Generalleutnant auf und wurde am 14. August desselben Jahres zum Staats- und Kriegsminister ernannt. Der 11. Sep-

tember 1907 brachte ihm die Beförderung zum Ge=
neral der Kavallerie. Anläßlich der Hundertjahr=
feier des Kriegsministeriums, im März 1906, erhielt
er den hohen Orden vom Schwarzen Adler. Am 11.
August 1909 trat Exzellenz v. Einem von dem Amte
als Staats= und Kriegsminister zurück.

Nachdem General der Kavallerie v. Einem zu=
nächst die Vertretung des damals beurlaubten kom=
mandierenden Generals des 7. Armeekorps Generals
der Kavallerie v. Bernhardi übernommen hatte,
wurde er bald darauf, am 1. September 1909, zum
kommandierenden General dieses Korps ernannt.
Seit dem 15. Mai 1907 steht General v. Einem
à la suite des Kürassierregiments von Driesen.

Im September 1914 wurde ihm das Eiserne
Kreuz erster Klasse verliehen.

Zu Kaisers Geburtstag 1915 wurde er zum Ge=
neralobersten befördert.

Mit seinem Namen ist das Ruhmesblatt der
„Winterschlacht in der Champagne" verknüpft. Wir
erfahren über den Hergang dieses großen Waffen=
ganges aus den amtlichen Berichten folgendes:

14. Februar. Offenbar veranlaßt durch unsere
großen Erfolge im Osten, unternahmen Franzosen
und Engländer gestern und in der vergangenen Nacht
an verschiedenen Stellen hartnäckige Angriffe. Be=
sonders starke Vorstöße richteten sich gegen unsere
Linien in der Champagne.

20. Februar. In der Champagne nördlich Per=
thes und nördlich Lesmesnils griffen die Franzosen
gestern mit sehr starken Kräften an. Alle Versuche
des Gegners, unsere Linien zu durchbrechen, scheiter=
ten. An einigen kleinen Stellen gelang es ihm, in
unsere vordersten Gräben einzudringen. Dort wird
noch gekämpft; im übrigen wurde der Gegner unter
schweren Verlusten zurückgeworfen.

21. Februar. In der Champagne herrschte gestern nach den schweren Kämpfen der vergangenen Tage verhältnismäßige Ruhe.

22. Februar. In der Champagne herrschte auch gestern verhältnismäßige Ruhe. Die Zahl der von uns in den letzten der dortigen Kämpfe gefangengenommenen Franzosen hat sich auf 15 Offiziere und über 1000 Mann erhöht. Die blutigen Verluste des Feindes haben sich als außergewöhnlich hoch herausgestellt.

23. Februar. Die Franzosen haben gestern in der Champagne bei und nördlich Perthes erneut, wenn auch mit verminderter Stärke, angegriffen. Sämtliche Vorstöße brachen in unserem Feuer zusammen.

24. Februar. In der Gegend von Perthes griffen die Franzosen gestern nachmittag mit zwei Infanterie-Divisionen an; es kam an mehreren Stellen zu erbitterten Nahkämpfen, die sämtlich zu unseren Gunsten entschieden worden sind. Der Feind wurde unter schweren Verlusten in seine Stellung zurückgeworfen.

25. Februar. In der Champagne setzte der Gegner gestern seine verzweifelten Angriffe fort; sie blieben wie die vorhergehenden, trotz der eingesetzten starken Kräfte, ohne den geringsten Erfolg.

27. Februar. In der Champagne haben die Franzosen gestern und heute nacht erneut mit starken Kräften angegriffen. Der Kampf ist an einzelnen Stellen noch im Gange, im übrigen ist der Angriff abgewiesen worden.

1. März. Unsere Stellungen in der Champagne wurden gestern mehrfach von mindestens zwei Armeekorps angegriffen; die Vorstöße wurden nach heftigen Nahkämpfen restlos abgeschlagen.

2. März. Erneute, wieder mit starken Kräften angesetzte Angriffe in der Champagne brachen meist schon in unserem Feuer unter gewaltigen Verlusten

für den Feind zusammen. Nahkämpfe an einzelnen Stellen waren durchweg für uns siegreich.

10. März. Mit den in den letzten Tagen gemeldeten Kämpfen ist die „Winterschlacht in der Champagne" soweit zu einem Abschluß gebracht, daß kein Wiederaufflackern mehr etwas an dem Endergebnis zu ändern vermag. Die Schlacht entstand aus der Absicht der französischen Heeresleitung, den in Masuren arg bedrängten Russen in einem ohne jede Rücksicht auf Opfer angesetzten Durchbruchsversuch, als dessen nächstes Ziel die Stadt Vouziers bezeichnet war, Entlastung zu bringen. Der bekannte Ausgang der Masurenschlacht zeigt, daß die Absicht in keiner Weise erreicht worden ist. Aber auch der Durchbruchsversuch selbst darf heute als völlig und kläglich gescheitert bezeichnet werden. Entgegen allen Angaben in den offiziellen französischen Veröffentlichungen ist es dem Feinde an keiner Stelle gelungen, auch nur den geringsten nennenswerten Vorteil zu gewinnen. Wir verdanken dies der heldenhaften Haltung unserer dortigen Truppen, der Umsicht und Beharrlichkeit ihrer Führer in erster Linie dem Generalobersten von Einem, sowie den Kommandierenden Generalen Riemann und Fleck. In Tag und Nacht ununterbrochenen Kämpfen hat der Gegner seit dem 16. Februar nacheinander mehr als sechs voll aufgefüllte Armeekorps und ungeheure Massen schwerer Artilleriemunition eigener und amerikanischer Fertigung — oft mehr als 100 000 Schuß in 24 Stunden — gegen die von zwei schwachen rheinischen Divisionen verteidigte Front von 8 Kilometer Breite geworfen. Unerschütterlich haben die Rheinländer und die zu ihrer Unterstützung herangezogenen Bataillone der Garde und anderer Verbände dem Ansturm sechsfacher Überlegenheit nicht nur standgehalten, sondern sind ihm oft genug mit kräftigen Gegenstößen zuvorgekommen. So erklärt es sich,

daß, trotzdem es sich hier um reine Verteidigungs-
kämpfe handelt, doch mehr als 2450 unverwundete
Gefangene, darunter 35 Offiziere, in unseren Händen blieben. Freilich sind unsere Verluste einem
tapferen Gegner gegenüber schwer, sie übertreffen sogar diejenigen, die die gesamten, an der Masurenschlacht bteiligten deutschen Kräfte erlitten. Aber sie
sind nicht umsonst gebracht. Die Einbuße des Feindes ist auf mindestens das Dreifache der unsrigen,
das heißt auf mehr als 45 000 Mann, zu schätzen.
Unsere Front in der Champagne steht fester als je.
Ein neues Ruhmesblatt hat deutsche Tapferkeit und
deutsche Zähigkeit erworben, das sich demjenigen,
das fast zu derselben Zeit in Masuren erkämpft
wurde, gleichwertig anreiht.

Ende September und Anfang Oktober 1915 richteten
die Engländer und Franzosen heftige Angriffe
gegen unsere Front. Sie hatten sich das Ziel gesetzt,
einen Durchbruch zu erzwingen. In der Gegend von
Loos und in der Champagne wurde der Durchbruchsversuch mit unerhörter Wucht und Munitionsver-
schwendung angesetzt. Die Truppen hatten hier teils
einem ausgedehnten Gasangriff, teils einem viel-
stündigen Massenfeuer zu trotzen. Die feindlichen
Anstrengungen erreichten nur geringe Erfolge,
welche später durch deutsche Gegenangriffe wettge-
macht worden sind. Wir dürfen das Mißlingen der
englischen und französischen Massenstürme auf Rechnung all der Führer setzen, die wir hier genannt
haben. Besonders haben sich die Armeen des bayrischen Kronprinzen und des deutschen Thronfolgers
ausgezeichnet.

Wie hoch die Tatsache zu bewerten ist, daß der
machtvoll angesetzte Durchbruchsversuch der Franzosen und Engländer abgeschlagen wurde, das geht
aus der Zahl der Kräfte hervor, welche daran auf
feindlicher Seite beteiligt waren. Wir sind darüber

durch einen Befehl des französischen Generalissimus Joffre genau unterrichtet. Exemplare dieses Befehls wurden bei gefangenen Offizieren gefunden. Darin ist gesagt, daß der große Angriff von 35 Divisionen unter General Castelnau, von 18 Divisionen unter General Foch, von 10 Kavalleriedivisionen und von einer in die Tausende gehenden Zahl an Geschützen ausgeführt werden sollte.

Am 30. September wurde der Angriff im Raume der Champagne abgewiesen. An einigen Stellen, gelang es den Franzosen, in die zweite Grabenstellung einzubrechen, wo sie durch deutsche Gegenstöße schwere Verluste erlitten. Am 1. Oktober scheiterten wiederholte Angriffe in diesem Gebiete wie auch bei Souchez und Neuville. Am 2. Oktober wurden ebenda die französischen Vorstöße trotz fünffacher Übermacht zurückgeschlagen. Am 4. erlitten die Truppenansammlungen des Feindes in der Champagne durch konzentrisches Feuer der Deutschen schwere Verluste, ein Nachtangriff brach blutig zusammen.

Schon am 4. Oktober erfuhren wir, daß die feindliche Offensive im Erlahmen sei, daß ihre letzten Anstrengungen dort, wo sie in unsere Stellungen eingedrungen waren, an dem Walle der deutschen Reserven abprallten.

Viel schneller, als der Generalissimus Joffre es wünschte, flaute der große Sturm ab. Der Angriff, der nach seinem Befehl ein allgemeiner sein, sich also auf die ganze Front ausdehnen sollte, war auf Teile der Front beschränkt geblieben. In der Champagne erstreckte er sich auf 23 Kilometer Breite, bei Arras auf etwa 12, bei Ypern auf noch viel weniger. Unsere Kampflinie im Westen mißt aber etwa 840 Kilometer. An den genannten Stellen sollte unsere Stellung erschüttert und dann durch Angriffe an den übrigen Teilen die deutsche Front aufgelöst werden. Es ist nicht einmal die Erschütterung gelungen. Der

Durchbruch, der nach dem Wortlaut des Joffreschen Befehls über die zweite und dritte Linie hinaus vorstoßen sollte, blieb schon in der zweiten Linie stecken.

Josias von Heeringen

wurde am 9. März 1850 in Kassel geboren. Sein Vater war Chefpräsident des kurfürstlich hessischen Hausfideikommisses, seine Mutter eine geborene von Starkloff. Heeringen erhielt seine militärische Erziehung im preußischen Kadettenkorps und trat am 11. April 1867 in das hessische Füsilier-Regiment Nr. 80. Am 10. August 1868 wurde er zum Leutnant befördert. Im Kriege von 1870 erwarb er sich das Eiserne Kreuz. 1875 wurde er Premier-Leutnant. Ein Jahr später kam er als Adjutant zur 62. Infanterie-Brigade und als solcher mit vordatiertem Patent in das Infanterie-Regiment 116. 1879 erhielt er ein Kommando zum Generalstabe, im folgenden Jahre rückte er unter Versetzung in den Generalstab zum Hauptmann auf. 1882—1885 war er im Generalstabe des XI. Armeekorps und der 22. Division, dann Kompagniechef im Oldenburgischen Infanterie-Regiment Nr. 91, wurde aber schon 1887 in das Kriegsministerium versetzt.

1890 erhielt er ein Bataillon des Infanterie-Regiments Nr. 117. 1901 kam er abermals und zwar als Abteilungschef in den Großen Generalstab. Hier wurde er am 18. August 1892 Oberstleutnant, am 13. Mai 1895 Oberst. Am 18. August desselben Jahres übernahm er die Führung des Regiments, bei dem er schon Bataillonskommandeur gewesen war. Am 5. April 1898 wurde er mit dem Range eines Brigadekommandeurs in das Kriegsministerium versetzt als Direktor des Militär-Ökonomie-

Departements. Am 20. Juli desselben Jahres
wurde er zum Generalmajor und Direktor dieses
Departements befördert. Er behielt diese Stellung
bis 1903. Inzwischen (7. Juli 1901) war er Generalleutnant geworden. Dann übernahm er die
22. Division in Kassel. Am 24. September 1906
erhielt er die Führung des 2. Armeekorps. Am
16. Oktober 1906 wurde er zum Kommandierenden
General dieses Korps ernannt und zum General der
Infanterie befördert.

Am 11. August 1909 erhielt er das Amt des
Kriegsministers, das er vier Jahre lang behielt. Als
solcher brachte er 1911 und 1912 zwei kleinere und
1913 die große Wehrvorlage durch. Am 20. März
1911 stellte der Kaiser ihn à la suite des Füsilier-
Regiments, bei welchem Heeringen einst seine militärische Laufbahn begonnen hatte. Seit dem
3. Juli 1913 ist er Inspekteur der 2. Armee in Berlin. Am 27. Januar 1914 wurde er zum Generaloberst
befördert. Er ist Ritter des Schwarzen Adlerordens.

Generaloberst von Heeringen erhielt bei Beginn
des Krieges die Führung der linken Flügelarmee und
warf mit dieser in der ersten Feldschlacht dieses Krieges
die in das Oberelsaß eingedrungenen Franzosen bei
Mülhausen auf Belfort zurück. Dann erfocht er
Schulter an Schulter mit den Truppen des Kronprinzen von Bayern den großen Sieg zwischen Metz
und den Vogesen. Nach Belgien und Nordfrankreich
herangezogen, griff er an der Aisne in die Kämpfe
der von der Marne zurückgehenden 1. und 2. Armee
ein und brachte den Angriff der zwischen beide ein-
dringenden Franzosen und Engländer auf den Höhen
südlich Laon zum Stehen.

Am 26. August 1914 verlieh der Kaiser ihm das
Eiserne Kreuz 1. Klasse.

Am 22. August 1915 zeichnete er ihn durch folgendes Handschreiben aus:

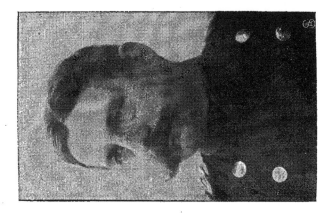

Frhr. v. Haufen

v. Emmich

v. Lochow

Otto von Emmich.

„Vor einem Jahre führten Eure Exzellenz die damalige 7. Armee nach dem Siege von Mül= hausen, der das Oberelsaß vom Feinde befreit hatte, über die Vogesen zur glorreichen Schlacht in Lothringen. Bald darauf geboten Ihre Truppen dem Vordringen eines übermächtigen Feindes auf den Höhen von Craonne Halt. Keinen Schritt rück= wärts hat der Gegner die Armee während der lan= gen Monate seit jenen Tagen zwingen können; vorwärts drang sie, wo irgendeine Gelegenheit sich bot. So haben Sie und Ihre tapferen Leute, in= dem sie durch ihr treues Aushalten unsere Erfolge im Osten erst ermöglichten, vollen Anteil daran. Als äußeres Zeichen Meines Dankes und Meiner Anerkennung für solche Leistungen verleihe ich Ihnen den Orden Pour le mérite."

Otto von Emmich,

der Eroberer von Lüttich, ist am 4. August 1848 in Minden geboren. Im Jahre 1866 trat er als Fah= nenjunker in seiner Geburtsstadt beim Infanterie= Regiment Nr. 55 ein. 1868 wurde er zum Leutnant befördert. Den Krieg gegen Frankreich machte er als Bataillonsadjutant mit. Er nahm an den Schlach= ten von Colombey=Nouilly und Gravelotte teil. Ge= schmückt mit dem Eisernen Kreuze, kehrte er heim. Nachdem er zum Oberleutnant aufgerückt und län= gere Zeit Regimentsadjutant gewesen war, wurde er im Jahre 1879 zum Infanterie=Regiment Nr. 69 nach Trier versetzt und erhielt hier 1880 als Haupt= mann die Führung einer Kompagnie. 1881 kam er in gleicher Stellung zum 131. Infanterie=Regiment nach Metz, 1888 zum Füsilier=Regiment 86 nach

Flensburg. Hier wurde er bald darauf zum Major befördert und schon 1889 ging er als Bataillons-Kommandeur zum Infanterie-Regiment 116 nach Gießen. Am 17. Februar 1894 bekam er die Führung des Jägerbataillons Nr. 11 in Marburg.

Im Jahre 1897 kam die Ernennung zum Obersten und Kommandeur des Infanterie-Regiments Nr. 114 in Konstanz, dessen Führung er bis 1901 inne hatte. Dann wurde er zum Generalmajor befördert und mit dem Kommando über die 31. Infanterie-Brigade (Trier) betraut. In dieser Stellung verblieb Emmich vier Jahre. 1905 wurde er General-leutnant und Kommandant der 10. Division in Posen. Am 29. Mai 1909 erhielt er die Würde des Kommandierenden Generals und die Führung des 10. Armeekorps (Hannover). Am 27. Januar 1912 wurde ihm der erbliche Adel verliehen. Er ist einer der wenigen Kommandierenden Generäle, die weder auf der Kriegsakademie noch im Generalstab waren.

Emmichs Vater war Oberst und Bezirkskommandeur des 1. Bataillons des 2. Westfälischen Land-wehr-Regiments Nr. 15 und galt als tüchtiger Frontoffizier.

In der Familien-Zeitschrift „Daheim" machte ein Militär, der den General gut kennt, interessante Mitteilungen über seine Persönlichkeit. „Jetzt ist er Deutschlands Emmich," heißt es dort, „aber bis vor kurzem war er ganz besonders unser Emmich, ein alter Fünfundfünfziger. Und wie ein Offizier fast immer die engste Anhänglichkeit an das Regiment bewahren wird, das ihn zuerst als Kameraden aufnahm, an die Stadt, in der es stand, so hat unser Em-mich auch seine Garnison Detmold ebensowenig ver-gessen wie wir ihn.

„Meine Erinnerungen an ihn gehen bis in die goldene Leutnantszeit zurück, als er noch einfach Otto Emmich hieß und so herzlich lachen konnte, daß

man von feinen Augen aber auch gar nichts mehr sah.
— Rötliche Haare hatte er, ein rötliches Gesicht, ein
bißchen rundlich war er damals schon. Seine Vor-
gesetzten, feine Freunde erwarteten fehr viel von ihm,
aber er felbst machte so wenig aus sich, war eher
wortkarg als beredt, so daß wir doch nur bisweilen
etwas in feinem Gesicht aufleuchten sahen, etwas, daß
man sich fragte: ‚Was war das? Was glüht in
diesem Manne? Was wird er uns noch zu sagen
haben?‘ Wie fast alle wortkargen Menschen sprach er
im Gehen eher einmal ausführlich als am Festtisch,
bei Gesellschaften. So erinnere ich mich eines Gar-
tenfestes, wo wir dem Tanz auf grünem Rasen zusahen und er von einem andern Tanze sprach auf
Frankreichs Fluren, vom Gefecht bei Colombey, als
ihm und den Kameraden der Tod auf feiner Fiedel
seltsame Weisen gegeigt hatte. Da stand auf einmal neben mir ein Held, ein Auserwählter. —
‚Seines Geistes hatt’ ich einen Hauch verspürt‘ —
und seitdem hat mich nichts mehr gewundert, was ich
später von feiner Laufbahn hörte. Er ist kein
Kriegsakademiker geworden, er hat unserm Generalstab nicht angehört, aber der Mann mußte hochkom-
men, so oder so.

„In Köln fand er die verständnisvolle Gefährtin,
ein Fräulein von Graberg, die das Glück feines
Lebens wurde. Sie mußten einfach leben, aber das
hat sie nie gestört. Sie waren gesellig ohne jeden
Luxus. Reizend war es z. B. in Metz, wo Emmichs
sich in einer der bekannten engen Metzer Wohnungen
einschränken mußten. Niemand, der sie mitgenießen
durfte, wird die liebenswürdige Gastfreundschaft vergessen, die Emmichs zeigten. Ich glaube, es war
auch hier in Metz, wo ihm sein einziges Kind, eine
Tochter geboren wurde, jetzt die Frau des Ritt-
meisters im Braunschweigischen Husaren-Regiment
Nr. 17 Böhmer.

Otto von Emmich.

„Er ist im Deutschen Reiche ziemlich viel herum-
geworfen worden. Aber wo er auch war, man hatte
ihn lieb und sah ihn ungern scheiden. In jeder Garnison suchte er alsbald Fühlung mit der Zivilbevölkerung zu gewinnen, ermahnte auch seine Offiziere
stets, ja nicht einseitig nur unter sich zu verkehren.
Als Vorgesetzter war er stets wohlwollend, aber nie
schwächlich. Je mehr er von nun an mit zu beraten
und zu berichten hatte über Beförderungen und Ver-
abschiedungen, um so schärfer bildete sich seine Gabe
heraus, den tüchtigen Menschen frühzeitig zu erkennen, aber auch nicht zu halten, was doch fallen
mußte.

„Als Divisionär der zehnten Division in Posen, wo
Alex. v. Kluck Kommandierender General des 5. Armeekorps war, leitete er dann bei einem Kaisermanöver einen Angriff auf Posen. Dieser Angriff war so
keck und schneidig, so durchdacht und fein berechnet,
daß er allgemeines Aufsehen erregte. General Emmich hatte seinen großen Tag; hier hat er Schule ge-
ritten für Lüttich — ahnungslos, aber einer Len-
kung folgend, die höher ist als Menschenmacht.

„Als er dann Kommandierender General wurde,
hat man dort viel gefragt: ,Emmich? Wer ist denn
das?' Oder es hieß auch: ,Der muß ja sehr klug
sein, weil man bei uns noch nicht viel von ihm gehört hat!' Wir aber waren wieder einmal sehr stolz
auf unseren Fünfundfünfziger. Etwa zwei Jahre
werden vergangen sein, seit er Otto von Emmich
heißt. Wie wir ihn zu kennen glauben, wird ihm
das persönlich nicht viel ausgemacht haben. Aber für
seine Stellung gerade in Hannover war es wohl so
das Richtige."

An den Namen Emmich wird sich nun für uns
allzeit die Erinnerung an den ersten Siegesjubel
nach dem Ausbruch des Krieges von 1914 knüpfen.
Wir fühlen, wenn wir diesen Namen hören, noch

deutlich die heiße Überraschung und das verwunderte Staunen, womit wir die Nachricht vom Falle Lüttichs aufnahmen. Die große, starke Festung, die für uneinnehmbar galt, war nach einigen Tagen schon in deutschen Händen.

„Verdemmich,“ sprach Emmich,
Lüttich, dat nemm' ich!“

Diesen Scherzreim sang damals jung und alt.

Ein genaues Bild von dem Verlauf der Belagerung und Eroberung von Lüttich wird man erst später entwerfen können. Heute muß man sich damit begnügen, an der Hand der amtlichen Telegramme den Hergang in knappem Umriß verfolgen zu können.

7. August. Unsere Vorhuten sind vorgestern längs der ganzen Grenze nach Belgien eingerückt. Eine unbedeutende Truppenabteilung hat einen Handstreich auf Lüttich mit großer Kühnheit versucht. Einzelne Reiter sind in die Stadt eingedrungen und wollten sich des Kommandanten bemächtigen, der sich nur durch die Flucht der Festnahme entziehen konnte. Der Handstreich auf die modern ausgebaute Festung selbst ist nicht geglückt. Die Truppen stehen vor der Festung in Fühlung mit dem Gegner.

Aber schon am Abend des 7. August folgte auf diese erste Nachricht die Kunde vom Falle Lüttichs.

Die Festung Lüttich ist genommen, lautete die amtliche Depesche. Nachdem die Abteilungen, die den Handstreich auf Lüttich unternommen hatten, verstärkt worden waren, wurde der Angriff durchgeführt. Heute morgen 8 Uhr war die Festung in deutschem Besitz. Seine Majestät der Kaiser hat dem General der Infanterie v. Emmich, der persönlich im Sturm auf Lüttich die Truppen vorwärts führte, den Orden Pour le mérite verliehen.

Lüttich ist fest in unserer Hand, hieß es tags darauf. Die Verluste des Feindes waren groß. Der

Otto von Emmich.

Abtransport von 3—4000 kriegsgefangenen Belgiern nach Deutschland hat bereits begonnen. Nach den vorliegenden Nachrichten hatten wir in Lüttich ein Viertel der gesamten belgischen Armee gegen uns.

Man begriff damals nicht, wie eine so starke Festung so rasch hatte genommen werden können, und eben dieses überraschende wird die Tat Emmichs für alle Zeiten in einen ganz besonderen Nimbus kleiden. Dazu kommt noch, daß mit dieser Tat das erste Auftreten unserer 42=Zentimeter=Mörser verknüpft ist, wie auch die erste Kriegsarbeit unserer Zeppeline.

Tagelang schwirrten allerlei Gerüchte umher. Phantastische Märchen über diese erste Waffentat der Deutschen wurden aufgebracht und fanden Glauben, obwohl sie das Rätsel dieser fabelhaft schnellen Einnahme einer modern ausgerüsteten Festung natürlich nicht zu lösen vermochten. Da klärte dann am 10. August endlich eine amtliche Nachricht des Generalquartiermeisters v. Stein den Sachverhalt auf:

„Französische Nachrichten haben unser Volk beunruhigt. Es sollen 20 000 Deutsche vor Lüttich gefallen und der Platz überhaupt noch nicht in unserm Besitz sein. Durch die theatralische Verleihung des Kreuzes der Ehrenlegion an die Stadt Lüttich sollten diese Angaben bekräftigt werden. Unser Volk kann überzeugt sein, daß wir weder Mißerfolge verschweigen noch Erfolge aufbauschen werden. Wir werden die Wahrheit sagen und haben das volle Vertrauen, daß unser Volk uns mehr als dem Feinde glauben wird, der seine Lage vor der Welt möglichst günstig hinstellen möchte. Wir müssen aber mit unseren Nachrichten zurückhalten, solange sie unsere Pläne der Welt verraten können. Jetzt können wir ohne Nachteil über Lüttich berichten. Ein jeder wird sich selbst ein Urteil bilden können über die von den Franzo-

sen in die Welt geschrieenen zwanzigtausend Mann
Verluste.

„Wir hatten vor vier Tagen bei Lüttich überhaupt
nur schwache Kräfte; denn ein so kühnes Unterneh=
men kann man nicht durch Ansammlung überflüssi=
ger Massen vorher verraten. Daß wir trotzdem den
gewünschten Zweck erreichten, lag in der guten Vor=
bereitung, der Tapferkeit unserer Truppen, der ener=
gischen Führung und dem Beistande Gottes. Der
Mut des Feindes wurde gebrochen, seine Truppen
schlugen sich schlecht. Die Schwierigkeiten für uns
lagen in dem überaus ungünstigen Berg= und Wald=
gelände und in der heimtückischen Teilnahme der
ganzen Bevölkerung, selbst der Frauen, am Kampfe.
Aus dem Hinterhalt, den Ortschaften und Wäldern
feuerten sie auf unsere Truppen, auch auf Ärzte,
die die Verwundeten behandelten, und auf die Ver=
wundeten selbst. Es sind schwere nud erbitterte
Kämpfe gewesen, ganze Ortschaften mußten zerstört
werden, um den Widerstand zu brechen, bis unsere
tapferen Truppen durch den Fortsgürtel gedrungen
und im Besitz der Stadt waren. Es ist richtig, daß
ein Teil der Forts sich noch hielt, aber sie feuerten
nicht mehr. Seine Majestät wollte keinen Tropfen
Blutes unserer Truppen durch Erstürmung der
Forts unnütz verschwenden. Sie hinderten nicht mehr
an der Durchführung der Absichten. Man konnte das
Herankommen der schweren Artillerie abwarten, und
die Forts in Ruhe nacheinander zusammenschießen,
ohne nur einen Mann zu opfern, falls die Forts=
besatzungen sich nicht früher ergaben. Aber über dies
alles durfte eine gewissenhafte Heeresleitung nicht
ein Wort veröffentlichen, bis so starke Kräfte auf
Lüttich nachgezogen waren, daß es auch kein Teufel
uns wieder entreißen konnte. In dieser Lage be=
finden wir uns jetzt. Die Belgier haben zur Be=
hauptung der Festung, soviel sich jetzt übersehen läßt,

mehr Truppen gehabt, als von unſerer Seite zum
Sturm antraten. Jeder Kundige kann die Größe der
Leiſtung ermeſſen. Sie ſteht einzig da.

Sollte unſer Volk wieder einmal ungeduldig auf
Nachrichten warten, ſo bitte ich, ſich an Lüttich
erinnern zu wollen. Das ganze Volk hat ſich ein=
mütig unter ſeinem Kaiſer zur Abwehr der zahl=
reichen Feinde geſchart, ſo daß die Heeresleitung an=
nehmen darf, es werden von ihr keinerlei Ver=
öffentlichungen erwartet, die ihre Abſichten vorzeitig
dem Feinde kundtun und dadurch die Durchführung
der ſchweren Aufgaben vereiteln könnten.“

Am 18. Auguſt erklärte Stein den Hergang durch
das folgende Telegramm:

„Das Geheimnis von Lüttich kann entſchleiert wer=
den. Uns waren Nachrichten zugegangen, daß vor
Ausbruch des Krieges franzöſiſche Offiziere und viel=
leicht auch einige Mannſchaften nach Lüttich entſandt
waren, um die belgiſchen Truppen in der Hand=
habung des Feſtungsdienſtes zu unterrichten. Vor
Ausbruch der Feindſeligkeiten war dagegen nichts
einzuwenden. Mit Beginn des Krieges wurde es
Neutralitätsbruch durch Frankreich und Belgien.
Wir mußten ſchnell handeln. Nichtmobiliſierte Regi=
menter wurden an die Grenze geworfen und auf Lüt=
tich in Marſch geſetzt. Sechs ſchwache Friedensbri=
gaden mit etwas Kavallerie und Artillerie haben
Lüttich eingenommen. Danach wurden ſie dort mo=
bil und erhielten als erſte Verſtärkung ihre eigenen
Ergänzungsmannſchaften. Zwei weitere Regimenter
konnten nachgezogen werden, die ihre Mobilmachung
ſoeben beendet hatten. Unſere Gegner wähnten bei
Lüttich 120 000 Deutſche, die den Vormarſch wegen
Schwierigkeiten der Verpflegung nicht antreten könn=
ten. Sie haben ſich geirrt. Die Pauſe hatte einen
anderen Grund. Jetzt erſt begann der deutſche Auf=
marſch. Die Gegner werden ſich überzeugen, daß

die deutschen Armeen gut verpflegt und ausgerüstet den Vormarsch antreten. Seine Majestät hat sein Wort gehalten, an die Einnahme der Forts nicht einen Tropfen deutschen Blutes mehr zu setzen. Der Feind kannte unsere schweren Angriffsmittel nicht. Daher glaubte er sich in den Forts sicher. Doch schon die schwächsten Geschütze unserer schweren Artillerie veranlaßten jedes durch sie beschossene Fort nach kurzer Beschießung zur Übergabe. Die noch erhaltenen Teile der Besatzungen retteten dadurch ihr Leben. Die Forts aber, gegen die unsere schweren Geschütze feuerten, wurden in allerkürzester Frist in Trümmerhaufen verwandelt, unter denen die Besatzung begraben wurde. Jetzt werden die Forts aufgeräumt und wieder zur Verteidigung eingerichtet. Die Festung Lüttich soll den von unseren Gegnern vorbereiteten Plänen nicht mehr dienen, sondern dem deutschen Heere ein Stützpunkt sein."

Im späteren Verlauf des Krieges war General von Emmich auf dem östlichen Schauplatze tätig und hatte an der Vertreibung der Russen aus Galizien hervorragenden Anteil.

Erst gegen Mitte Mai des Jahres 1915 wurden bestimmte Angaben über seine Mitwirkung im Kriege gegen die Russen bekannt. Wir hörten an diesem Tage von der glänzenden Beendung der Schlacht bei Gorlice-Tarnow.

Tatsächlich brachte — so hieß es in dem amtlichen Bericht — der Telegraph von der den Mackensenschen Truppen benachbarten Armee des Generals der Infanterie Boroevic von Vojna schon am frühen Morgen die Kunde, daß der vor ihr gewesene Feind in der Nacht vom 4. zum 5. Mai den Abmarsch nach Norden angetreten habe und sich nahezu vor der ganzen Front im eiligen, teilweise fluchtartigen Rückzuge befände. Die 3. österreichische Armee folgte dem Feind auf dem Fuße; um diesem aber womöglich noch die

Rückzugsstraße zu verlegen, ließ der den rechten Flügel der Armee Mackensen befehligende General von
Emmich seine Truppen, die bei Zmigrod dank dem
eiligen Abzug der Russen die Wislokabrücke noch unversehrt gefunden hatten, in einem Gewaltmarsch bis
zur Jasiolka nördlich Dukla vorrücken, so daß seine
Kanonen am Abend dieses Tages die Stadt Dukla
und die von dem gleichnamigen vielgenannten Passe
heranführende Gebirgsstraße unter Feuer nahmen.

Als am 6. Mai die Armee Mackensen die Wisloka
überschritten und die erzherzogliche Armee nach der
Einnahme von Tarnow den Feind zur Räumung der
ganzen Dunajec-Linie bis zur Weichsel-Mündung
gezwungen hatte, konnte die Durchbruchsschlacht von
Gorlice-Tarnow als beendet angesehen werden. Auf
einer Frontbreite von 160 Kilometern war der Feind
im Rückzuge. Die durchbrochenen Stellungen der
Russen lagen schon 30 Kilometer hinter dem Sieger,
der auf der ganzen Linie die Verfolgung aufgenommen hatte. Diese zeitigte auf der weiteren Front die
schönsten Früchte. Am 6. Mai nachmittags stellte
das im Anschluß an den rechten Flügel Mackensens
vorgehende österreichische Korps in dem Karpathen-
dorfe Thalwa die russische 48. Division, machte dabei einen General, einen Obersten und gegen 3000
Mann zu Gefangenen und erbeutete außerdem
16 Feldkanonen, 6 ganz neue Feldhaubitzen, zahlreiche Munitionswagen und Kriegsgerät aller Art.
Am 7. Mai erschienen die Reste dieser russischen
Division auf der Höhe von Hyrowa vor den Truppen des Generals von Emmich. Von einem deutschen Parlamentär aufgefordert, sich zu ergeben,
erklärte der Divisionskommandeur, dies könne er
nicht tun, legte sein Kommando nieder und ver-
schwand mit seinem Stabe in den Wäldern. 3500
Mann ergaben sich hierauf dem Korps Emmich. Am
8. Mai hatte die österreichische 3. Armee bereits

12 000 Gefangene in ihren Händen. General von Emmich konnte an diesem Tage 4500 melden.

Der Kaiser verlieh dem General von Emmich für seine Verdienste auf dem galizischen Schauplatze das Eichenlaub zum Orden Pour le mérite.

Wann Emmich dann in Urlaub gegangen ist, haben wir nicht erfahren. Ein durch die aufreibende Kriegstätigkeit entstandenes Leiden zwang ihn, Erholung zu suchen. Am 22. Dezember 1915 traf uns die Nachricht von seinem Tode. „General von Emmich, der Sieger von Lüttich, ist heute Morgen in seinem Heim zu Hannover, wo er seit einigen Wochen weilte, sanft entschlafen" — so lautete das Telegramm, das uns die traurige Mitteilung machte. Ganz Deutschland empfand das Hinscheiden des verdienten Feldherrn als schmerzliche Überraschung und schweren Schlag. Was das deutsche Heer an ihm verlor, das ist am schönsten in dem Nachruf ausgesprochen, den der stellvertretende Kommandierende seines Korps ihm widmete:

„Mit ihm ist ein treuer Diener seines kaiserlichen Herrn, ein edler Mensch und ein tapferer Soldat, ist einer der Besten von uns geschieden. Der Name des Siegers von Lüttich, des tapferen Führers des ... Armeekorps in ungezählten Schlachten und Gefechten, bleibt für alle Zeiten mit der Geschichte unseres Vaterlandes und unseres Heeres eng verbunden, er lebt aber auch unauslöschlich im Herzen seiner Soldaten fort, die mit Vertrauen und Liebe dem Führer folgten, der jede Gefahr und Entbehrung mit ihnen teilte, der durch persönliches Beispiel allen voranleuchtete. So wird die Persönlichkeit dieses hervorragenden Mannes fortwirken im ... Armeekorps als Vorbild eines preußischen Soldaten, wie er sein soll."

Der Kaiser richtete an die Witwe des Generals das folgende Beileidstelegramm:

„Ich bin tief ergriffen durch die Nachricht von dem Heimgang Ihres Gemahls. Es ist uns dadurch ein

Offizier entrissen, den ich ob seiner vorbildlichen Treue und Hingabe als Soldaten und Menschen hochschätzte. Wenn die Geschichte die schönsten Ruhmestaten dieses Krieges schildern wird — Lüttich, St. Quentin, Galizien, Polen — so wird sein Name mit an erster Stelle stehen. Das Korps verliert seinen allverehrten Kommandierenden General, dem es als ersten Kameraden wie als Führer in gleichem Vertrauen zugetan war."

Hans von Beseler.

Über H. v. Beseler, den Oberbefehlshaber der Belagerungsarmee von Antwerpen, den Bezwinger dieser größten der belgischen Festungen, schreibt der „Berliner Lokal-Anzeiger" unter dem 5. Oktober:

„Er ist eigentlich ein Berliner Kind, nämlich der Sohn des berühmten Rechtsgelehrten, der jahrelang eine Zierde unserer Universität war, und der Bruder unseres Justizministers. Hans Hartwig von Beseler steht im 65. Lebensjahre. Er ist am 27. April 1850 in Greifswald geboren, hat dann aber seine Jugend in Berlin verbracht. Hier hat er das Wilhelm-Gymnasium besucht und auf diesem das Abiturientenexamen gemacht. Schon als Knabe zeigte er lebhaftes Interesse für den Soldatenberuf; er wollte Offizier werden und trat am 1. April 1868 in das Gardepionierbataillon ein.

Im Feldzug 1870 nahm er an den Belagerungen von Paris und Metz teil und erhielt das Eiserne Kreuz. Später besuchte er die Artillerie- und Ingenieurschule, wurde zur Kriegsakademie kommandiert und am 18. April 1882 als Hauptmann in den Generalstab versetzt.

Nachdem er mehrere Jahre Frontdienst getan hatte, kam er 1888 als Major wieder in den Großen

Generalstab und wurde 1893 als Oberstleutnant in das Kriegsministerium versetzt, wo er bald Abteilungschef wurde. Als Oberst, zu welcher Charge er 1897 aufrückte, hat er das 65. Infanterieregiment in Köln befehligt.

Dann kam er wieder in den Generalstab und wurde hier Oberquartiermeister. 1901 war er zur Ausschiffung der ostasiatischen Expedition nach Bremerhaven und während der Kaisermanöver wiederholt als Schiedsrichter kommandiert. Hierauf hat er die 6. Division in Brandenburg befehligt. 1904 wurde ihm der Adel verliehen.

Im September des genannten Jahres wurde er mit Wahrnehmung der Geschäfte des Chefs des Ingenieur- und Pionierkorps und des Generalinspekteurs der Festungen beauftragt. Am Heiligabend 1905 erhielt er die Ernennung zum Chef und zwei Jahre darauf wurde er General der Infanterie. 1911 wurde er in Genehmigung seines Abschiedsgesuches zur Disposition gestellt.

Ein Jahr darauf wurde er in das Herrenhaus berufen. Jetzt, beim Ausbruch des Krieges, wurde er wieder aktiv, und nun taucht sein Name aus der Versenkung auf. Die Parallele mit Hindenburg liegt nahe."

Die Belagerung von Antwerpen unter General von Beseler begann am 27. September. An diesem Tage war Mecheln, das wenige Kilometer südlich von der Antwerpener Fortslinie entfernt liegt, durch die Deutschen genommen, und am 29. begann auch schon das Artilleriefeuer gegen die Forts Waelhem, Sainte-Cathérine und das Zwischenwerk Wavre. Ein umfassendes Bild von dem Hergang dieser gewaltigen und mit so großer Umsicht und Geschicklichkeit durchgeführten Unternehmung läßt sich jetzt noch nicht bieten. Wir müssen abermals die lapidare Schilderung der amtlichen Nachrichten sprechen lassen. Aus ihren knappen Sätzen tritt mit eindrucksvoller Wucht der unheimliche Fortschritt hervor, den die Belagerer sich Tag für Tag erzwangen. Man ersieht daraus, daß nicht nur die Artillerie mit ihren neuen schweren Kalibern, sondern auch die Infanterie und namentlich die Pioniere sich vor Antwerpen in ruhmreicher Weise ausgezeichnet haben.

29. September. Gestern hat die Belagerungsartillerie gegen einen Teil der Forts von Antwerpen das Feuer eröffnet. Ein Vorstoß belgischer Kräfte gegen die Einschließungslinie ist zurückgewiesen.

30. September. Bei Antwerpen sind zwei der unter Feuer genommenen Forts zerstört.

1. Oktober. Der Angriff auf Antwerpen schreitet erfolgreich fort.

2. Oktober. Vor Antwerpen sind die Forts Wavre-St. Cathérine und die Redoute Dorpweldt mit Zwischenwerken gestern nachmittag 5 Uhr erstürmt. Das Fort Waelhem ist eingeschlossen. Der westlich herausgeschobene wichtige Schulterpunkt Termonde befindet sich in unserm Besitz.

3. Oktober. Im Angriff auf Antwerpen fielen auch die Forts Lierre, Waelhem, Koenigshookt und die zwischenliegenden Redouten. In den Zwischenstellungen wurden 30 Geschütze erobert. Die in den äußeren Fortgürtel gebrochene Lücke gestattet, den Angriff gegen die innere Fortlinie und die Stadt vorzutragen.

4. Oktober. Die Operationen vor Antwerpen vollzogen sich planmäßig und ohne Kampf.

5. Oktober. Vor Antwerpen sind die Forts Kessel und Broechem zum Schweigen gebracht. Die Stadt Lierre und das Eisenbahnfort an der Bahn Mecheln—Antwerpen sind genommen.

(Nichtamtlich.) 6. Okt. Die belgische Regierung trifft alle Vorbereitungen, um die Festung auf dem

Wasserwege zu verlassen und nach London überzu=
siedeln. Der ganze äußere Befestigungsgürtel südlich
der Stadt ist in deutschen Händen. Die Bresche ist
13 Kilometer lang. Die inneren Werke werden seit
dem 4. Oktober mit schwerer Artillerie beschossen,
die jetzt kaum 18 Kilometer von den wichtigsten
Hafenbauten entfernt steht. Auch die Stadt Lan=
aeken an der holländischen Grenze ist von Deutschen
besetzt.

7. Oktober. Fort Broechem ist in unserm Besitz.
Der Angriff hat den Nethe=Abschnitt überschritten
und nähert sich dem inneren Fortgürtel. Eine eng=
lische Brigade und die Belgier wurden zwischen äuße=
rem und innerem Fortgürtel auf Antwerpen zurück=
geworfen. 4 schwere Batterien, 52 Feldgeschütze, viele
Maschinengewehre, auch englische, wurden in freiem
Felde genommen.

8. Oktober. Gemäß Artikel 26 des Haager Ab=
kommens, betreffend die Gesetze des Landkrieges,
ließ General v. Beseler, der Befehlshaber der Be=
lagerungsarmee von Antwerpen, durch Vermitt=
lung der in Brüssel beglaubigten Vertreter neutraler
Staaten gestern nachmittag die Behörden Antwerpens
von dem Bevorstehen der Beschießung verständigen.
Die Beschießung der Stadt hat um Mitternacht be=
gonnen.

Der Kommandant von Antwerpen an den Bür=
germeister der Stadt: „Ich habe die Ehre, der Be=
völkerung der Stadt Antwerpen mitzuteilen, daß das
Bombardement Antwerpens und seiner Umgebung
unvermeidlich ist. Das Bombardement wird jedoch
keinen Einfluß auf die Kraft und Dauer des Wider=
standes haben, der bis zum äußersten geleistet wer=
den wird.“

9. Oktober. Vor Antwerpen ist Fort Breendonck
genommen. Der Angriff auf die innere Fortlinie
und damit auch die Beschießung der dahinterliegen=

den Stadtteile hat begon en, nachdem der Komman=
dant der Festung die Erklärung bgegeben hatte, daß
er die Verantwortung übernähme.

Kopenhagen. (W. T. B. Nichtamtlich.) Der
Bombenregen schien immer dichter und dichter zu
fallen und erreichte 2 Uhr nachts seinen Höhepunkt.
Es war fürchterlich. Die Luft voll springender Bom=
ben! Die Atmosphäre erschüttert von einer verzwei=
felt heftigen Kanonade, die nur schwer zu schildern ist.
Auf der Fahrt nach Holland sah ich Antwerpen in
Flammen stehen. Blutroter Schein lag über der
Stadt, der die schweren Rauchwolken färbte. Darüber
explodierten die Granaten wie tausend Sterne, die
Tod und Zerstörung auf die letzten Verteidiger des
Landes hinabsandten.

9. Oktober. Heute vormittag sind mehrere Forts
der inneren Befestigungslinie von Antwerpen gefal=
len. Die Stadt befindet sich seit heute nachmittag in
deutschem Besitz. Kommandant und Besatzung haben
den Festungsbereich verlassen. Nur einzelne Forts
sind noch vom Feinde besetzt. Der Besitz von Antwer=
pen ist dadurch nicht beeinträchtigt.

10. Oktober. Die ganze Festung Antwerpen, ein=
schließlich sämtlicher Forts, ist in userm Besitz.

Der Kaiser an die Großherzogin Luise von Ba=
den: „Antwerpen heute nachmittag ohne Kampf be=
setzt. Gott sei für diesen herrlichen Erfolg in tiefer
Demut gedankt; ihm sei die Ehre! Wilhelm."

Nach nur zwölftägiger Belagerung war Antwer=
pen in unsere Hände gefallen. Am 28. September
fiel der erste Schuß gegen die Forts der äußeren
Linie. Am 1. Oktober wurden die ersten Forts er=
stürmt, am 6. und 7. Oktober der starke, angestaute,
meist 400 Meter breite Nethe=Abschnitt von unserer
Infanterie und Artillerie überwunden. Am 7. Ok=
tober wurde entsprechend dem Haager Abkommen
die Beschießung der Stadt angekündigt. Da der Kom=

mandant erklärte, die Verantwortung für die Beſchießung übernehmen zu wollen, begann mitter-
nachts vom 7. zum 8. Oktober die Beſchießung der
Stadt. Zu gleicher Zeit ſetzte der Angriff gegen
die innere Fortlinie ein. Schon am 9. Oktober früh
waren zwei Forts der inneren Linie genommen,
und am 9. Oktober nachmittags konnte die Stadt
ohne ernſthaften Widerſtand beſetzt werden. Die
vermutlich ſehr ſtarke Beſatzung hatte ſich anfänglich
tapfer verteidigt. Da ſie ſich jedoch dem Anſturme
unſerer Infanterie und der Marinediviſion ſowie der
Wirkung unſerer gewaltigen Artillerie ſchließlich
nicht gewachſen fühlte, war ſie in voller Auflöſung
geflohen. Unter der Beſatzung befand ſich auch eine
unlängſt eingetroffene engliſche Marinebrigade.
Sie ſollte nach engliſchen Zeitungsberichten das Rückgrat der Verteidigung ſein. Der Grad der Auflöſung der engliſchen und belgiſchen Truppen wird
durch die Tatſache bezeichnet, daß die übergabever-
handlungen mit dem Bürgermeiſter geführt werden
mußten, da keine militäriſche Behörde aufzufinden
war. Die vollzogene übergabe wurde am 10. Oktober
vom Chef des Stabes des bisherigen Gouvernements
von Antwerpen beſtätigt, die letzten noch nicht übergebenen Forts wurden von unſeren Truppen beſetzt.

Die Zahl der Gefangenen läßt ſich noch nicht
überſehen. Viele belgiſche und engliſche Soldaten
ſind nach Holland entflohen, wo ſie interniert werden.
Gewaltige Vorräte aller Art ſind erbeutet.

Die letzte belgiſche Feſtung, das „uneinnehmbare“
Antwerpen, iſt bezwungen. Die Angriffstruppen
haben eine außerordentliche Leiſtung vollbracht, die
von Seiner Majeſtät damit belohnt wurde, daß ihrem
Führer, dem General der Infanterie v. Beſeler, der
Orden Pour le mérite verliehen wurde.

Zur Ehrung für ſeine große Tat ernannte die
juriſtiſche Fakultät der Univerſität Greifswald Ge-

neral Beseler zum Ehrendoktor, die Technische Hochschul zu Hannover verlieh ihm den Titel des Ehrendoktor Ing.

Antwerpen hatte in der weiten Welt den Ruf der Uneinnehmbarkeit genossen. Man hatte geglaubt, zu seiner Belagerung sei ein Heer von annähernd 300 000 Mann erforderlich, zu seiner Aushungerung eine Frist von 2 Jahren. Die stolzen Patrizier wähnten sich geborgen hinter den Festungsmauern. Der Krieg, der durch Belgien tobte, beunruhigte sie wenig. Die Ehre, die ihnen der König erwies, indem er Regierung und Hofstaat in ihre Stadt verlegte, freute sie und machte sie noch stolzer, als sie sonst schon waren. Die Geschichte von den 42 = Zentimeter-Mörsern der Deutschen hielten sie, bis diese Höllengranaten auf ihre Werke fielen, immer noch für einen Kinderschreck. Aber als dann der Bombenregen herunterging, Flugzeuge und Zeppeline über der Stadt kreuzten, als alle Schrecken des modernen Krieges gleich dem jüngsten Gericht über die unglückliche Stadt hineinbrachen, da ergriff diese satten, in Gold und Wohlleben dahinträumenden Menschen eine furchtbare Panik. Die Szenen, die sich in den wenigen Stunden der Katastrophe in Stadt und Hafen von Antwerpen abspielten, vermag keine Feder zu beschreiben. Man behauptet, der König sei willens gewesen, Antwerpen vor der Beschießung zu übergeben; die Engländer hätten ihn jedoch daran gehindert. Daran knüpfte sich dann die Vermutung, die Briten hätten nur deshalb das Verderben so weit getrieben, um ein möglichst zerstörtes Antwerpen in die Hände der Deutschen fallen zu lassen.

Die Belagerung und Eroberung Antwerpens hat in der Kriegsgeschichte aller Zeiten nicht ihresgleichen. Man kann die Größe der Leistung allein schon an dem zweiten Beispiel einer Belagerung ermessen, das dieser Krieg geboten hat: an der Belagerung

Przemysls durch die Russen. Diese vermochten trotz großer Opfer nichts auszurichten, bis schließlich die Festung durch Hunger fiel. Dabei ist Przemysl bei weitem nicht so ausgerüstet gewesen wie Antwerpen. Hier gab es, abgesehen von den gewaltigen Forts und ihrer Bestückung, eine ununterbrochene Kette von schwer erkenntlichen Schützengräben, Deckungen, Unterschlupfen und Unterständen, eine Unzahl von Drahthindernissen, die in Dutzenden von Reihen hintereinander lagen, und Tausende von Wolfsgruben. Außerdem war das Gelände mit seinen kleinen Waldstücken, dichten Hecken und Büschen, seinen Wasserläufen und tiefen Gräben, die durch geschickt angelegte Überschwemmungen zu schweren Hindernissen gemacht worden waren, für eine abschnittsweise zähe Verteidigung so günstig wie möglich. Trotz dieser ungemein schwierigen Verhältnisse waren die Verluste der Deutschen verhältnismäßig sehr gering, die Verluste der Feinde dagegen furchtbar.

Die Siegesbeute, die den Eroberern in die Hände fiel, war noch größer, als man erwartet hatte. Das Große Hauptquartier gab folgende Zusammenstellung:

Bei Antwerpen wurden im ganzen etwa 8000 Gefangene gemacht. Es ist anzunehmen, daß in nächster Zeit noch eine große Zahl belgischer Soldaten, welche Zivilkleidung angezogen haben, dingfest gemacht wird. Nach Mitteilungen des Konsuls von Terneuzen sind etwa 20 000 belgische Soldaten und 2000 Engländer auf holländisches Gebiet übergetreten, wo sie entwaffnet wurden, und ihre Flucht muß in größter Hast vor sich gegangen sein; hierfür zeugen die Massen weggeworfener Kleidungsstücke, besonders von der enlischen Royal-Naval-Division. Die Kriegsbeute in Antwerpen ist groß. Über 3000 Geschütze, eine Unmenge Munition, Massen von Sätteln und Wohlachs, sehr viel Sanitätsmaterial, zahlreiche

Kraftwagen, viele Lokomotiven und Waggons, vier Millionen Kilogramm Getreide, viel Mehl, Kohlen, Flachs, für 10 Millionen Mark Wolle, Kupfer und Silber im Werte von etwa einer halben Million Mark, ein Panzer-Eisenbahnzug, mehrere Verpflegungszüge, große Viehbestände.

Im August des Jahres 1915 finden wir Beseler auf dem östlichen Kriegsschauplatz wieder. Er leitete hier die Belagerung der großen russischen Festung Nowo-Georgiewsk, des letzten Bollwerks der Ostfront, welches bis dahin noch unerobert geblieben war, nachdem unsere Feinde Warschau, Iwangorod und Brest-Litowsk geräumt hatten und Kowno erstürmt worden war. Wir sind über den Hergang und die Fortschritte der Belagerung nicht so genau von Tag zu Tag unterrichtet worden, wie seinerzeit über die Belagerung von Antwerpen. Immerhin haben wir aber auch den Fall dieser größten der russischen Festungen aus den, wenn auch noch so knappen Mitteilungen des Hauptquartiers allmählich heranreifen sehen. Daß aber der Bezwinger von Antwerpen wiederum hier am Werke war, das erfuhren wir erst, als die Arbeit getan war.

Während die siegreichen Armeen hinter den flüchtenden Heeren Rußlands weit über den Bereich von Nowo-Georgiewsk vordrangen, blieb ein Ring von Einschließungstruppen vor der gewaltigen Festung zurück. Ob die Russen zu jener Zeit noch an einen Umschwung der Kriegslage zu ihren Gunsten glaubten, ob sie hofften, das starke Nowo-Georgiewsk werde sich halten können, oder ob die erfolgreichen Maßnahmen der deutschen Heeresleitung ihnen zuvorkamen, so daß sie die Festung nicht mehr rechtzeitig räumen konnten, das möge dahingestellt bleiben. Fast möchte man glauben, die Russen hätten mit einem längeren Widerstande gerechnet, denn noch kurz vor dem Falle von Nowo-Georgiewsk brachten die

Zeitungen eine Notiz, daß nach Ansicht der leitenden russischen Militärkreise die Festung sich sehr lange behalten werde, da sie für mehr als ein Jahr mit Munition versorgt sei, und von sehr starken Kräften verteidigt werde.

Am 7. August lasen wir die erste Nachricht über den glücklichen Fortgang des Angriffs.

Die Einschließungstruppen von Nowo-Georgiewsk, hieß es, drangen von Norden her bis zum Narew durch. Das Fort Dembe wurde genommen. Von Süden her ist die Weichsel bei Pienkow erreicht.

Am 9. August wurde die Einnahme der Befestigungen von Zegrze gemeldet, und noch an demselben Tage erfuhren wir, daß die deutschen Truppen Nowo-Georgiewsk auch im Osten zwischen Narew und Weichsel abgeschlossen hätten. Damit war die Einschließung lückenlos geworden und das Schicksal der Festung entschieden; ihr Fall konnte nur noch eine Frage der Zeit sein. Wie lange sie noch widerstehen würde, blieb im Grunde Nebensache, denn ihr Aushalten hatte gar keinen Einfluß mehr auf den Fortgang des Kampfes gegen die russischen Feldheere.

Am 12. August wurde die Einnahme des vom Feinde geräumten Forts Benjaminow gemeldet; am 14. August hörten wir von der Erstürmung einer starken Vorstellung im Norden der Festung und der Gefangennahme von über 1800 Mann. Am 16. August meldete das Hauptquartier, daß der Ring sich noch enger geschlossen habe und auf allen Fronten Gelände gewonnen worden sei. Am 17. August folgte die Nachricht, die Verteidiger seien weiter auf den Fortgürtel zurückgeworfen worden. Schon tags darauf konnte ein weiterer großer Erfolg mitgeteilt werden. Auf der Nordostfront waren ein großes Fort und zwei Zwischenwerke im Sturm genommen worden. Man hatte dabei 2400 Mann gefangengenommen und 19 Geschütze erbeutet.

Hans von Beseler.

Am 19. August wurde der Übergang der Deut=
schen über den Wkra=Abschnitt und die Erstürmung
zweier Forts an der Nordfront gemeldet. Dabei
waren 1000 Gefangene und 125 Geschütze in die
Hände der Sieger gefallen.

Am 20. August folgte die Nachricht von der Er=
stürmung und der Gefangennahme der gesamten Be=
satzung. Die Beute wurde auf 90 000 Mann und 1640
Geschütze beziffert.

Die Zeitungen erörterten das große Ereignis.
Die deutschen Blätter waren sich der Bedeutung
dieses neuen Sieges voll bewußt, die Blätter der neu=
tralen Staaten machten kein Hehl aus ihrer Bewun=
derung der deutschen Leistungen, die Blätter in den
feindlichen Ländern suchten zum Teil das Gescheh=
nis als nebensächlich hinzustellen, zum Teil aber kam
auch in ihnen die dumpfe Betroffenheit über den
mehr und mehr sich vollendenden Zusammenbruch der
russischen Strategie zum Ausdruck. Waren doch in
rascher Folge die Hauptstützpunkte der russischen
Westfront: Warschau, Iwangorod, Kowno und nun
auch Nowo=Georgiewsk gefallen, während Brest=
Litowsk und auch Grodno von den deutschen und
österreichischen Truppen ernst bedroht wurden. Und
das alles hatte sich in einem einzigen Monat abge=
spielt: in der kurzen Frist von 20 Tagen waren 13
befestigte Punkte den Russen entrissen und dabei
208 000 Mann, 246 Maschinengewehre und 1177 Ge=
schütze erbeutet worden.

Im „Berliner Tageblatt" entwarf Dr. Wilhelm
Feldmann ein anschauliches Bild von dem Endkampf
um Nowo=Georgiewsk.

„Wir haben den Todeskampf von Nowo=Geor=
giewsk gestern aus nächster Nähe miterleben dürfen.
Wir erfuhren gegen Mittag in unserem Standquar=
tier Serozk, am Zusammenfluß von Bug und Narew,
daß der Sturm auf Fort III, unweit der Eisenbahn=

brücke über den Wkra, für den Nachmittag angesetzt
sei. Auf der Fahrt von Fort Dembe zum Wkra merk=
ten wir an manchen Zeichen, daß der Ring um die be=
lagerte Festung gerade wieder enger geschlossen
wurde. Mörserbatterien bewegten sich auf der Land=
straße nach Westen. Die „dicke Berta“ klapperte mit
ihren eisernen Elefantenfüßen drohend auf Nowo=
Georgiewsk zu. Überall wurden Batterien und Ko=
lonnen vorgezogen. Nach einer Weile sahen wir
rechts und links der Straße verlassene Stellungen
unserer Infanterie.

„Gegen ½ 4 Uhr trafen wir bei Fort 16 b
ein, das links der Landstraße, nicht weit vom letz=
ten Narewknie, liegt. Es ist seit der Frühe des 18.
August in deutschem Besitz. Hier lag jetzt Infan=
terie in Reservestellung. Das ganze Feld war voll
von russischen Gefangenen, und von verschiedenen
Seiten kamen gerade neue Transporte an.

„Die Aussicht von Fort 16b war großartig. Zur
Linken der silberne Flußlauf des Narew, etwas rechts
in der Entfernung von 13 Kilometern Luftlinie das
brennende Nowo=Georgiewsk, vor uns die russische
Kirche von Aleksandrischka. Der Himmel war grau.
Die Kanonen donnerten unaufhörlich. Man hatte sehr
stark den Eindruck, daß die Festung wie ein zu Tode
gehetztes Tier in den letzten Zuckungen lag.

„Es war etwa ½ 5 Uhr. Ein Offizier der
Landwehrkaballerie kam uns vom Westen entgegen und
rief schon von weitem, auch Fort II sei eben ge=
nommen worden. Nach wirkungsvoller Beschießung
des Forts durch unsere schwersten Geschütze hatten
schlesische Landwehr und brandenburgischer und han=
noverscher Landsturm es Punkt 3 Uhr 45 Minuten
erstürmt und im ersten Anlauf genommen. Die
Truppen waren dann sofort in der Richtung auf
das Kernwerk von Nowo=Georgiewsk weitergezogen.

Hans von Beseler.

„Von Fort III aus betrachteten wir durch das Scherenfernrohr das Vordringen unserer Infanterie auf das Dorf Modlin-Nowny. Wir trafen hier den Artillerieleutnant, der als erster mit einigen Artilleristen in das Fort eingedrungen war. Die Besatzung hatte sich ihm widerstandslos ergeben. Es scheint, daß unsere schwersten Granaten die Russen völlig betäubt hatten. Sie wagten gar nicht, das Feuer zu erwidern, hatten sich offenbar in den Kasematten verkrochen. Daher sind auch nur wenige russische Tote und Verwundete in den Forts gefunden worden. Die gefangenen Offiziere entschuldigten ihre Übergabe durch den Mangel an Munition. Wir fanden indessen überall unheimliche Massen von Granaten aller Kaliber und Schrapnells aufgestapelt. Und die Russen verfügten über eine größere Zahl von weittragenden Marinegeschützen, die sehr geschützt an schwer zu erkundenden Stellen seitwärts von den eigentlichen Forts aufgebaut waren. Die schnelle Aufgabe derartiger Befestigungen ist nach Annahme unserer Offiziere nur dadurch zu erklären, daß die russischen Offiziere ihre Leute nicht mehr in der Hand hatten und der letzte Rest von Disziplin beim Platzen unserer Granaten draufging. Die gefangenen Offiziere wiederholten nur immer: ‚Deutsche Artillerie — schrecklich!‘

„Etwa um 7 Uhr verstummte plötzlich die Höllenmusik unserer Geschütze. Die Infanterie hatte sich so nahe an das Kernwerk herangeschoben, von Norden und Nordosten her, daß eine weitere Beschießung der russischen Stellungen ohne Gefährdung der eigenen Truppen nicht möglich war. Es trat Gefechtspause ein. Man hörte nur hier und da etwas Gewehrfeuer oder Knattern von Maschinengewehren. Von Zeit zu Zeit schallten von Nowo-Georgiewsk herüber gewaltige Explosionen von Sprengungen.

Hans von Beseler.

„Bald nach ½8 Uhr näherte sich eine deutsche Offizierspatrouille dem Tor des Kernwerks. Ein russischer Parlamentär mit weißer Fahne und Trompeter ritt den Offizieren entgegen und teilte mit, daß der Kommandant zur Übergabe bereit sei. Er bat die Offiziere, in das Kernwerk hereinzukommen. Durch das offene Tor strömten gleich viele Hunderte von Russen hinaus und gaben sich den hannoverschen Landstürmern, die draußen warteten, gefangen.

„Unsere Offiziere waren mittlerweile im Auto in das Innere des Kernwerks gefahren worden. Vor den Offizierskasematten erwartete sie der Kommandant, General der Kavallerie Bobyr, ein würdiger Herr mit weißem Vollbart. Er erklärte sich bereit, über die Bedingungen der Übergabe zu verhandeln. Unsere Offiziere erwiderten, es könne nur von bedingungsloser Übergabe die Rede sein. General Bobyr zuckte bei dieser Eröffnung zusammen und starrte finster vor sich hin. Schließlich willigte er ein, sich gleich im Auto zu dem Führer der deutschen Einschließungsarmee, General von Beseler, zu begeben. Der eigentliche Führer der russischen Besatzungsarmee, Generalleutnant Kohlschmidt, begleitete ihn auf der schmerzlichen Fahrt. Während unsere Truppen die einzelnen Teile des ausgedehnten Kernwerks besetzten, erhielten sie von den Südforts noch Feuer. General Bobyr wurde aufgefordert, die Einstellung des Feuers zu befehlen. Er antwortete, er habe darauf keinen Einfluß mehr. Da wurde den beiden russischen Generalen kurz und bündig mitgeteilt, man werde die noch nicht übergebenen Abschnitte der Festung zusammenschießen lassen, wenn das Feuer nicht innerhalb einer Stunde eingestellt sei. Das half. Herr Bobyr gewann seinen Einfluß auf die Forts plötzlich wieder, und das Feuer verstummte.

„Unsere Artillerie hat das Werk der Infanterie hervorragend vorbereitet. Und dann sind Landwehr und Landsturm mit solchem Schneid vorgestürmt, daß die Russen gar keine Zeit zu ernster Abwehr fanden. Die russischen Generalstabsoffiziere haben geglaubt, es stände ihnen eine viel stärkere Armee gegenüber. Dieser Eindruck auf der feindlichen Seite ist das beste Lob, das unsere bärtigen Helden von Landwehr und Landsturm und auch die jüngeren vom ungedienten Landsturm, die hier mitgefochten haben, erwarten konnten.

„Am heißesten war der Kampf vom 16. August vor dem Fort 15, dem stärksten und modernsten Bollwerk der ganzen Festung. Die Vorstellungen, um die erbittert gerungen worden ist, wurden schon am Vormittag des 16. August von unseren Truppen erstürmt und behauptet. Aber das eigentliche Fort war erst am späten Abend fest in unserm Besitz. Dreimal haben die russischen Soldaten, zuerst nachmittags bald nach 4 Uhr, die weiße Fahne aufgepflanzt. Zweimal haben die russischen Offiziere sie wieder weggerissen und unter die eigenen Leute geschossen, um sie zu weiterem Widerstande zu zwingen.

„Am Nachmittag des 20. August kamen gegen ½5 Uhr aus der Richtung von Fort Dembe einige Autos gefahren. Es waren die Wagen des Großen Hauptquartiers.

„Der Kaiser, Hindenburg, Prinz Joachim, Prinz Oskar, General v. Falkenhayn, General von Ludendorff, sie alle waren von General v. Beseler geleitet, gekommen, um die Sieger von Nowo-Georgiewsk zu begrüßen. Der Kaiser, der sehr frisch aussah, gar nicht düster, wie die letzten Bilder ihn zeigten, schritt die Front ab und begrüßte jedes Bataillon mit einem kräftigen „Guten Tag, Kameraden!" Dann bildeten die Truppen ein großes Viereck, von dessen Mitte aus der Kaiser eine Ansprache an die Krieger richtete. Dem Landsturm und der Landwehr galt sein kaiserlicher Dank.".

Jener General der Kavallerie von der Marwitz,

der bei den Siegen von Maubeuge und Saint Quen=
tin mitwirkte, hat sich durch seine geschickten Manö=
ver den besonderen Dank des deutschen Volkes er=
worben. In der knappen und eindrucksvollen
Sprache, durch welche sich die amtlichen Nachrichten
des damaligen Generaquartiermeisters von Stein
auszeichneten, wurde verkündet, General von der
Marwitz habe die Bewegungen der Armeen der Ge=
neralobersten von Kluck und von Bülow so trefflich
verschleiert, daß deren Herannahen die Engländer
und Franzosen vollkommen überraschte. Über die
Person dieses Reiterführers können wir folgende An=
gaben machen:

Am 3. Juli 1856 wurde General George Corne=
lius Adalbert von der Marwitz auf dem väterlichen
Gute Klein=Nossin im Kreise Stolp als Sohn des
1904 verstorbenen Hauptmanns a. D. Adalbert von
der Marwitz und seiner Gemahlin Maria, geborenen
Henrichsdorff aus Danzig geboren. Von den Gü=
tern seines Vaters besitzt er Wundichow im Kreise
Stolp. Nachdem er das Gymnasium in Stolp und
das Kadettenkorps besucht hatte, wurde er am 18.
April 1875 Leutnant im 2. Garde = Ulanenregiment,
1884 Oberleutnant, besuchte von 1883 bis 1886 die
Kriegsakademie, wurde 1888 zum Generalstabe kom=
mandiert, 1889 Rittmeister und Oberquartiermeister=
Adjutant, 1890 in den Generalstab versetzt und 1891
der 36. Division zugeteilt.

Von 1892 bis 1894 war er Rittmeister und Es=
kadronchef im 2. Garde=Dragonerregiment, trat dann
als Major in den Generalstab zurück, wurde 1897
zum Generalstab des Gardekorps versetzt, 1900 Kom=
mandeur des 3. Garde=Ulanenregiments und Oberst=
leutnant, 1904 Oberst, 1905 Chef des Generalstabes
des 18. Armeekorps, 1907 Kommandeur der 1. Garde=

Kavalleriebrigade, 1908 Generalmajor, 1911 Generalleutnant und Kommandeur der 3. Division in Stettin und das Jahr darauf zum Generalinspekteur der Kavallerie ernannt.

Acht Tage nach dem Einmarsch des deutschen Heeres in Belgien erhielt er seine Beförderung zum General der Kavallerie.

General von der Marwitz ist seit dem 1. November 1881 mit Helene von Kameke verheiratet, einer Tochter des früheren preußischen Kriegsministers, der im letzten Kriege gegen Frankreich den Ingenieurangriff auf Paris leitete; er ist Vater von neun Kindern.

General von der Marwitz kam später auf den östlichen Kriegsschauplatz und hat sich hier zuerst als Führer eines Reserve-Korps in der Winterschlacht in Masuren im Februar 1915, später in den Karpathen-Kämpfen und dann bei Przemysl und Lemberg ausgezeichnet.

Die von ihm befehligten Truppen brachten durch die Osterschlacht im Labortschatale einen russischen Durchbruch zum Stehen und beteiligten sich nach dem Beginn der großen Offensive an den Verfolgungskämpfen in Mittelgalizien, den blutigen Gefechten um Przemysl, am Sturm auf die Gordittstellung, an der Schlacht bei Lemberg und den anschließenden Verfolgungskämpfen an der galizisch-polnischen Grenze.

Für seine Verdienste an der günstigen Entwicklung der Kämpfe im Westen als Reitergeneral, im Osten an der Spitze gemischter Truppen verlieh der Kaiser ihm den Pour le mérite und später auch noch das Eichenlaub zu diesem Orden.

An dieser Stelle wollen wir neben dem General von der Marwitz noch einiger anderer Unterführer des westlichen Kriegsschauplatzes kurz gedenken, mit

deren Namen uns erst im August 1915 kaiserliche An=
erkennungsschreiben bekannt gemacht haben.

Am 26. August richtete Seine Majestät folgendes
Telegramm an den General

Hermann von Stranz:

„Unerschütterlich steht seit fast einem Jahre die
Eurer Exzellenz unterstellte Armeeabteilung auf
der Wacht zwischen Maas und Mosel. Wie oft
auch der Feind an ihr zu rütteln versuchte, er
hat sie nicht zum Wanken gebracht. Wo aber die
Armeeabteilung zum Schlagen ausholte, da
pflückte sie reiche Lorbeeren. Die Geschichte der
Kämpfe zwischen Maas und Mosel wird für immer
ein leuchtendes Ruhmesblatt in der Geschichte die=
ses Krieges bilden. Als Ausdruck meines Dankes
für Ihre und Ihrer tapferen Truppen Leistungen
verleihe ich Ihnen hiermit den Orden Pour le
mérite."

General Hermann von Stranz entstammt einem
weitverzweigten Adelsgeschlechte, welches schon viele
bedeutende Männer hervorgebracht hat. Er wurde
am 13. Februar 1853 zu Nakel in Posen als Sohn
des Majors Hans von Stranz geboren. Seine
Mutter ist eine geborene von Münnich. Aus dem
Gymnasium in Treptow a. R. kam Hermann von
Stranz in das Kadettenhaus zu Kulm und dann in
die Kadettenanstalt zu Berlin. Am 2. August 1870
trat er beim Leibgrenadier=Regiment Nr. 8 in
Frankfurt a. Oder ein und verdiente sich im Feldzuge
das Eiserne Kreuz. 1871 wurde er Leutnant. 1876
kam er auf die Kriegsschule, 1879 erfolgte seine Be=
förderung zum Oberleutnant, 1882 tat er im Gene=
ralstab Dienst und ein Jahr später war er Adjutant
bei der 27. Infanteriebrigade zu Düsseldorf. Von
1886 bis 1891 führte er als Hauptmann eine Kom=
pagnie des ersten Garderegiments zu Fuß. Danach

kam er als Major wieder auf zwei Jahre in den Generalstab. Dann wurde er als Bataillonskomman-
dant wieder dem Leibgrenadier-Regiment Nr. 8
überwiesen, bei welchem er den Feldzug 1870/71 mitgemacht hatte. Als Oberstleutnant kehrte er 1897 zum
1. Garderegiment zu Fuß zurück. Nachdem er zwei
Jahre später eine Zeitlang als Kommandeur des
Landwehrbezirks III in Berlin tätig gewesen war,
wurde er zum Oberst befördert und mit der Führung
des 1. Garderegiments zu Fuß betraut. 1903 rückte
er zum Generalmajor auf und übernahm als solcher
den Befehl über die 2. Gardeinfanterie-Brigade. Am
19. Oktober 1906 wurde er zum Generalleutnant befördert und zum Kommandeur der Großherzoglich
Hessischen Division in Darmstadt ernannt. Am 7.
April 1911 erfolgte seine Ernennung zum Kommandierenden General. Als solcher führte er das V. Armeekorps zu Posen.

Für seine Tätigkeit im gegenwärtigen Kriege
war er schon am 14. September 1914 durch das
Eiserne Kreuz Erster Klasse ausgezeichnet worden.

Aus einem ähnlichen Anerkennungsschreiben des
Kaisers erfuhren wir, daß seit der Schlacht bei Mülhausen der Schutz des Elsaß dem General der Infanterie

Hans E. A. Gaede

anvertraut war. Der Kaiser lobte den Mut
und die Ausdauer, mit der die dem General
Gaede unterstellten Truppen allen Versuchen des
Feindes, in das Oberelsaß einzudringen, Trotz geboten haben. Er nannte die bis in die letzte Zeit fort-
wütenden Vogesenkämpfe ein unvergängliches Ruhmesblatt in der Geschichte des deutschen Heeres und
verlieh dem tüchtigen Führer dieser Armeeabteilung
den Orden Pour le mérite.

Hans E. A. Gaede ist 1852 in Kolberg geboren,

110

besuchte die Gymnasien zu Stralsund, Berlin, Königsberg und Stettin und studierte auf den Universitäten Bonn und Berlin. 1870 trat er in das Grenadier=Regiment Nr. 2 ein und wurde noch im selben Jahre im Feldzuge zum Leutnant befördert. Von 1874 bis 1877 war er auf der Kriegsakademie, 1878 beim Generalstab. Im Jahre 1879 wurde er Oberleutnant, 1882 Hauptmann. Er war zu dieser Zeit noch Vermessungsdirigent im Generalstab, übernahm jedoch 1886 die Führung einer Kompagnie im Infanterie=Regiment Nr. 70. Schon ein Jahr später wurde er zum Kriegsministerium kommandiert, wo er zum Major aufrückte. Als solcher führte er 1892 ein Bataillon des Infanterie=Regiments Nr. 113. Er kam dann wieder ins Kriegsministerium und wurde dort Oberstleutnant und Abteilungschef. 1897 sehen wir ihn als Oberst auf dem Posten des Kommandanten von Thorn. 1898 übernahm er das Kommando über das Infanterie=Regiment Nr. 23, zwei Jahre später als Generalmajor über die 84. Infanterie=Brigade, 1904 als Generalleutnant über die 33. Division. 1907 wurde er zur Verfügung gestellt. Im Feldzuge 1870/71 hatte er sich das Eiserne Kreuz 2. Klasse verdient und war bei Dôle schwer verwundet worden.

Ein drittes kaiserliches Anerkennungsschreiben gab uns bekannt, daß an dem Siegeszuge durch Belgien und weiterhin an dem Widerstande, den der Nordflügel der deutschen Westfront gegen die Angriffe feindlicher Übermacht zu leisten hatte, General

Max von Fabeck

einen hervorragenden Anteil gehabt hat. Der Kaiser rühmt in seinem Schreiben an diesen Führer die Ausdauer der Truppen bei den Gewaltmärschen durch Belgien, die Tapferkeit, mit der sie unwiderstehlich vorwärts drängten und den Feind bei Mons, Le Chateau und Ourcq schlugen, und endlich ihr zähes Festhalten des errungenen Gebietes. Zum Schluß teilte der Kaiser dem General von Fabeck mit, daß er ihm für seine und seiner Truppen ausgezeichnete Leistungen den Orden Pour le mérite verleihe.

Max K. G. H. von Fabeck ist am 6. Mai 1854 geboren als Sohn eines Generalleutnants. 1871 trat er als Leutnant beim 1. Garderegiment zu Fuß ein. 1876 kam er als Lehrer auf die Kriegsschule zu Metz. Von 1878 bis 1881 besuchte er die Kriegsakademie. Im Jahre 1879 zum Oberleutnant befördert, gehörte er 1882 dem Großen Generalstab an. 1884 wurde er zum Hauptmann befördert, 1887 ins Kriegsministerium berufen, 1889 zum Kompagniechef im Infanterie-Regiment Nr. 24 ernannt. Danach war er mehrfach zum Generalstab kommandiert, bis er 1898 als Oberstleutnant zum Chef des Generalstabs des 11. Armeekorps ernannt wurde. 1898 erhielt er als Oberst das Infanterie-Regiment Nr. 78, 1901 als Generalmajor die 25. Infanterie-Brigade, 1906 als Generalleutnant die 28. Division. Darnach war er drei Jahre Kommandierender General des XV., dann zwei Jahre des XIII. Armeekorps. Mit diesem zog er in den Krieg und führte es auf verschiedenen Kriegsschauplätzen im Westen und Osten. Nach der Verwundung des Generalobersten von Kluck wurde er dessen Nachfolger.

General der Infanterie von Lochow.

Der Name dieses Führers ist verknüpft mit einer der glänzendsten Waffentaten des großen Krieges, mit der siegreichen Schlacht bei Soissons, welche vom 12.—14. Januar 1915 währte.

Während des Stellungskrieges, der den Winter des Jahres 1915 ausfüllte, hatten die Franzosen in der Gegend von Soissons ihre Stellungen auf dem rechten Aisne=Ufer brückenkopfartig ausgebaut. Auf dem Westflügel dieses Frontabschnittes erhebt sich eine zerklüftete, bewaldete Höhe, deren obersten Teil einander dicht gegenüberliegende Parteien sich immer wieder durch Sappenangriffe streitig zu machen suchten. Östlich der Höhe liegt im Tale das Dorf Crouy, und an diesem vorüber läuft die Bahnstrecke in tief eingeschnittenem Grunde nach Laon.

In Steinbrüchen, die östlich der Bahn liegen, hatten sich die deutschen Soldaten eingebaut. Diese sogenannte Steinbruchstellung bildete den westlichen Rand der Hochfläche von Bregny, die sich im Osten der Bahnstrecke lang und breit hinzieht und deren südlicher Teil ganz in französischen Händen war. In den langen und tiefen Schluchten dieses Höhenrückens hatten die Franzosen schwere Artillerie in überaus geschickter Weise aufgestellt. Oben auf dem Kamme saßen hinter Brustpanzern und Stahlschilden die Beobachter auf den Bäumen und lenkten das Feuer auf die deutschen Stellungen. Dieses Flankenfeuer traf besonders verheerend die Gräben des Leibregiments. Tagelang wurden sie unter goßem Munitionsaufwand beschossen, und Teile der deutschen Stellungen waren schließlich ganz eingeebnet und verschüttet. Am 8. Januar glaubte der Feind seinen Angriff genügend vorbereitet zu haben. In einer Breite von etwa 200 Metern drang er in die deutschen Stellungen ein, und trotz mehrfacher ungestümer Versuche konnte man ihn nicht wieder hinaustreiben. Es kam hierbei in den Tagen und Nächten bis zum 11. Januar zu Nahkämpfen, welche den blutigsten und erbittersten Gefechten des ganzen Krieges zugezählt werden dürfen.

Da setzten am 12. Januar die Deutschen zum Gegenangriff an. Sie brachen zuerst aus der sogenannten Steinbruchstellung hervor. In kühnem Ansturm wurden die zunächst gelegenen feindlichen Gräben und

Beobachtungsplätze genommen. Alsbald ließ auch schon das feindliche Flankenfeuer nach, das von diesen Beobachtern gegen die bewaldete Höhe gelenkt wurde. Nun gingen eine Stunde später auch auf dem rechten Flügel die Deutschen vor und eroberten etwa einen Kilometer Gelände. Darnach erfolgte der Stoß gegen die bewaldete Höhe, und die Franzosen wurden erst aus den deutschen Gräben, die sie genommen hatten, und dann auch noch aus ihren eigenen Gräben hinaus= geworfen und am jenseitigen Abhang hinabgetrieben. Auf halber Höhe vermochten sie sich wieder festzu= setzen.

Sie nahmen nunmehr an, die Deutschen würden ihren Angriff von dieser Seite aus weiterführen, und warfen daraufhin große Verstärkungen nach ihrem linken Flügel. Von den Beobachtungsstellen aus, welche sich jetzt in den Händen der Deutschen befanden, war der Anmarsch dieser Reserven trefflich zu erken= nen. Die Deutschen gingen infolgedessen an einer ganz anderen Stelle zum weiteren Angriff vor. In der Mitte des Geländes und am linken Flügel, gegen die Hochfläche von Vregny, rückten sie am 13. Januar heran. Hier schien sich der Feind in seinen Gräben völlig sicher zu fühlen. Kurz nach 12 Uhr mittags war die erste Verteidigungslinie der Franzosen ge= nommen, eine Viertelstunde später die zweite; ein in Eile vom Vregny=Walde her unternommener Flanken= angriff des Feindes kam nicht mehr zur Wirkung. Am Nachmittag hatten die Deutschen die ganze Hoch= fläche in ihrer Hand. Nur noch in einigen Mulden und auf den zum Aisne=Tal hinabziehenden Hängen konnten die Franzosen sich halten.

Der Teil des Feindes, der am Westflügel der Deut= schen, auf der bewaldeten Höhe westlich der Bahn Soissons=Laon, stand, war nach dem wohlgelungenen Angriff der Deutschen in einer geradezu verzweifelten Lage. Als am 14. Januar deutsche Truppen in um=

fassendem Angriff über Crouy her gegen Westen ein=
schwenkten, gab es für die Franzosen dort oben kein
Zurück mehr, zumal nun die schwere Artillerie der
Deutschen das ganze Aisne=Tal beherrschte. Es blieb
ihnen weiter nichts übrig, als sich zu ergeben.

An demselben Tage wurde der Feind auch von den
Vregny=Hängen vertrieben, soweit er nicht schon wäh=
rend der vorhergehenden Nacht gegen und über die
Aisne zurückgewichen war. Eine Kompagnie des
Leibregiments drang hierbei sogar bis in die Vor=
städte von Soissons ein. Das ganze Vorgelände bis
zur Aisne wurde genommen; nur noch in einer Fluß=
biegung östlich der Stadt konnten sich einzelne fran=
zösische Abteilungen halten.

Das Ergebnis dieser Kämpfe bei Soissons war fol=
gendes: Trotz ihrer starken Stellungen und ihrer
Überzahl wurden die Franzosen in einer Breite bis
zu 15 Kilometern um zwei bis vier Kilometer zurück=
gedrängt. Die Zahl der Gefangenen betrug über
5000. 18 schwere, 17 leichte Geschütze, viele Revolver=
kanonen, Maschinengewehre, Leuchtpistolen, Gewehre
und Handgranaten und eine große Menge von Infan=
terie= und Artilleriemunition wurden erbeutet.

„Diesen glorreichen Kampf", so schloß der deutsche
amtliche Bericht, „führte die Truppe nach langen
Wochen des Stilliegens in einem Winterfeldzuge,
dessen Witterung Regenschauer und Sturmwinde
waren. Auch an den Kampftagen selbst hielten Regen
und Wind an. Die Märsche erfolgten auf grundlosen
Wegen, die Angriffe über lehmige Felder, durch ver=
schlammte Schützengräben und über zerklüftete Stein=
brüche. Vielfach blieben dabei die Stiefel im Kot
stecken, der deutsche Soldat focht dann barfuß weiter.
Was unsere wunderbolle Truppe — zwar schmutzig
anzusehen, aber prachtvoll an Körperkraft und kriege=
rischem Geiste — da geleistet hat, ist über alles Lob

erhaben. Ihre Tapferkeit, ihr Todesmut, ihre Ausdauer und ihr Heldensinn fanden gebührende Anerkennung dadurch, daß ihr oberster Kriegsherr, der in jenen Stunden unter ihnen weilte, die verantwortlichen Führer noch auf dem Schlachtfelde mit hohen Ordensauszeichnungen schmückte. General der Infanterie v. Lochow wurde mit dem Orden Pour le mérite, Generalleutnant Wichura mit dem Komtur des Hausordens der Hohenzollern ausgezeichnet."

Der militärische Mitarbeiter des „Berliner Tageblatts", Major a. D. E. Moraht, knüpfte an die Nachricht von dem Siege bei Soissons eine interessante Berechnung an, welche den großen Erfolg der Deutschen in eindrucksvolles Licht stellte. Er rechnete für den Feind zu den etwa 5200 Gefangenen einen Verlust von Toten in etwa der gleichen Höhe, eine Verwundetenzahl von etwa 10 000 Mann und einen weiteren Verlust auf dem unter dem Feuer der deutschen schweren Artillerie erfolgten Rückzuge der Franzosen von abermals etwa 10 000 Mann, so daß sich ihre Gesamteinbuße in den Kämpfen bei Soissons auf rund 30 000 Mann beziffert, was ungefähr die Stärke eines Armeekorps ausmachen würde.

Der siegreiche Führer, General v. Lochow, ist am 1. Februar 1855 zu Petkus (Kreis Jüterbog) geboren. Er war 1899 Chef des Generalstabs des 4. Armeekorps, 1901 Abteilungschef im Kriegsministerium, 1902 Oberst, 1906 Generalmajor, 1909 Generalleutnant und Kommandeur der 2. Gardeinfanteriedivision. Seit 1912 führt er das 3. Armeekorps. Im Jahre 1913 wurde er zum Kommandierenden General ernannt.

Zweiter Teil.

Osten.

Prinz Leopold von Bayern.

Leopold Maximilian Josef Maria Arnulf Prinz von Bayern wurde am 9. Februar 1846 in München als Sohn des Prinzregenten Luitpold von Bayern geboren und trat am 28. November 1861 beim 6. Jäger-Bataillon in das Heer ein. 1862 ging er zum 2. Infanterie-Regiment über. 1864 wurde er als Oberleutnant dem 3. reitenden Artillerie-Regiment zugeteilt. Er nahm an dem Feldzuge 1866 teil und machte auch den Krieg 1870/71 mit, und zwar als Hauptmann und Kompagniechef der 4. sechspfündigen Batterie des 3. Artillerie-Regiments. Bei Villepion wurde er verwundet. Noch während des Krieges stieg er zum Major auf. 1871 wurde er zum Oberstleutnant befördert und tat als solcher im 2. Kürassier-Regiment Dienst. Von 1873 bis 1875 führte er als Oberst das 1. Kürassier-Regiment. Dann war er von 1875 bis 1881 als Generalmajor Kommandeur der 1. Kavallerie-Brigade. In dem letztgenannten Jahre erfolgte seine Beförderung zum Generalleutnant und seine Ernennung zum Kommandeur der 1. Division. 1887 wurde er zum General der Kavallerie ernannt und mit der Führung

des I. Armeekorps betraut. Im Jahre 1892 wurde
ihm die IV. Armeeinspektion übertragen. 1896 stieg
er zum Generaloberst auf, und am 18. Januar 1904
erlangte er die höchste militärische Würde, den Rang
des Generalfeldmarschalls.

Als er am 20. April 1915 im Osten den Oberbefehl
über die 9. Armee übernahm, stand diese an der Bsura
und Rawka. Am 17. Juli begannen die Russen, sich
auf die Blonie=Stellung zurückzuziehen. Am 4. August
hörten wir, daß die Truppen des Prinzen Leopold
von Bayern die Russen aus dieser Stellung geworfen
und auf die äußere Fortslinie von Warschau zurück=
gedrängt hatten. Schon am nächsten Tage meldete man
uns den Durchbruch unserer Truppen in die äußere
und innere Fortslinie und die Besetzung der Stadt.
Nach mehr als Jahresfrist war der große Erfolg end=
lich errungen, auf den wir zuvor schon mehrmals eine
leise Hoffnung gesetzt hatten.

Mit großer Spannung hatte Deutschland, hatte
die Welt seiner Feinde in diesen letzten Tagen auf
Warschau geblickt. Würden die Russen es zu halten
suchen, würden sie es aufgeben? diese Frage war
der Brennpunkt des Interesses. Und schließlich
glaubte doch wohl niemand in Frankreich und Eng=
land, daß die Russen nach der strategischen Lage im=
stande sein würden, den Platz zu behaupten. Man
sah das Verhängnis, aber man suchte sich selbst noch
zu belügen. Ehrliche Zeitungen des Auslandes
machten kein Hehl daraus, wie wertvoll Warschau für
Rußland sei, nicht nur als Stadt an sich, sondern vor
allem als Knotenpunkt von Eisenbahnlinien, die für
einen militärischen Aufmarsch Rußlands unentbehr=
lich waren, und ferner als Stapelplatz, als Fabrik=
zentrum. Andere Tagesblätter in den Ländern un=
serer Feinde versuchten, die Bedeutung Warschaus zu
verkleinern und vor allem seine Räumung als vor=
übergehend, als durchaus im Einklang mit vorbedach=

ten strategischen Plänen der russischen Heeresleitung
hinzustellen.

Bei der Bezwingung des letzten russischen Wider=
standes vor und in Warschau selbst haben sich die
bayrischen Soldaten, welche man in jenen Tagen all=
gemein als geborene Sturmtruppen rühmte, in ganz
hervorragender Weise ausgezeichnet. Als sie von dem
westlichen Teile der Stadt Besitz ergriffen hatten, be=
gannen die feindlichen Nachhuten von Praga, der öst=
lichen Vorstadt, aus die eigentliche Stadt zu be=
schießen, ein militärisch völlig zweckloses Unterneh=
men, das an einer vollzogenen Tatsache nichts mehr
ändern konnte, sondern nur bis dahin glücklich noch
erhaltene Werte vernichtete. Diese Beschießung der
alten Königsstadt durch die Russen selbst wird
immerdar ein Beweisstück ihrer blinden Zerstörungs=
wut bilden, nicht minder als die wahnwitzigen Ver=
wüstungen, die sie auf ihrem Rückzuge in Galizien
und Ostpolen allerorten angerichtet haben.

Aber sie hatten schon vorher dort gehaust, wie
eben nur Russen es können. Massenhaft wurden in
den letzten Tagen Verhaftungen vorgenommen. Wer
sich irgend verdächtig machte, wurde als Spion vor
das Kriegsgericht gestellt. Täglich erschoß man un=
zählige Bürger auf der Zitadelle. Die verlassenen
Wohnungen und die leer stehenden Fabriken wurden
vom Pöbel geplündert; die Polizei tat nichts gegen
diese Ausschreitungen. Man entließ gefangene Ver=
brecher aus den Gefängnissen und gab ihnen freien
Lauf in der unglücklichen Stadt. Kurz vor der Ein=
nahme schaffte man noch Verwundete weg. Man legte
sie auf Wagen haufenweise übereinander, ihr Jammern
und Stöhnen war furchtbar anzuhören.

Der Fall von Warschau war für die strategische
Lage um so bedeutsamer, als zur gleichen Zeit die
Österreicher Iwangorod nahmen, den stärksten russi=
schen Platz auf der Front gegen unsere Bundesge=

noffen. Zeitungen des Auslandes bezeichneten die
Einnahme der polnischen Hauptstadt durch die Deut=
schen als das bedeutungsvollste und für die Zentral=
mächte hoffnungsvollste Ereignis des ganzen Welt=
krieges. Selbst die deutschfeindlichsten Blätter
gaben schließlich doch zu, daß die Räumung War=
schaus von russischer Seite ein Geständnis der augen=
blicklichen militärischen Unterlegenheit enthalte.
Selbst die „Times", die sonst noch immer einen un=
entwegten Optimismus für die Sache des Vierver=
bandes bekundete, erklärte nun, die Fähigkeit Ruß=
lands zur Wiederaufnahme der Offensive sei für lange
Zeit lahmgelegt; denn Warschau sei das Zentrum,
von dem aus ein Angriff gegen Deutschland hätte
einsetzen müssen. Politisch bedeute das Aufgeben
dieser Festung eine entschiedene Stärkung des deut=
schen Bewußtseins, während die moralische Wirkung
auf gewisse neutrale Mächte als ganz beträchtlich
eingeschätzt werden dürfe.

Damit hat das englische Blatt allerdings sehr
recht behalten. Ganz gewiß hat die Nachricht in
Rumänien einen ungeheuern Eindruck gemacht, und
wie nachhaltig sie in Bulgarien gewirkt hat, das
zeigte sich an der Wendung, welche gerade um jene
Zeit in der politischen Gruppierung der Balkan=
mächte einsetzte. Während die Rumänen nach wie
vor scheu zurückstanden, obwohl weite Kreise in ihrem
Lande ein Eingreifen an der Seite Rußlands laut
herbeiwünschten, neigte Bulgarien sich offenkundig
den Zentralmächten zu, und Griechenland riß sich aus
seiner schwankenden Haltung zu einem energischen
Festhalten an der Neutralität auf.

Nachdem die Russen nutzlos vom Ostufer der
Weichsel aus den westlichen Teil Warschaus beschossen
hatten, räumten sie auch hier das Feld vor den nach=
drängenden Truppen des bayrischen Prinzen. Praga,
die östliche Vorstadt, wurde besetzt, man machte einige

tausend Gefangene und marschierte weiter hinter den weichenden Feinden gegen Osten. Am 11. August hatte man Warschau schon wieder 40 Kilometer weit hinter sich.

Am 16. August wurde abermals heftiger Widerstand der Russen gemeldet. Bei seiner Überwindung hat sich der einzige Unterführer dieser Heeresgruppe, dessen Namen amtlich bekanntgegeben worden ist, Generaloberst von Wohrsch (siehe S. 198), besonders hervorgetan. Wir kommen auf die Verdienste und Leistungen dieses Führers weiter unten eingehender zu sprechen.

Unter siegreichem Weitermarsch erreichten die unermüdlichen Truppen gegen Ende des Monats August das Urwaldgebiet des Bialowieska-Forstes, das gewaltige Jagdgehege des Zaren. Am Rande versuchte der Feind abermals Widerstand zu leisten, er wurde erneut schwer geschlagen und flüchtete in die Tiefen des Waldes. Dieser kaiserliche Kronforst ist 7 Meilen lang und 6 Meilen breit, bedeckt 1224 Quadratkilometer und trägt noch ganz den Charakter einer von der Axt unberührten Waldwildnis. Allein dieses schwierigste Gelände, das je von einer Armee durchquert worden ist, vermochte die tapferen Truppen des Prinzen Leopold nicht aufzuhalten. Ende August hatten sie den größten Teil hinter sich und standen fast am östlichen Rande. Zu Beginn des Septembers überschritten sie den oberen Narew, warfen den Feind in das Sumpfgebiet zurück und bemächtigten sich nördlich von Pruzana der Übergänge über die Jasiolda. Wenige Tage später war die Heeresgruppe aus der Sumpfenge heraus und südlich von Wolkowysk über den Rossfluß hinüber vorgedrungen.

Am 9. September wurde gemeldet, die Russen hätten in diesem Gebiet von neuem den Kampf aufgenommen. Das geschah im Einklang mit anderen

Frontabschnitten der russischen Stellung, denn es war dies eben jener Zeitpunkt, wo der bisherige Leiter der russischen Strategie, der Großfürst Nikolai, abgesetzt wurde und der Zar selbst sich an die Spitze seiner Heere stellte. Der russische Widerstand brachte es nirgend zu durchgreifendem Erfolge. Gleich den Heeresgruppen Hindenburgs und Mackensens schlug auch die des Prinzen Leopold die feindlichen Angriffe ab. Um die Mitte des Septembers ging der Bayernprinz aus der Abwehr schon wieder selbst zum Angriff über. Am 23. September meldete er die Erstürmung russischer Stellungen an der Bahnstrecke Brest = Litowsk—Minsk und die Einnahme von Ostrow. Am 25. war der Widerstand der Russen auf der ganzen Front der Heeresgruppe gebrochen. Der Feind wurde beiderseits der Bahn zurückgetrieben.

Zu Beginn des Oktobers — um dieselbe Zeit, als die Franzosen und Engländer im Westen zu einem Gesamtangriff vorgingen — versuchten auch die Russen noch einmal ihr Heil in der Offensive. Es kam jedoch nur zu Teilangriffen, welche auf der Front des Bayernprinzen völlig ergebnislos verliefen. Schon am 3. Oktober meldete Prinz Leopold, daß der Gegner auf die Fortsetzung seiner Angriffe verzichtet habe.

Zur Zeit, da wir diese knapp gefaßte Übersicht der Leistungen unserer Heerführer abschließen, steht die Heeresgruppe des Prinzen Leopold unmittelbar vor dem Sumpfgebiet, welches der Njemen durchfließt, einem Gelände, das in militärischem Sinne als überaus schwierig bezeichnet werden darf. Sie hat ihr Gebiet während des Winters 1915 und in den Angriffen der Russen im Frühjahr 1916, welche sich auch auf diesen Frontteil erstreckten, siegreich behauptet.

Noch am 15. Juni lesen wir von einem energischen Vorstoß der Russen gegen Baranowitschi. Nach einer langen Ruhezeit kam der Angriff überraschend. Obwohl die Russen ihn durch ausgiebiges Feuer vorbereiteten, ließen die geschickt angelegten Flankierungsanlagen die vielfachen Wellen des Massensturmes blutig zusammenbrechen. Abgesehen von diesem Kampfe ist jedoch der Frontabschnitt des Prinzen Leopold von Bayern von der großen Sommeroffensive der Russen, wie es scheint, nicht betroffen worden. Wir hörten von dort in den kritischen Monaten Mai und Juni immer nur die Meldung: Die Lage ist unverändert.

Paul von Beneckendorff und von Hindenburg

ist selbst ein Kind des Ostens unserer Monarchie. Das Stammgut Neudeck seiner ursprünglich altmärkischen Familie liegt in Westpreußen und sein Großvater war Landschaftsdirektor dieser Provinz. Paul von Beneckendorff und Hindenburg wurde am 2. Oktober 1847 in Posen geboren, ist also 69 Jahre alt. Sein Vater starb 1902 als Major a. D. Im Gegensatz zu von Emmich und von Kluck, den Siegern von Lüttich und Saint-Quentin, die immer in der Front dienten, hat er lange dem Generalstab und dem Kriegsministerium angehört. Er ist aus dem 3. Garderegiment zu Fuß hervorgegangen, nahm als 19 jähriger, im Kadettenkorps erzogener Leutnant am Kriege von 1866 teil, holte sich 1870 in Frankreich das Eiserne Kreuz und kam 1878 als Hauptmann in den Generalstab, in dem er, beim 2. Armeekorps, der 1. Division und dem 3. Armeekorps blieb, bis er, inzwischen zum Major befördert, 1889 als Abteilungschef ins Kriegsministerium kam. Von 1891 bis 1896 befehligte er das 91. Infanterieregiment in Oldenburg, war bis 1900, als Oberst und Generalmajor, Chef des Stabes beim 8. Armeekorps, wurde

1900 Generalleutnant und Kommandeur der 28. Division in Karlsruhe und 1903 kommandierender General des 4. Armeekorps in Magdeburg, 1905 General der Infanterie, 1911 zur Disposition und zugleich à la suite des 3. Garderegiments zu Fuß gestellt. Vorher hatte er schon den Schwarzen Adlerorden erhalten. Seinen Wohnsitz nahm er nun in Hannover. Bei Ausbruch des Krieges stellte er sich zur Verfügung und wurde vom Kaiser mit der Führung der Ostarmee betraut, die vor ihm General von Prittwitz und Gaffron geführt hatte.

von Hindenburg hat aus seiner Ehe mit einer Tochter des Generals von Sperling, der 1870 Generalstabschef der ersten Armee war, einen Sohn, der Oberleutnant im 3. Garderegiment zu Fuß ist, und zwei Töchter, deren Gatten, Landrat von Brockhusen und Oberleutnant von Pentz, ebenfalls im Felde stehen.

Er war als Kind schon groß und kräftig, ein kernfester Junge. Als er damals auf Wanderungen und kleinen Reisen das Seenland Ostpreußen kennen lernte, hat er es sich gewiß nicht träumen lassen, daß er sechzig Jahre später diese seine Heimat aus schwerer Not befreien sollte. Die Jugendeindrücke blieben in seiner Seele haften. Er kannte die Gefahren dieser sumpfreichen Gegend, er kannte die schmalen Pfade zwischen den Mooren so genau wie die Masuren selber, die hier sicheren Fußes einhergehen, während doch der Fremdling abgleitet und im brodelnden Sumpf rettungslos und spurlos versinkt.

Wie gern Exzellenz von Hindenburg sich seiner Lehrzeit in der Kadettenanstalt erinnert, das zeigte er noch nach seiner Beförderung zum Generalfeldmarschall. Er übersandte jedem der Kadetten, die die Stube 6 bewohnen, dieselbe, in der er einst als junger Kadett gelegen hatte, sein Bildnis mit eigenhändiger Unterschrift. Gleichzeitig richtete er an den Kom-

124

mandeur des Kadettenhauses, Major Graf von Schlieffen, das folgende Schreiben:

Hauptquartier, 10. Dezember 1914.

Sehr verehrter Herr Graf!

Ihnen sowie allen Offizieren, Lehrern und Beamten und Kadetten danke ich herzlichst für die freundlichen Glückwünsche zu meiner Ernennung zum Generalfeldmarschall.

Wenn ich in meiner militärischen Laufbahn viel erreicht habe, so bin ich mir stets bewußt gewesen, daß die Grundlage zu diesen Erfolgen in meiner Erziehung im Kadettenkorps zu suchen ist. War schon in meinem Elternhause Begeisterung für meinen künftigen Beruf, Liebe zu König und Vaterland und Gottesfurcht in mein Kinderherz gesenkt worden, so wurden dem heranwachsenden Knaben und Jüngling im Kadettenkorps Kameradschaft, Selbstüberwindung und Manneszucht neben der wissenschaftlichen Fortbildung anerzogen.

Da ist es kein Wunder, daß ich noch jetzt als Greis dankbaren Herzens der im Kadettenkorps verlebten Jahre gedenke, obgleich die Zeiten wohl rauher waren als jetzt. Dafür gestalteten sie aber Charaktere, schufen Männer, denen es nie an Initiative und Verantwortungsfreudigkeit fehlte.

Ich weiß, daß auch die heutigen, milderen Erziehungsformen, wenn auch hier und da auf anderen Wegen, zu gleichem Ergebnis führen. Unsere braven jungen Offiziere zeigen dies täglich auf dem Schlachtfelde. Und so wünsche ich denn jedem einzelnen Ihrer Kadetten, daß er später ebenso gern wie ich an seine Kadettenzeit dankbaren Herzens zurückdenken möge, daß er sich dieses Herz in allen Stürmen des Lebens jung und frisch erhalten könne, und daß er es in seiner militärischen

Laufbahn möglichst weit bringe. Nur wer dies ernstlich will, dem gelingt's.

Nochmals vielen Dank für freundliches Meingedenken, und jedem herzlichen, kameradschaftlichen Gruß.

Mit größter Hochachtung bin ich, sehr verehrter Herr Graf, Ihnen im Geiste die Hand drückend, Ihr ergebener und getreuer Kamerad

v. Hindenburg, Generalfeldmarschall.

Aus den Feldzügen von 66 und 70/71 verdienen gleichfalls einige Erinnerungen Hindenburgs mitgeteilt zu werden. Über seine Teilnahme an der Schlacht bei Königgrätz berichtet die Regimentsgeschichte des 3. Garderegiments:

„Plötzlich erhielten die Schützen des Leutnants von Hindenburg Kartätschfeuer. Von Roßberitz aus war eine Batterie herbeigeeilt und hatte auf nächste Entfernung das Feuer gegen diese Abteilung eröffnet. Nach kurzem Schnellfeuer warf sich Leutnant von Hindenburg im „Marsch! Marsch!" auf die Geschütze! — Von einer Kartätschkugel am Kopf gestreift, sinkt Leutnant von Hindenburg einen Augenblick betäubt zu Boden. Als er schnell wieder aufspringt, sieht er bereits drei Geschütze in Händen seiner Leute, während zwei andere Geschütze, das eine von drei, das zweite nur von einem Pferde gezogen, in Richtung auf Wsestar zu entkommen suchen. Auch diese beiden Geschütze werden von der fünften Kompagnie erobert, als sie in einem Hohlweg zwischen Roßberitz und Sweti stecken bleiben. Es war aber leider nicht möglich, die Kanonen zurückzuschaffen, man mußte sie stehen lassen."

von Hindenburg erhielt für sein tapferes Verhalten den Roten Adlerorden vierter Klasse mit Schwertern.

Es ist ein Brief von ihm erhalten, den er zu Be-

ginn des Feldzuges 1870/71 an feine Eltern gerichtet hat:

„Es ist die höchste Zeit, daß die Hindenburge
mal wieder Pulver riechen. Unsere Familie ist
darin leider seltsam vernachläſſigt.

„So leid es mir tut, Euch nicht noch einmal
ſehen zu können, ſo freue ich mich doch über
dieſe bunt belebte Zukunft, für einen Soldaten iſt
ja Krieg der Normalzuſtand, und außerdem ſtehe
ich in Gottes Hand. Falle ich, ſo iſt es der ehren-
vollſte und ſchönſte Tod, eine Verwundung muß
ja auch nur zum Beſten dienen, und kehre ich un-
verſehrt zurück, um ſo ſchöner

„Mein Ziel auf dem Kriegsfelde iſt erreicht,
das heißt, ich habe Pulver gerochen, die Kugeln
pfeifen gehört, alle Arten, Granaten, Kartätſchen,
Schrapnells, Gewehrkugeln, bin leicht verwundet
worden, ſomit eine intereſſante Perſönlichkeit, habe
fünf Kanonen genommen uſw. uſw.!!! Vor allem
aber habe ich die göttliche Gnade und Barmher-
zigkeit an mir kennen gelernt, ihm ſei Ehre in
Ewigkeit, Amen.

„Mir fuhr eine Kugel durch den Adler meines
Helms, ſtreifte den Kopf, ohne mich ſchwer zu ver-
wunden, und ging hinter dem Adler wieder heraus.
Ich ſtürzte beſinnungslos nieder, und meine Leute
umringten mich, mich für tot haltend, einen halben
Zoll tiefer und die Kugel wäre ins Gehirn gedrungen, und ich läge tot und kalt auf der Wahl-
ſtatt.“

(Dieſer Helm iſt noch vorhanden. Früher ſtand
er bei den Eltern mit einer Bibelſtelle in dem ver-
brannten Adler; jetzt ſteht er in der Arbeitsſtube des
früheren Trägers.)

„Am Nachmittag hatte ich das Kommando, mit
30 Mann in aufgelöſter Ordnung das Schlachtfeld

zu durchsuchen und die Toten zu beerdigen, für einen jungen Offizier keine leichte Aufgabe. Ich ließ den Gefallenen beider Parteien Hügel auf- werfen, setzte Kreuze und Kränze darauf und stellte einen Helm oder Tschako aufs Kopfende. Bei den Unsrigen mußte ich ihre Papiere durch- suchen, um ihren Namen aufzufinden, und ich schrieb diesen mit einem kleinen Vers auf die Kreuze.

„Unsere Verluste sind nicht unbedeutend, von meinem braven Schützenzug habe ich so ziemlich die Hälfte verloren; wenn ich die Gefühle schildern soll, die mich vor der Schlacht überfielen, so waren es ungefähr folgende: zunächst eine gewisse Freu- digkeit, daß man nun auch einmal Pulver riechen lernt, dann aber auch ein banges Zagen, ob man auch seine Schuldigkeit als so junger Soldat ge- nügend tun wird. Hört man dann die ersten Kugeln, so wird man in eine gewisse Begeisterung versetzt (sie werden stets mit Hurra begrüßt), ein kurzes Gebet, ein Gedanke an die Lieben in der Heimat und den alten Namen, und dann vor- wärts! Mit der Zahl der Verwundeten umher macht die Begeisterung einer gewissen Kaltblütig- keit oder Gleichgültigkei gegen die Gefahr Platz. Die eigentliche Aufregung kommt erst nach dem Gefecht, wo man die Greuel des Krieges in den schrecklichsten Gestalten mit mehr Muße ansehen muß, dies zu beschreiben vermag ich nicht. Später läßt sich das eine oder andere mündlich erzählen."

Aus einem Briefe aus dem Feldzuge von 1870/71 führen wir die nachstehenden, nicht minder charak- teristischen Stellen an:

„Ich habe nie ein so übersichtliches Schlacht- feld wie das von St. Privat gesehen, flache Höhen- rücken, mit einigen Dörfern, Chausseen, die weder erhöht noch eingeschnitten sind, kleine und wenige

v. Hindenburg

v. Ludendorff

v. Mackensen

v. Eichhorn

Gravüren Bruckmann München

Waldparzellen, nur am linken Flügel größere Waldungen. Ich habe vom Pferde aus oft die feindlichen Positionen sowie die Bewegungen ganzer Divisionen übersehen können, es war das reine Paradegefecht. In den Dörfern stehen die massiven zweistöckigen Häuser stets wie in Städten dicht an dicht und herum hohe Steinmauern, sie sind also zur Defensive wie geschaffen. Unsere enormen Verluste bei einem Frontalangriff auf den Schlüsselpunkt des Schlachtfeldes sind daher erklärlich. Mein Fuchs ging prächtig im Feuer, nur bei der ersten Flintenkugel machte er einen Satz, später waren es dann auch zuviel, ich habe ihn in Anerkennung seiner Tapferkeit St. Privat getauft."

„Schlachtfeld Sedan, 2. Sept. 1870. Wir sind also gestern wieder in der Schlacht gewesen und haben glänzend gesiegt. Unsere Verluste sind beim Regiment unbedeutend; da auf unserm Flügel hauptsächlich Artilleriegefecht war, die Franzosen wurden buchstäblich umfaßt, ein Teil floh nach Sedan hinein, der Rest hielt sich tapfer auf einem bewaldeten Plateau, das hierauf von allen Seiten mit Granten befeuert wurde. Später gingen wir von allen Seiten vor und machten zahllose Gefangene, von denen viele so perfide waren, auf unsere Offiziere zu schießen, und bei den Gardefüsilieren und Jägern je einen erschossen haben. Die Granaten haben furchtbar gewütet. Wir biwakieren jetzt auf dem Abhange, ich sah mir heute die Geschichte an, ganze Gespanne französischer Artillerie lagen tot, Reiter noch auf ihren Pferden und ein Stabsoffizier mit Adjutant und beide Pferde tot nebeneinander usw. Tausende von Gewehren, viele Kanonen und Mitrailleusen, eine Fahne nahmen die Gardefüsiliere noch ganz zuletzt. Unter den Gefangenen nahmen wir viele

Turkos und Zuaven, reine Bestien. Erstere hatten sich zur Deckung gegen die Granaten bis an den Hals in die Erde gegraben, so daß sie aber immer noch feuern konnten. Das muß man den Franzosen lassen, daß sie sich sehr brav geschlagen haben."

„20. September 1870, Standquartier Gonesse vor Paris."

Er gratuliert zur silbernen Hochzeit seiner Eltern und fährt dann fort:

„Wir standen auf einer Höhe, zu unseren Füßen St. Denis, rechts und links davon auf den Höhen starke Forts. Im Hintergrunde Paris mit dem Mont-Martre und Invalidendom. Es war ein schöner Moment; wären wir nur aber erst drin! Wir liegen jetzt hier in Standquartieren, um ab und zu zum Schanzengraben vorzugehen. Ich habe hierbei nicht viel zu tun, doch man weiß ja im Kriege nie, was der nächste Tag bringt, darum beeile ich mich, diesen Brief zu schreiben. Wir können ebenso gut jeden Augenblick alarmiert werden, denn die ganze Nacht und auch jetzt brummen die Festungsgeschütze der Forts."

23. September 1870. Wir liegen noch hier vor Paris in der alten Stellung, da wir hier schwerlich vorgehen können, der hochgelegenen Forts wegen. Der Angriff muß meiner unmaßgeblichen Meinung nach von Westen geschehen, wo er von Versailles gegen das Bois de Boulogne leicht ist. Heute schießen die guten Pariser Salben von Bomben, natürlich ohne zu treffen. Die guten Leute wollen sich doch wenigstens verteidigt haben. Hätte ich nicht so überviel zu tun, dann führte ich hier in gutem Quartier ein bequemes Leben. Das einzige, was anfängt zu fehlen, sind Lichte."

Unter dem 18. Januar 1871 teilt Hindenburg kurz mit, daß er nach Versailles zur Kaiserkrönung kommandiert ist, „wie überhaupt von jedem Garde-

regiment ein Offizier und ein Unteroffizier. Um
1 Uhr ist die große Cour und Erklärung von Kaiser
und Reich in der Galerie des Glaces und wir sind
dann zur Tafel befohlen."

In diesen kurzen Proben aus Briefen der Leut=
nants= und Kriegszeit liegt ein gut Teil von Hinden=
burgs Natur: hoher Mut, starke Pflichttreue, tiefe
Frömmigkeit!

Einer, der den Feldmarschall kennt, schildert ihn
in der Zeitschrift „Daheim" folgendermaßen:

„Der hervorstechendste Zug seines Wesens ist eine
geradezu klassische Ruhe, die durch nichts aus der
Fassung zu bringen ist. Je mehr alles um ihn her
zappelt, um so ruhiger wird er. Und da seine Ruhe
verhaltene Energie, nie Lethargie ist, blickten alle
seine Leute von jeher mit schrankenlosem Vertrauen
zu ihm auf. Jemand, der beide, Mackensen wie
Hindenburg, genau kennt, charakterisierte den großen
Unterschied durch die kurzen Worte: Mackensen nur
Nerven, Hindenburg ohne Nerven. — Dabei ist
Paulchen Hindenburg, so nennen ihn die Kameraden,
ein tief religiöser Mann, ein äußerst wohlwollender
Vorgesetzter, ein treuer Freund und gemütlicher Ge=
sellschafter. Er sitzt allerdings oft still in fröhlicher
Runde, war aber nie ein Spielverderber und hat
einen famosen, trockenen Humor. Auch er wird sich
noch gern, wie die andern Generalstäbler, der
Übungsreise ins Thüringer Land erinnern, wo sie er=
müdet vom Inselberg nach Friedrichroda kamen und
von einem der Teilnehmer, Major Perthes, in die
großväterliche Villa Perthes geführt wurden. Hin=
denburg hatte das nicht verstanden und glaubte sich
in einem Gasthaus. Breit und schwer sank er in einen
Stuhl. Stühle und Pferde mußten nämlich extra
für ihn angefertigt werden. „Bier her", rief er.
„Kommt gleich", sagte dienstbeflissen Perthes. „Und

9*

ich bin so durstig! Was ist denn das für eine Wirt=
schaft hier?" „Das Haus meines Großvaters!" ant=
wortete Perthes freundlich. — 1903 wurde Hinden=
burg Kommandierender General in Magdeburg, be=
kam also das 4. Armeekorps. Ich weiß, daß heute
sich niemand über die Heldentaten ihres Generals
mehr freuen wird als die Bewohner Magdeburgs und
der Altmark, mit denen ihn ein ganz besonderes
Band der Liebe und Dankbarkeit verknüpft. Unver=
gessen bleibt ihnen seine aufopfernde Hilfe während
der furchtbaren Überschwemmungen des Jahres 1909,
wo die Deiche brachen bei Osterholz. Unermüdlich
war er selbst dabei, sandte immer neue Hilfe durch
Pioniere und wendete das Schlimmste von den be=
troffenen Gegenden ab. Man sieht, Exzellenz von
Hindenburg versteht sich auf Wassersnöte jeder Art."

Interessant weiß auch Major a. D. Morath im
„Berliner Tageblatt" aus eigener Kenntnis über
Hindenburg zu plaudern:

„Im Jahre 1911 ging General von Hindenburg
in den wohlverdienten Ruhestand. Er hatte lange
Jahre in der schönen selbständigen Stellung eines
kommandierenden Generals in Magdeburg residiert
und hatte sein Korps zu einer Leistungsfähigkeit
gebracht, daß jedem echten Soldaten das Herz im
Leibe lachte, wenn er bei den Feldübungen die Alt=
märker, die Thüringer und die preußischen Sachsen
Krieg spielen sah. General der Infanterie v. Hin=
denburg wurde damals nicht zum Generaloberst be=
fördert, und es schien, als sei seine militärische Lauf=
bahn endgültig abgeschlossen. Wer ihn kannte, gönnte
ihm die Ruhe, denn seine Tage waren nicht sorgen=
los gewesen, weil ein schmerzhaftes Leiden tagtäglich
wieder überwunden werden mußte. Die beschauliche
Ruhe der folgenden Jahre wird der General genossen
haben, gründlich und systematisch, wie alles, was er
sich vornahm.

"Erhebend ist mir die Erinnerung, unter dem Kommando des Siegers Hindenburg gestanden zu haben. In einem Kaisermanöver in der Weißenfelser Gegend ritt ich als Nachrichtenoffizier beim Stabe der 8. Division. Die beiden Divisionskommandeure des Hindenburgschen Armeekorps waren die General= leutnants v. Bernhardi (7. Division) und v. Prittwitz und Gaffron (8. Division). Wunderbare Gegensätze unter diesen drei Führern! Hier Bernhardis Feuer= kopf, sein ewig glühendes Temperament, seine nicht leicht zu behandelnde Persönlichkeit. Dort der Eisenkopf und stämmige Jäger Prittwitz, der, nach vielstündigem Feldmanöver, im Quartier angelangt, sofort die Jagdjoppe anlegte und das Feld nach Beute durchstreifte. Zwischen beiden, die dazu neigten, verschiedener Meinung zu sein, und zugleich über ihnen stand in überlegener Ruhe Hindenburg als kommandierender General. Er hat es zum Vorteil seines ihm anvertrauten Armeekorps immer ver= standen, auch die scheinbar auseinanderstrebenden Kräfte voll auszunutzen. Sein Wille blieb immer der maßgebende. Der schäumenden Woge und dem starren Gestein setzte er eine Kraft entgegen, der nicht zu widerstehen war, die Kraft der klaren Ruhe, der tiefen Erkenntnis und des eisernen Willens.

"Im langen Jagdgalopp jagte Bernhardi mit großen blitzenden braunen Augen an seinen Ko= lonnen vorüber. Sein südliches Blut färbte die Haut und es fehlte nur noch die feurige Ansprache, um in ihm ein glänzendes Bild eines Truppenführers der „Grande Nation" zu erblicken. Auf mächtigem iri= schen Gaul durchfurchte die schwere Gestalt Pritt= witzens den Sturzacker, die hellen, mit dem Kneifer bewaffneten Jägeraugen suchend in die Ferne gerich= tet. Und dazwischen, ein Bild eiserner Ruhe, der Korpsführer Hindenburg. Wer ihn so sah, wie er auf der Stute „Geduld", die ihm, wenn ich nicht irre,

133

feine braven Salzwedeler Ulanen stellten, Schritt für
Schritt das Gelände durchquerte — Autos gab es damals noch nicht im Heere —, der konnte zu der Meinung kommen, der kommandierende General würde
an irgendeiner Stelle zu spät erscheinen. Weit ge-
fehlt! Sein scharf blickendes Auge hatte immer die
kritische Stelle, immer die richtige Zeit im voraus
erfaßt, und wenn es nötig war, so war er da. Und
wenn der höchste Kriegsherr ihn rief, oder der Ordo-
nanzoffizier des Großen Hauptquartiers heran-
preschte, um ihn „sofort" zu holen, so verzog sich nicht
eine Miene in dem marmorn-ruhigen Gesicht. Das
war kein Hofgeneral. Der wußte, was er tun wollte,
und der konnte, was er tun sollte.

„v. Hindenburg ist eine imponierende Gestalt, groß
und schwer, von jener abgemessenen Wucht, die immer
wirkt. Ich sagte schon: Er ist kein Freund vieler
Worte, aber was sich seinen Lippen entringt, ist wertvoll, weil es verarbeitet ist. Und wie er sich kör-
perlich beherrscht, so beherrscht er auch Gedanken und
Worte. Die Kommandeure ritten gern zu ihm,
nicht mit jenem Manöverblick gen Himmel und dem
unheimlichen Gefühl, auf Gnade und Ungnade aus-
geliefert zu sein. Hindenburg riß keinem den Kopf
ab, aber seine im tiefsten Baß hervordröhnenden
Worte wurden ernst genommen, sehr ernst."

Eine Schwester Hindenburgs erzählt in der
„Danziger Zeitung" über ihren Bruder:

„Das Kriegshandwerk war von jeher der Mittelpunkt seines Denkens und Sinnens. Schon als zehn-
jähriges Kadettchen lief er in seiner Ferienzeit neben
der Kompagnie seines Vaters her. Wenn er als junger Offizier auf Urlaub weilte, Spaziergänge machte,
blieb er oft auf einer Anhöhe stehen, blickte sich lange
Zeit um und entwickelte uns dann ein Schlachtenbild.
Er sann und beobachtete und berechnete, über die
Generalstabskarte unserer Provinz gebeugt, wenn

wir abends bei der Lampe beisammen saßen. Er war
ein Schlachtendenker, darum nannten ihn wohl auch
seine Kameraden auf der Kriegsakademie — wie mir
einst erzählt wurde — den „konzentrierten Moltke".
Wer hätte es damals gedacht, daß einst das große
hohe Vorrecht, die gewaltige Aufgabe ihm in die
Hand gelegt werden würde, der Verteidiger und Befreier dieser seiner Heimatprovinz zu werden?
War es eine Vorahnung, daß er mir 1871 oder 72
unter eine Skizze schrieb, die ich von ihm machte,
als er am Sedantage behaglich ruhend dalag: „Damals (1870) noch auf stolzem Gaule, heute ganz bar-
barisch faule, einstmals aber „General Paule"."
Am Sonntag nach dem gewaltigen Siege bei Tannenberg — dem „ostpreußischen Sedan" —, da hat
„unser Generalfeldmarschall" inmitten seiner Land-
sturmleute im Gotteshause dem Herrn aus tiefster
Seele gedankt und ihn angefleht um weitere Siege.
Ora et labora, eine Karte mit diesen drei Worten
steht auf seinem Schreibtisch, sie hat früher auf dem
Schreibtisch unseres Vaters gestanden. Ja, „Bete und
arbeite," eins ohne das andere ist ihm nicht denkbar. „Dankt dem da oben," sagte er, und wies mit
der Hand zum Himmel, als hunderte in Graudenz
sein Auto jubelnd umdrängten, als sie auf die Bäume
kletterten, um den Befreier von Ostpreußen besser
zu sehen. „Dankt dem da oben," dann fuhr er rasch
davon. Dasselbe würde er auch jetzt sagen — und
daß er so sagt und denkt, das ist das beste und herr-
lichste an ihm, und das ist die Gewähr, daß Gott ihn
unserem Lande erhalten und ihm weitere Siege schen-
ken wird, „bis sich alles unserem Willen gefügt hat,
bis Gottes Plan an unserem Volke und durch unser
Volk ausgeführt worden ist."
Im „Dresdener Anzeiger" erzählt eine Dame:
„Vielleicht interessieren einige Notizen aus eige-
nem Erlebten im Verkehr mit dem Helden von Ost-

preußen. Unsere Familien — es sind etwa 15 Jahre her — verkehrten nachbarlich freundschaftlich miteinander. Waren wir an freien Abenden im Hause der Hindenburgs, so saß der damalige Regimentskommandeur sinnend vor seinen Weltkarten, die er auf dem Tische ausgebreitet und mit Kriegsspielmarken belegt hatte, und dirigierte Armeen, schlug im Geiste Schlachten — mit Vorliebe an den Grenzen seiner Heimat, der Provinz Preußen. Die unentwegte Beschäftigung mit den in möglicher Aussicht stehenden Kriegsschauplätzen war ihm unentbehrlicher — Sport, beherrschte seine innerste Geistesrichtung. Er äußerte oftmals, daß es der Traum seines Lebens sei, ein Armeekorps gegen den Feind zu führen. Es war sein heißersehntes Lebensziel, seine Zukunftshoffnung.

„Trotzdem lebte er offenen Auges in der Gegenwart, seine Pflichttreue bis in das kleinste auch im Privatleben war sprichwörtlich. Sie wurde minder pünktlichen Naturen oft ein Anstoß zu unbequemer Nacheiferung. Jeden Besuch, jeden Brief, jedes Bittgesuch erwiderte er persönlich in kürzester Frist, nichts wurde auf die lange Bank geschoben, sondern schnell und mit wohlwollendem Interesse erledigt. Daher seine ungewöhnliche Arbeitskraft und Arbeitsleistung! Er vertrat seine ihm Unterstellten, die ihm unterschiedslos mit größter Liebe und Verehrung anhingen, mit unantastbarer Festigkeit, kannte keine Furcht nach oben, führte durch, was er als recht erkannt. Im Privatleben war er von großer Schlichtheit und Aufrichtigkeit, mehr still als redselig, das Urbild eines deutschen Edelmannes. Sein größtes Glück wurzelte im Familienleben.

„Gegen die Titulaturen der Frauen empfand er ausgesprochene Abneigung, fühlte sich unangenehm berührt, wenn man in seiner Gegenwart von der Frau Oberst, der Frau Majorin sprach. Er markierte sein

Mißfallen in humoristisch-spöttischer oder in seiner
gewohnten ruhigen, ernsten Art, die sein Wesen kenn=
zeichnet und auch äußerlich in der wuchtigen Persön=
lichkeit zum Ausdruck kommt.

„Lange Friedensjahre schienen das „Bild dessen, was
er werden sollte", nicht zur Vollendung kommen zu
lassen. Er litt darunter, schuf aber auch nach seiner
Verabschiedung unvergängliche Werte durch Nieder=
schrift seiner Erinnerungen und Erfahrungen. Es
wurde Krieg! Der Feldherr wartete auf Verwen=
dung! Wochen vergingen. Da, am 23. August in
später Abendstunde — er weilte in Hannover, seinem
jetzigen Aufenthalt — berief ein kaiserliches Tele=
gramm ihn nach Ostpreußen — der Extrazug stand
für ihn bereit! Unverzüglich bestieg er ihn. Das
Werk seines Lebens — die geniale stille Arbeit vieler
Jahre setzte sich in glorreiche Taten um, wurde ge=
krönt von unermeßlichem Erfolg, wird weiterleben
bis in die fernsten Zeiten."

Wie richtig muß uns nach dem allem das Urteil
eines französischen Graphologen erscheinen, das dieser
nur nach einer Handschriftprobe Hindenburgs zusam=
mengefügt hat:

„Was wird die Nachwelt von diesem Namen, von
diesen Titeln zurückbehalten? Wie wird man in
kommenden Jahrhunderten von diesem Manne spre=
chen? Kurz, welches Wort drückt, alles in allem ge=
nommen, seinen Charakter aus? Nur dies eine kann
es sein: Hindenburg, der Tapfere (im französischen
Text deutsch!), le vaillant, le ‚preux'.

„Ein alter Kriegsmann hat diese festen Zeilen
niedergeschrieben. Daran ist kein Zweifel möglich.
Jeder Zug ist sozusagen graviert. Jeder Buchstabe ist
als Zeuge eherner Energie und Willenskraft gehäm=
mert von der Hand eines Schmiedes, der kalt, er=
barmungslos, entscheidend zuschlägt. Keine Hast,
aber auch kein Zaudern. Der ganze Mann scheint in

einem Guß gegossen, wie Balmung, das berühmte Schwert Siegfrieds. Keine Grazie, keine Finesse, aber ein klares Bewußtsein der Pflicht.

„Diese Pflicht ist einfach, wie der Mann, der sie einfach, klug und gläubig erfüllt.

„Das ist nicht alles. In diesem harten, starken, unbeugsamen Krieger lebt ein von Grund aus rechtlicher und guter Mann. Seine Güte ist männlich, wie die Güte des Stahles, die keine Schwäche duldet.

„Er ist eine vollendete Persönlichkeit, obgleich keine Kultur eine gewisse Derbheit, einen Mangel an Geschmack nicht verhindert. Wenn wir die Intelligenz Hindenburgs nicht analysiert haben, so geschah das, weil er weniger ein Mann von außergewöhnlichen Geistesfähigkeiten als ein Mann höheren Charakters durch eine vollkommene Einheit ist. Alles in ihm zielt auf einen Zweck: die Tat.

„Deshalb ist Hindenburg ein Charakter, ein ganzer „Kerl", un „type". Er erinnert an die alten Helden des Niebelungenliedes. Er hat ihre Fehler, aber auch ihre Tugenden: Treue, Glauben, Tapferkeit."

Bei Übersendung dieser Ausführungen schrieb der Graphologe an den Herausgeber der „Guerre Mondiale": „Ich lege Wert darauf, Ihnen zu sagen, daß ich Franzose von ganzem Herzen, ja, sogar überzeugter „Lateiner" bin und deshalb den deutschen Geist herzlich verabscheue. Aber ich habe meine Bewunderung für einen Charakter, wie den Hindenburgs, nicht bemäntelt. Diese Studie ist daher fast ein Lobgesang geworden. Desto schlimmer! Einen solchen wollte ich nicht verfassen sondern eher ein Porträt in Eisengrau (gris-fer)."

Eine höchst charakteristische Notiz möge das Charakterbild dieses ganzen Mannes vervollständigen:

Vor zwanzig Jahren war Hindenburg Oberst und Regimentskommandeur in Oldenburg. Eines

Tages wurde er ersucht, einem Ausschusse zur Veranstaltung eines Dichterabends beizutreten. Er lehnte das Ersuchen mit der Begründung ab, daß er seit seiner Kadettenzeit nie ein Buch der schönen Literatur in Händen gehabt habe. Er würde es als eine Art Unerhrlichkeit empfinden, wenn er seinen Namen einer Sache widmen solle, von der er nichts verstehe. Das Studium der Kriegskunst der europäischen Völker nehme ihn Tag und Nacht so in Anspruch, daß er für nichts anderes Zeit finde.

Wie Hindenburg über den Krieg und unsere Feinde denkt, das erfahren wir aus einer sehr wertvollen Unterredung eines Zeitungskorrespondenten mit Seiner Exzellenz. Dr. Paul Goldmann, der Berliner Vertreter der Wiener Zeitung „Neue Freie Presse" war zu Besuch im Hindenburgischen Hauptquartier, und teilt über seine Begegnung mit dem Heerführer folgendes mit:

„Auf die Frage nach den Erfahrungen, die er bei der Kooperation mit der österreichisch-ungarischen Armee gemacht hat, sagt Herr v. Hindenburg:

Die Österreicher und die Ungarn sind ausgezeichnete Soldaten. Die Mannschaften wie die Offiziere sind mutig und tapfer. Wir kämpfen Schulter an Schulter, und wir setzen in den Fortgang dieser gemeinsamen Kämpfe die besten Hoffnungen. Wir schätzen die Österreicher und die Ungarn als vortreffliche Kameraden. Der Verkehr zwischen den Oberkommandos der verbündeten Armeen ist ein reger und vollzieht sich in den angenehmsten Formen. Gegenwärtig stehen wir namentlich in regen Beziehungen mit dem General v. Dankl, dem Führer der ersten Armee, mit dem wir Fühlung haben."

Von den Freunden geht das Gespräch auf die Feinde über. Auf die Frage nach den Russen antwortet Exzellenz v. Hindenburg:

„Auch die Russen sind gute Soldaten. Sie halten
Disziplin, und die Disziplin wird schließlich diesen
Feldzug entscheiden. Aber die russische Disziplin ist
etwas anderes als die deutsche und die österreichisch-
ungarische. In unseren Heeren ist die Disziplin ein
Resultat des Geistes und der Moral, im russischen ist
sie mehr stummer und stumpfer Gehorsam. Der Russe
steht, weil man ihm befohlen hat, stehen zu bleiben.
Dann steht er aber freilich wie angenagelt. Was
Napoleon I. gesagt hat, gilt noch heute: „Es genügt
nicht, den Russen totzuschlagen. Man muß ihn auch
noch umwerfen." Die Russen haben viel gelernt seit
dem Kriege mit Japan. Ihre Stärke sind die Feld=
befestigungen. Sie verstehen es glänzend, sich einzu=
graben. Kaum haben sie eine Stellung eingenom=
men, so verschwinden sie zehn Minuten später in der
Erde wie die Maulwürfe. Unsere Soldaten haben es
jetzt freilich auch gelernt; sie haben es nicht gern ge=
tan, aber sie haben es tun müssen.

„Die Russen sind gute Soldaten," wiederholte der
Generalfeldmarschall. „Die Artillerie schießt gut, ver=
schleudert aber ungeheuer viel Munition. Die Infan=
terie ist tüchtig, aber die Kavallerie taugt nichts. Wir
fürchten uns ganz und gar nicht vor der russischen
Übermacht. Die Übermacht gehört nun einmal zu den
Russen. Sie ist ihre hauptsächlichste Waffe. Wer
gegen Russen kämpft, der kämpft gegen Übermacht.
Bei Tannenberg waren sie uns dreifach überlegen,
und man hat gesehen, was es ihnen genützt hat. Nein,
diese Übermacht ist lange nicht so gefährlich, als sie
aussicht. Die Zahl, auch die Überzahl ist nicht ent=
scheidend, und im gegenwärtigen Stadium des Krie=
ges noch viel weniger als bisher. Wenn sie auch wie
eine riesige Chausseewalze gegen unsere Grenzen
kommen, sie werden uns nicht niederwalzen. Im Ge=
genteil: die Russen sind mürbe. Sie mögen sagen und
tun, was sie wollen, alle Anzeichen deuten darauf

hin, daß sie bald fertig sind. An Waffen und Muni=
tion beginnt es ihnen zu fehlen. Die Gefangenen
kommen und zeigen mit der Hand auf den Mund. Das
will heißen, daß sie hungern. Selbst die Offiziere
ermangeln der Nahrung. Auch das Land leidet Not.
Lodz hungert. Das ist bedauerlich, und doch ist's
gut so. Mit Sentimentalität kann man keinen Krieg
führen. Je unbarmherziger die Kriegführung, um so
barmherziger ist sie in Wirklichkeit, denn um so eher
bringt sie den Krieg zu Ende. Die menschenfreund=
lichste Kriegführung ist und bleibt diejenige, die den
Frieden am raschesten herbeiführt. Man merkt es
auch an der Art, wie die russischen Truppen sich
schlagen, daß sie bald nicht mehr weiterkönnen. Der
Krieg mit Rußland ist gegenwärtig vor allem eine
Nervenfrage. Wenn Deutschland und Österreich=
Ungarn die stärkeren Nerven haben und durchhalten
werden — und sie werden sie haben und werden durch=
halten — so werden sie siegen."

Oberstleutnant Hoffmann ergänzt: „Wir haben
das Gefühl der absoluten Überlegenheit über die
Russen. Wir müssen siegen, und wir werden siegen."

Und der schweigsame Generalleutnant Ludendorff
fügt hinzu — kurz, aber mit einer Bestimmtheit, die
jeden Einwand ausschließt: „Wir machen's."

Das Gespräch berührt den Vorstoß gegen Jwan=
gorod und Warschau, den die Ostarmee eben unter=
nommen hat. „Der Hauptzweck dieses Vorstoßes
war," erklären die Offiziere, „die Eisenbahn nach
Warschau zu zerstören. Das haben wir auch gehörig
besorgt. Wenn uns bei dieser Gelegenheit War=
schau und Jwangorod in die Hände gefallen wären,
hätten wir nicht Nein gesagt. Aber darauf gerech=
net haben wir nicht. Hingegen mit der Eisenbahn
haben wir erreicht, was wir wollten. Die ist gründ=
lich kaput. Die Russen verstehen sich zwar vortreff=
lich darauf, eine zerstörte Eisenbahn wieder herzu=

stellen. Allein es hat sie doch wochenlang aufgehalten, und das war unser Plan."

Der Korrespondent berichtet weiter: Ein Haß gegen die Russen besteht im Hindenburgischen Hauptquartier nicht. Es wird sogar anerkannt, daß die Russen den Krieg jetzt im wesentlichen „anständig" führen. Auch die Leistungen der Franzosen in der Verteidigung ihres Landes werden gewürdigt.

Nur gegen die Engländer besteht auch hier derselbe Haß, wie in ganz Deutschland. Herr v. Hindenburg sagt, der Kronprinz von Bayern mit seinen markigen Tagesbefehlen, welche den Engländer als den verhaßtesten Feind bezeichnen (f. S. 35), habe ihm ganz aus der Seele gesprochen. Dabei unterschätzt man aber durchaus nicht die Kriegstüchtigkeit der englischen Soldaten. Diese sei keine Überraschung für den deutschen Generalstab, versichert General Ludendorff. Das deutsche Publikum habe die Engländer als eine Art Schützengilde betrachtet, allein der Generalstab sei sich auch vor dem Kriege schon klar darüber gewesen, daß sie auch zu Lande ernst zu nehmende Gegner seien.

Mit Herzlichkeit wird der Türken gedacht. Man erwartet viel von der tapferen türkischen Armee.

Die Stunden vergehen. Herr v. Hindenburg wird nicht müde, zu erzählen. Man freut sich der Frische, der Heiterkeit dieses prächtigen alten Herrn und denkt dabei belustigt an die Berichte über Hindenburgs Gebrechlichkeit und schweres Leiden.

„Nein, wirklich," sagte er, „ein kranker Mann bin ich nicht. Ich bin auch nicht vom Krankenbett geholt worden, um den Oberbefehl zu übernehmen. Die „historische" Wahrheit ist: ich lag nicht im Bett, sondern ich saß am Kaffeetisch, als die entscheidende Depesche eintraf. Bald darauf kam mein Generalstabschef mit Extrazug aus Belgien, teilte mir

näheres mit, und dann fuhren wir zusammen weiter,
nach Tannenberg. Und auch das ist nicht wahr, daß
ich seit Jahren jeden Sommer nach den masurischen
Seen gegangen bin und eine alte Kanone durch sie
durchgezogen habe, um auszuprobieren, wie tief man
darin einsinkt. Von meinen eingebildeten Krankheiten — von den Krankheiten, die man mir
einbildet — machen mir am meisten die Gallensteine zu schaffen. Nie im Leben habe ich Gallensteine gehabt. Das hilft mir nichts. Andere
Leute wissen es besser, und es vergeht kaum
ein Tag, an dem ich nicht Rezepte gegen Gallensteine
erhalte. Manche schicken gleich das Pulver mit, das
mich heilen soll. Ich bin all den braven Menschen ja
sehr dankbar, daß sie um meine Gesundheit so besorgt
sind. Aber es geht mir ausgezeichnet, und ich kann
doch all das Zeug nicht schlucken, beim besten Willen
nicht."

Und dann: „Strategische Ratschläge brauche ich
auch nicht. Es kommen unaufhörlich Briefe, die mir
sichere Mittel angeben, den Krieg zu gewinnen. Da
schreibt mir neulich jemand, ich solle immer am Ufer
eines gewissen Flusses entlangziehen, immer gerade
aus, bis Petersburg. Die Idee ist nicht schlecht; und
wenn mir die Russen vorher versprechen würden,
immer am anderen Ufer zu bleiben, so täte ich's vielleicht. Nein, nein, ich habe nun einmal meine eigenen Ansichten über die Strategie. Die guten Ratschläge sind nicht nötig. Meine Herren vom Generalstab und ich wir helfen uns schon allein durch."

Die Frage wird ausgesprochen, was der Generalfeldmarschall für die Zukunft plant, nachdem er in so
glänzender Weise wieder aktiv geworden ist.

„Ja, was soll ich denn nach dem Kriege anfangen?"

Nun, es gäbe schon Stellungen für einen berühmten General, beispielsweise die Leitung des Generalstabs.

Paul von Beneckendorff und von Hindenburg.

„Aber wir haben ja einen sehr guten Generalstabschef."

Kriegsminister?

„Ist auch in bester Qualität vorhanden. Und
dann, — mich mit dem Reichstag herumärgern?
Nein, ich danke!"

Also was wird geschehen?

„Gar nichts wird geschehen. Ich gehe wieder nach
Hannover in Pension. Die Jüngeren sind da (er
zeigte auf Ludendorff und die anderen), die auch
heran wollen. In meinen Jahren gibt es nichts
Schöneres als nach getaner Arbeit vom Schauplatz ab-
zutreten und der Jugend Platz zu machen." Auch zu
literarischen Arbeiten fühlt sich Herr v. Hindenburg
nicht berufen. Nur seine Denkwürdigkeiten wird er
vielleicht einmal niederschreiben — nicht um ein lite-
rarisches Werk, sondern um seinen Kindern eine Erinnerung an ihren Vater zu hinterlassen.

Nicht minder fesselnd ist der Bericht, den ein ita-
lienischer Journalist, Cabsino-Renda, vor der italienischen Kriegserklärung von einem Besuch bei
Hindenburg entwirft.

„Hindenburgs Äußere", heißt es da, „entspricht
vollkommen dem Bilde, das ein jeder sich von dem
Besieger der Russen in den drei gigantischsten
Schlachten, die die Geschichte kennt, macht. Groß,
massig, rauh, eine aufrechte, von den Jahren nicht ge-
beugte Gestalt, die alle in der Nähe durch ihre Größe
und Masse beherrscht. Der Kopf klein, wie der eines
Ringers. Ein breites und strenges Gesicht; die Haare
weiß, aber stattlich und wie an einer Bürste ge-
schnitten. Der Schnurrbart, in dessen weißen Haaren
noch etwas Blondes durchschimmert, aufwärts gewen-
det; unter den dichten Augenbrauen sehr beweg-
liche blaue Augen, bald streng, bald gutmütig, die
er oft beim Sprechen schließt. Die Stimme ernst,
tief, gelassen. Eine Gestalt, die beim ersten An-

blick, trotz der Unterschiede in den Einzelzügen, an die Bismarcks erinnert.

„Von Ostpreußen spricht er als von seiner eigent= lichen Heimat. „Ich bin hier ein wenig in meinem Hause. Ich bin Ostpreuße, und erkläre es jetzt mit Stolz, weil ich gewissermaßen mein Haus vor dem Feinde beschützt habe. Als ich mich zur Schlacht von Tannenberg begab, mußte ich durch meine Besitzun= gen — und ich hatte da das Gefühl, nicht wie ein Führer eines Heeres, sondern wie ein Privatmann zu gehen, der sein Haus und seine Familie verteidigt.." An jeden Winkel Ostpreußens knüpfte sich für ihn eine Erinnerung aus seinem Leben. „Gewiß hat mein Ostpreußen", fährt Hindenburg fort, „harte Tage durchlebt. Zweimal mußte man die Russen bis zur Mitte hereinlassen, um sie in unserer Zange zu fassen, — wie manchmal die Chirurgen warten müssen, daß ein Geschwür reif wird, um es vollstän= dig beseitigen zu können. Sie werden, als Sie das Land besuchten, mit Ihren Augen die Ruinen ge= sehen haben, die sie hinter sich gelassen haben. Ich bin gewiß nicht übertrieben empfindlich, und ich glaube im Gegenteil, daß der Krieg um so barmher= ziger ist, je rücksichtsloser er geführt wird, da er bald den Frieden bringt. Der menschlichste Krieg ist der von kürzester Dauer. Trotzdem finde ich aber, daß, was die Russen getan haben, jede düsterste Einbil= dungskraft übersteigt. Der Einfall in Memel z. B. ist eine richtige Räuberepisode gewesen: das Böse um des Bösen willen, ohne jeden militärischen Zweck, den es in dieser Gegend nicht geben kann."

Der amerikanische Senator Beverdige hat Hin= denburg über die Ursachen des Krieges befragt. „Wer ist im Grunde verantwortlich für den Krieg?" wandte er sich an die Exzellenz. „Das möchte man in Ame= rika gern wissen." — „England!" platzte der Feld= marschall heraus. — „Warum England?" — „Es war neidisch!" antwortete Hindenburg, „die englischen Kaufleute haben den Krieg gemacht; es ist ein englischer Geschäftskrieg." — Frager: „Die meisten Amerikaner glauben, daß Deutschland den Krieg anfing, weil es zuerst den Krieg erklärte." — Der Feldmarschall: „Deutschland fing nicht an, das tat Rußland." Frager: „Wenn Rußland anfing, warum sagen Sie, daß England verantwortlich ist?" — Hindenburg: „Es hätte ihn verhindern können. Rußland hätte nicht angefangen, wenn England Nein! gesagt hätte. Aber England wünschte es; es dachte, daß es mit Rußlands und Frankreichs Hilfe Deutschland vernichten könne. Wir haben keine Abneigung gegen Frankreich, noch gegen Rußland. Wir halten viel von den Franzosen. Aber England! Wir hassen England! Es ist der Urheber."

Hier sei noch erwähnt, daß dem Generalfeldmarschall aus allen Gegenden des Reiches mancherlei Ehrungen zuteil wurden. Mehrere Städte ernannten ihn zum Ehrenbürger, mehrere Universitäten verliehen ihm den Titel des Ehrendoktors, unzählige Straßen wurden nach seinem Namen genannt. Er war und ist noch heute der volkstümlichste unserer Helden; und er wird als eine der idealsten Verkörperungen deutscher Kraft und Echtheit allzeit eine jener Gestalten bleiben, die wie Bergspitzen die Welt überragen.

Über Hindenburgs Siegeszug geben uns die Telegramme des Großen Hauptquartiers die beste Kunde und die vollste Übersicht. Welche Gefühle die Nachrichten im ganzen deutschen Volke erweckten, das wissen wir alle, die diese großen und schweren Tage erlebt haben. Wir haben aus den Zeitungsberichten entnommen, wie hart und grausam die russische Gewalt über unser Ostpreußen hereinbrach, viele haben mit eigenen Augen die ganze Not gesehen und am eigenen Leibe die Greuel erfahren. Wir fühlen es noch heute und werden es Zeit unseres Lebens nachfühlen — dieses frohe jauchzende Aufatmen, als der Blitz mit Namen Hindenburg in die erdrückende Stickluft dieser Tage der Drangsal hineinwetterte.

29. August. Unsere Truppen in Preußen unter Führung des Generals von Hindenburg haben die vom Narew vorgegangene russische Armee in der Stärke von 5 Armeekorps und 3 Kavalleriedivisionen in dreitägiger Schlacht in der Gegend von Gilgenburg und Ortelsburg geschlagen und verfolgen sie jetzt über die Grenze.

31. August. Im Osten ist der gemeldete Sieg der Armee des Generalobersten von Hindenburg von weitaus größerer Bedeutung, als zuerst übersehen werden konnte. Trotzdem neue feindliche Kräfte über Neidenburg eingeriffen, ist die Niederlage des Feindes eine vollständige geworden. Drei Armeekorps sind vernichtet. 60 000 Gefangene, darunter 2 kommandierende Generäle, viele Geschütze und Feldzeichen sind in unsere Hände gefallen. Die noch in Ostpreußen stehenden russischen Truppen haben den Rückzug angetreten.

Der Kaiser ernannte Hindenburg nach diesem Siege zum Generalobersten und verlieh ihm das Eiserne Kreuz 1. Klasse. Er sandte ihm folgendes Telegramm:

„Durch den in dreitägiger Schlacht errungenen vollen Sieg über russische Übermacht hat die Armee sich für immer den Dank des Vaterlandes erworben. Mit ganz Deutschland bin ich stolz auf diese Leistung der Armee unter Ihrer Führung. Übermitteln Sie den braven Truppen meine warme kaiserliche Anerkennung.   Wilhelm I. R."

Als die ganze Größe des Sieges bei Tannenberg bekannt wurde, ließ der Kaiser eine zweite Depesche folgen:

"Ihr Telegramm vom heutigen Tage hat Mir eine unsagbare Freude bereitet. Eine Waffentat haben Sie vollbracht, die, nahezu einzig in der Geschichte, Ihnen und Ihren Truppen einen für alle Zeiten unvergänglichen Ruhm sichert und, so Gott will, unser teures Vaterland für immer vom Feinde befreien wird. Als Zeichen meiner dankbaren Anerkennung verleihe Ich Ihnen den Orden Pour le mérite und ersuche Sie, den braven unvergleichlichen Truppen Ihrer Armee für ihre herrlichen Taten meinen kaiserlichen Dank auszusprechen. Ich bin stolz auf Meine preußischen Regimenter.

gez. Wilhelm I. R."

Hindenburg gab seinen Truppen diesen kaiserlichen Gruß bekannt und fügte den folgenden Armeebefehl hinzu:

"Soldaten der 8. Armee! Die vieltägigen heißen Kämpfe auf den weiten Gefilden zwischen Allenstein und Neidenburg sind beendet. Ihr habt einen vernichtenden Sieg über fünf Armeekorps und drei Kavalleriedivisionen errungen. Mehr als 60 000 Gefangene, ungezählte Geschütze und Maschinengewehre, mehrere Fahnen und viele sonstige Kriegsbeute sind in unseren Händen. Die geringen, der Einschließung entronnenen Trümmer der russischen Narewarmee fliehen nach Süden über die Grenze. Die russische Wilnaarmee hat von Königsberg her den Rückzug angetreten. Nächst Gott dem Herrn ist dieser glänzende Erfolg eurer Opferfreudigkeit, euren unübertrefflichen Marschleistungen und eurer hervorragenden Tapferkeit zu danken. Ich hoffe, euch jetzt einige Tage wohlverdienter Ruhe gönnen zu können. Dann aber geht es mit frischen Kräften wieder vorwärts mit Gott für Kaiser, König und Vaterland, bis der letzte Russe unsre teuere, schwergeprüfte Heimatprovinz verlaffen hat und wir unfere fieggewohnten Fahnen in Feindesland hineingetragen haben!

Es lebe Seine Majestät der Kaiser und König!
Der Oberbefehlshaber v. Hindenburg."

Die weiteren amtlichen Nachrichten über Hindenburgs Kriegsführung vervollständigen zunächst das Bild des Sieges bei Tannenberg und gehen dann zu den Kämpfen gegen die Njemen-Armee über.

3. September. Im Often ernten die Truppen des Generaloberft von Hindenburg weitere Früchte ihres Sieges. Die Zahl der Gefangenen wächft täglich und ift breits auf 90 000 geftiegen. Wie viele Gefchütze und fonftige Siegeszeichen noch in den preußifchen Wäldern und Sümpfen ftecken, läßt fich nicht überfehen. Anfcheinend find nicht zwei, fondern drei ruffifche kommandierende Generäle gefangen. Der ruffifche Armeeführer ift nach ruffifchen Nachrichten gefallen.

4. September. Im Often meldet Generaloberft von Hindenburg den Abtransport von mehr als 90 000 unverwundeten Gefangenen. Das bedeutet Vernichtung einer ganzen feindlichen Armee.

10. September. Generaloberft von Hindenburg hat mit dem Oftheer den linken Flügel der noch in Oftpreußen befindlichen ruffifchen Armee gefchlagen und fich dadurch den Zugang in den Rücken des Feindes geöffnet. Der Feind hat den Kampf aufgegeben und befindet fich in vollem Rückzuge. Das Oftheer verfolgt ihn in nordöftlicher Richtung gegen den Njemen.

13. September. Die Armee des Generaloberften von Hindenburg hat die ruffifche Armee in Oftpreußen nach mehrtägigem Kampf vollftändig gefchlagen. Der Rückzug der Ruffen ift zur Flucht geworden. Generaloberft von Hindenburg hat in der Verfolgung bereits die Grenze überfchritten und meldete bisher über 10 000 unverwundete Gefangene;

etwa 80 Geschütze, außerdem Maschinengewehre, Flugzeuge, Fahrzeuge aller Art wurden erbeutet. Die Kriegsbeute steigert sich fortgesetzt.

13. September. Die russische Armee flieht in voller Auflösung. Bisher hat sie mindestens 150 Geschütze und 20—30 000 unverwundete Gefangene verloren.

14. September. Im Osten schreitet die Vernichtung der russischen 1. Armee fort. Die eigenen Verluste sind verhältnismäßig gering. Die Armee von Hindenburg ist mit starken Kräften bereits jenseits der Grenze. Das Gouvernement Suwalki wurde unter deutsche Verwaltung gestellt.

15. September. Die Armee von Hindenburg ordnet sich nach abgeschlossener Verfolgung.

Tags vorher hatte Hindenburg an den Kaiser die folgende zusammenfassende Mitteilung seiner siegreichen Kämpfe gesandt:

„Die Wilnaer Armee, 2., 3., 4., 20. Armeekorps, 3. und 4. Reservedivision, fünf Kavalleriedivisionen, ist durch die Schlacht an den masurischen Seen und die sich daran anschließende Verfolgung vollständig geschlagen.

„Die Grodnoer Reservearmee — 22. Armeekorps, Rest des 6. Armeekorps, Teile des 3. sibirischen Armeekorps — haben in besonderem Gefecht bei Lyck schwer gelitten. Der Feind hat starke Verluste an Toten und Verwundeten. Die Zahl der Gefangenen steigert sich. Die Kriegsbeute ist außerordentlich. Bei der Frontbreite der Armee von über hundert Kilometern, den ungeheueren Marschleistungen von zum Teil 150 Kilometern in vier Tagen, bei den sich auf dieser ganzen Front und Tiefe abspielenden Kämpfen, kann ich den vollen Umfang noch nicht melden. Einige unserer Verbände sind scharf ins Gefecht gekommen. Die Verluste sind aber doch nur gering. Die Armee war siegreich auf der ganzen Linie gegen einen hartnäckig kämpfenden, aber schließlich fliehenden Feind. Die Armee ist stolz darauf, daß ein kaiserlicher Prinz in ihren Reihen gekämpft und geblutet hat.   gez. Hindenburg."

Der kaiserliche Prinz, deffen er erwähnt, ist Prinz Joachim, der durch einen Beinschuß — glücklicherweise nur leicht — verwundet wurde.

Der Sieger bei Tannenberg hatte die sogenannte Narew-Armee der Russen vernichtet. Aber von Norden her, vom Njemen, war gleichfalls eine Armee, etwa 4—5 Korps mit starker Kavallerie, in die nördlichste Spitze Ostpreußens eingefallen und bis an den Pregel vorgedrungen. Gumbinnen, Insterburg waren in ihrer Hand, und ihr rechter Flügel streifte wohl bis an Königsberg heran. Zuerst schien diese Armee, als die Niederlage bei Tannenberg bekannt wurde, sich zurückziehen zu wollen. Dann aber gab sie diesen durch die Ereignisse wohlbegründeten Entschluß plötzlich auf und blieb an der Pregel- und Pissalinie stehen. Da kam Hindenburg und packte sie am rechten Flügel, drang ihr in den Rücken und zwang sie so zur Flucht. Das sind die Kämpfe, über die die letzten der wiedergegebenen amtlichen Telegramme berichten. Mit diesem zweiten Siege hatte er sich den Namen verdient den ihm schon nach der Schlacht bei Tannenberg das deutsche Volk verlieh. Mit Recht nannte man ihn jetzt den „Befreier Ostpreußens".

Die dritte Großtat, durch die Hindenburg feinen Namen ehern in die Tafel der Geschichte gemeißelt hat, wird in der Erinnerung aller Zeiten fortleben unter dem Namen der „Winterschlacht in Masuren". Es liegt nicht in der Aufgabe dieses Büchleins, die Tätigkeit der Heere schrittweise zu verfolgen; wir wollen nur diejenigen Treffen in Betracht ziehen, die sich als abgeschlossene Schlachten darstellen. Deshalb lassen wir die Maßnahmen Hindenburgs nach seiner zweiten großen Schlacht unerörtert. Einen Teil dieser Maßnahmen finden wir im folgenden Abschnitt angeführt: die Siege Mackensens, der hier unter Hindenburgs Oberbefehl stand, bei Kutno, Wlozla=wetz, Lodz und Lowitsch. Wie sehr der Kaiser Hinden=burgs Verdienst an diesen großen Erfolgen eines ihm unterstellten Armeeteiles zu schätzen wußte, be=wies er dadurch, daß er Hindenburg nach dem Siege bei Wlozlawetz zum Generalfeldmarschall ernannte. Hindenburg gab diese Beförderung seinen Truppen durch folgenden Armeebefehl bekannt:

„In tagelangen schweren Kämpfen haben die mir unterstellten Armeen die Offensive des an Zahl über=legenen Gegners zum Stehen gebracht. Seine Maje=stät der Kaiser und König, unser allergnädigster Kriegsherr, hat diesen von mir gemeldeten Erfolg durch nachstehendes Telegramm zu beantworten ge=ruht:

,An Generaloberst von Hindenburg. Ihrer energievollen, umsichtigen Führung und der uner=schütterlichen, beharrlichen Tapferkeit Ihrer Trup=pen ist wiederum ein schöner Erfolg beschieden ge=wesen. In langem, schwerem, aber von Mut und treuer Pflichterfüllung vorwärts getragenem Rin=gen haben Ihre Armeen die Pläne des an Zahl überlegenen Gegners zum Scheitern gebracht. Für diesen Schutz der Ostgrenze des Reiches gebührt Ihnen der volle Dank des Vaterlandes. Meiner höchsten Anerkennung und Meinem kaiserlichen Dank, die Sie erneut mit meinen Grüßen Ihren Truppen aussprechen wollen, will ich dadurch Aus=druck geben, daß Ich Sie zum Generalfeldmar=schall ernenne. Gott schenke Ihnen und Ihren sieg=gewohnten Truppen weitere Erfolge!

Wilhelm I. R.'

„Ich bin stolz darauf, diesen höchsten militärischen Dienstgrad an der Spitze solcher Truppen erreicht zu haben. Eure Kampfesfreudigkeit und Ausdauer haben in bewunderungswürdiger Weise dem Gegner große Verluste beigebracht. Über 60 000 Gefangene, 150 Geschütze und gegen 200 Maschinengewehre sind wiederum in unsere Hände gefallen. Aber vernichtet ist der Feind noch nicht, darum weiter vorwärts mit Gott für König und Vaterland, bis der letzte Russe besiegt am Boden liegt. Hurra!"

Über die Winterschlacht in Masuren berichten die folgenden Telegramme des Großen Hauptquartiers:

10. Februar. Die vereinzelten Gefechte an der ostpreußischen Grenze entwickeln sich hier und da zu Kampfhandlungen von größerem Umfange. Ihr Verlauf ist überall normal.

11. Februar. Die Kämpfe an der ostpreußischen Grenze wurden auch gestern mit durchweg erfreulichem Ausgange für uns fortgeführt. Die Ergebnisse oder Zusammenstöße lassen sich noch nicht klar übersehen.

12. Februar. Seine Majestät der Kaiser ist auf dem Kampffelde an der ostpreußischen Grenze eingetroffen. Die dortigen Operationen haben die Russen zum schleunigen Aufgeben ihrer Stellungen östlich der Masurischen Seen gezwungen. An einzelnen Stellen dauern die Kämpfe noch fort. Bisher sind etwa 26 000 Gefangene gemacht, mehr als 20 Geschütze und 30 Maschinengewehre erbeutet worden.

13. Februar. Die Operationen an und jenseits der ostpreußischen Grenze sind überall im glücklichen Fortschreiten. Wo der Feind Widerstand zu leisten versucht, wird dieser schnell gebrochen.

16. Februar. In der neuntägigen Winterschlacht in Masuren wurde die russische 10. Armee, die aus mindestens 11 Infanterie- und mehreren Kavalleriedivisionen bestand, nicht nur aus ihren stark verschanzten Stellungen östlich der masurischen Seenplatte vertrieben, sondern auch über die Grenze geworfen und schließlich in nahezu völliger Einkreisung vernich-

tend geschlagen. Nur Reste können in die Wälder öst=
lich von Suwalki und von Augustow entkommen sein,
wo ihnen die Verfolger auf den Fersen sind. Die
blutigen Verluste des Feindes sind sehr stark. Die
Zahl der Gefangenen steht noch nicht fest, beträgt
aber sicher weit über 50 000. Mehr als 40 Geschütze
und 60 Maschinengewehre sind genommen. Unüber=
sehbares Kriegsmaterial ist erbeutet. Seine Maje=
stät der Kaiser wohnte den entscheidenden Gefechten
in der Mitte unserer Schlachtlinie bei. Der Sieg
wurde durch Teile der alten Osttruppen und durch
junge, für diese Aufgabe herangeführte Verbände,
die sich den altbewährten Kameraden ebenbürtig er=
wiesen haben, errungen. Die Leistungen der Trup=
pen bei Überwindung widrigster Witterungs= und
Wegeverhältnisse in Tag und Nacht fortgesetztem
Marsch und Gefecht gegen einen zähen Gegner sind
über alles Lob erhaben. General von Hindenburg lei=
tete die Operation, die vom Generaloberst von Eich=
horn und General der Infanterie von Below in
glänzender Weise durchgeführt wurden, mit aller
Meisterschaft.

18. Februar. Die Kriegsbeute der Kämpfe an der
ostpreußischen Grenze hat sich erhöht. Das bisherige
Ergebnis beträgt: 64 000 Gefangene, 71 Geschütze
und über 100 Maschinengewehre, 3 Lazarettzüge,
Flugzeuge, 150 gefüllte Munitionswagen, Schein=
werfer und unzählige beladene und bespannte Fahr=
zeuge. Mit weiterer Erhöhung dieser Zahl darf ge=
rechnet werden.

22. Februar. Die Verfolgung nach der Winter=
schlacht in Masuren ist beendet. Bei der Säuberung
der Wälder nordwestlich von Grodno und bei den in
den letzten Tagen gemeldeten Gefechten im Bobr= und
Narewgebiet wurden bisher 1 Kommandierender Ge=
neral, 2 Divisionskommandeure, 4 andere Generäle
und annähernd 40 000 Mann gefangen, 75 Geschütze,

eine noch nicht festgestellte Anzahl von Maschinengewehren, nebst vielem sonstigen Kriegsgerät, erbeutet.
Die Gesamtbeute aus der Winterschlacht in Masuren
steigt damit bis heute auf 7 Generäle, über 100 000
Mann, über 150 Geschütze und noch nicht annähernd
übersehbares Gerät aller Art, einschließlich Maschinengewehre. Schwere Geschütze und Munition wurden vom Feinde mehrfach vergraben oder in die
Seen versenkt; so sind gestern bei Lötzen und im Wid-
minner See 8 schwere Geschütze von uns ausgegraben
oder aus dem Wasser geholt worden. Die 10. russische Armee des Generals Baron Sievers kann hiermit als völlig vernichtet angesehen werden.

Mit der Masurischen Winterschlacht war die dritte
Offensive der Russen gegen Deutschland gescheitert;
die erste zerbrach bei Tannenberg, der Ansatz einer
zweiten bei Lodz und Lowitsch.

Die vierte Feldherrntat Hindenburgs war sein
unerhört kühner Vorstoß bis hinauf nach Libau und
Mitau.

Über dieses Unternehmen berichtete das Große
Hauptquartier:

Während die dem Oberbefehl des Generaloberst
von Mackensen unterstellten deutschen und österreichisch-ungarischen Truppen den großen Vorstoß
in Galizien vorbereiteten und mit glänzendem Erfolg durchführten, hatten die Armeen des Feldmarschalls von Hindenburg die Aufgabe, in dem nördlichen Teil der gewaltigen Kampffront die errungenen großen Erfolge zu behaupten und zu erweitern.
Durch die unmittelbare Bedrohung Warschaus haben
feine Truppen den Russen jede große Offensive ver-
leidet, in den Masurischen Winterschlachten haben sie
mit äußerster Anspannung der Kräfte das deutsche
Land rein gefegt. Man muß in diesen schönen Früh-
sommertagen durch die ostpreußischen Grenzmarken
gefahren sein, muß die wogenden Kornfelder rings

um die traurigen Wahrzeichen ruſſiſcher Zerſtörungs-
wut geſehen haben, um ganz die Bedeutung jener
großen Befreiungstat mitempfinden zu können.

Aber die Truppen des Generalfeldmarſchalls
durften und wollten nicht auf ihren Lorbeeren ruhen,
ſo leicht gaben auch die zähen Ruſſen ihren Oſt-
preußen-Hunger nicht auf. Unter Ausnutzung ihrer
Menſchenfülle verſuchten ſie zwar keine allgemeine
Offenſive, doch immer neue Einzelvorſtöße aus ihrer
Verteidigungsſtellung heraus. Sie hielten die
Feſtungslinie am Narew, Bobr und Njemen und
ſchickten Angriffskolonnen namentlich aus Grodno
und Kowno vor. Die Luſt dazu iſt ihnen mittlerweile vergangen. Die deutſchen Truppen haben nicht
nur alle Vorſtöße blutig abgewieſen und ſich in der
Linie nördlich Praſchnytſch — Auguſtow — Suwalki —
Kalwarja—Mariampol bis Sapiezyſchki am Njemen
hinauf, feſtgeſetzt, ſondern ſind nördlich des Njemen
ſelber mit einer überraſchenden Offenſive weit in
Feindesland eingedrungen. Dem kurzen ruſſiſchen
Raubzug nach Memel folgte bald der Einfall unſerer
Truppen in Kurland. Es war, als wollte Feldmarſchall von Hindenburg der Welt ein Beiſpiel und
Gegenbeiſpiel zeigen, wie die Ruſſen und wie die
Deutſchen ſolche Unternehmungen anfaſſen und ausführen. Über das Endziel dieſer weit ausgreifen-
den Operation nördlich des Njemen ſowie über die
andern zur Zeit noch im Gange befindlichen Bewegungen größeren Umfanges kann naturgemäß vor
ihrem Abſchluß nichts näheres geſagt werden. Wohl
aber darf man die Aufmerkſamkeit auf die beſondere Art der Kriegsführung lenken, die im Nordoſten
auch in Zeiten ſcheinbarer Ruhe die Führer und ihre
Truppen lebhaft beſchäftigt. Die Weite der Entfernungen, die verhältnismäßig breite Frontausdeh-
nung aller Verbände bei Freund und Feind, nicht
zum mindeſten auch die Eigenart des ruſſiſchen Geg-

ners ermöglichen dort oben selbständige Unterneh=
mungen kleinerer Truppenkörper, wie sie auf anderen
Kriegsschauplätzen ganz undenkbar wären. An der
Narew—Bobr= und Njemen=Front haben solche Ein=
zeloperationen während der letzten Monate in reicher
Zahl stattgefunden. Sie traten neben den gewal=
tigen Kämpfen an anderen Stellen naturgemäß in
den Hintergrund; dafür sind sie aber, wenn man ge=
nauer hinsieht, von hohem militärischen Interesse.
Sie verlangen von den Führern in besonderem Maße
Selbständigkeit und Entschlußfreudigkeit und stellen
an die Truppen sehr bedeutende Anforderungen.
Die überlegene Ausbildung des deutschen Offiziers
und Soldaten, die sich in dem langwierigen Stel=
lungskriege an der Westfront so glänzend bewährt,
kommt an der Ostfront auch im Bewegungskriege
kleineren Umfanges zur erfolgreichen Geltung. Die
meisten dieser Einzelunternehmungen sind nur mit
deutschen Führern und Truppen, manche auch wohl
nur einem Feinde wie dem russischen Gegner gegen=
über möglich. Besonders wohlgelungene Beispiele
dafür, wie sich des Feldmarschalls von Hindenburg
Russenstrategie auf kleinere Verhältnisse übertragen
läßt, hat der General der Infanterie Litzmann (siehe
Seite 195) mit den ihm unterstellten Truppen
geliefert. Er hält nach näherer Anordnung des Ge=
neralobersten von Eichhorn fest die Wacht südlich des
Njemen gegenüber der großen russischen Festung
Kowno und dem befestigten Platz Olita. Die Front
seiner Truppenaufstellung glaubten die Russen durch=
brechen zu können. Aus dem großen Walde westlich
von Kowno sandten sie Angriffskolonnen gegen den
deutschen linken Flügel. General Litzmann aber holte
schnell alles herbei, was an anderen Stellen entbehr=
lich war, und schlug mit den Truppen, wie sie gerade
ankamen — manchen Verband erst auf dem Schlacht=
felde formierend — die Russen bei Schaki so gründ=

lich, daß sie in den Wald zurückfluteten. In diesem unübersichtlichen Gebiet aber wollte der deutsche General sie auch nicht vor seiner Front haben. Er beschloß, den ganzen Wald, bis zu dessen Ostrand die Kanonen der Festung Kowno reichen, vom Feinde zu säubern. Dazu zog er nochmals soviel Truppen wie möglich nach links heran und leitete einen weitumfassenden Angriff ein. Von Süden her durchbrach eine starke Kolonne aus Mariampol und aus der Schetschupalinie die ausgebaute Verteidigungsstellung der Russen und ging auf die Südecke des großen Waldes vor, wo sie bei Dembowa Ruda auf starken Widerstand stieß. Zugleich drang ein zweiter großer Truppenverband in den Nordteil des Waldes ein und marschierte, rechtsschwenkend, auf mehreren Parallelwegen in südlicher Richtung. Frontal ging von West nach Ost, dann Südost, Kavallerie vor, die hier eine rein infanteristische Aufgabe vorzüglich löste, während eine zweite Kavallerieformation sich nicht von den Pferden zu trennen brauchte sondern den Auftrag erhielt, auf dem äußersten linken Flügel am Njemen entlang vorzureiten und dem Feinde womöglich die Rückwege nach Kowno zu sperren. Es waren die glühend heißen Tage der zweiten Juniwoche, und in dem meilenweit ausgedehnten Tannenwalde herrschte bei völliger Windstille eine drückende Hitze.

Aber der deutsche Siegeswille kannte kein Ermatten. Drei russische Stellungen, die in den Flußtälern des Waldes angelegt waren, wurden nacheinander von Norden her umfaßt und mußten aufgegeben werden. Die Russen erkannten die Gefahr des großen konzentrischen Angriffs und wehrten sich tapfer. Vor allem waren sie darum besorgt, die Rückmarschstraße nach Kowno möglichst lange frei zu halten. Wie unserer Südkolonne bei Dembowa Ruda, die nun weiter an der Kownoer Chaussee hinaufstrebte, so setzten sie der vom Njemen her umfassenden Kavallerie hartnäckigen Widerstand entgegen und ließen inzwischen nach Kowno enteilen, was noch flüchten konnte. Aber der Ring der deutschen Truppen schloß sich doch zu schnell. Als unsere unermüdlichen Kämpfer noch in der Nacht bis zum Bahnhof Koslowa Ruda im südlichen Teil des Waldes vorstießen, fanden sie dort ein „schlafendes Heer". Annähernd 3000 Russen hatten sich erschöpft niedergelegt, um am nächsten Tage ein letztes Loch zum Entschlüpfen zu suchen. Nun wurden sie dieser Mühe enthoben; man führte sie ab in Gefangenschaft. Der große Wald war vom Feinde frei. Das war ein wohlverdienter Triumph, denn leicht sind Unternehmungen dieser Art wahrlich nicht. Das Hin- und Herwerfen der Verbände mit ständig wechselnden Befehlsverhältnissen erfordert größte Aufmerksamkeit und Anpassungsfähigkeit der Führer; der Nachschub wird äußerst erschwert, vor allem aber muß die Truppe im Marschieren, Ausharren und Kämpfen gegen einen verschlagenen, im Eingraben wie im Rückzugsgefecht sehr geübten Gegner Außerordentliches leisten. Es ist eine Freude, zu sehen, mit welcher unerschütterlichen Frische und Begeisterung Offiziere und Mannschaften — vielfach Reserve- und Landwehrformationen — diese abwechslungsvolle, aber recht anstrengende Kriegführung durchhalten und wie gut sie, nebst ihren Pferden, nach zehn Kriegsmonaten noch imstande sind. Ruhe gibt es hier wenig. Kaum ist die notwendigste Zeit zum Wiederordnen der Verbände gelassen worden, so beginnt schon wieder eine neue Operation. Aber man bleibt frisch, wenn man Erfolge sieht. Können doch mehrere glückliche Einzelunternehmungen nacheinander ein gemeinsames Endergebnis haben, das dem eines großen Sieges gleichkommt.

Diese Ausdeutung des Großen Hauptquartiers

hat sich bewahrheitet. Hindenburgs Vorstoß gegen Kurland trug in hohem Maße dazu bei, die Russen zur Räumung ihrer starken Festungslinie im polnischen Gebiet zu zwingen. Die Eroberung von Grodno und Kowno sind unmittelbare Triumphe der Hindenburgschen Heeresgruppe. Wir haben aus dem vorstehenden Bericht ersehen, daß hier die Unterführer Hindenburgs, General v. Eichhorn und General Litzmann, in hervorragender Weise mitgewirkt haben.

Über diese Führer findet der Leser weiter unten eingehende Angaben. Hier wollen wir nach den Berichten des Hauptquartiers diese Bewegungen der Hindenburg-Heere nur noch in großen Zügen verfolgen.

Am 2. August wurde Mitau genommen. In den folgenden Tagen gewann dieser Nordflügel Hindenburgs, auf welchem ein dritter Unterführer des Generalfeldmarschalls, General von Below, den Oberbefehl führte, unter kleineren Gefechten langsam, doch unwiderstehlich Raum. Auch über General von Below findet der Leser weiter unten näheres. Er setzte mit großer Umsicht den Vormarsch in der Richtung auf Dünaburg und Riga fort, und schon in diesen Tagen vermochte der starke feindliche Stützpunkt Kowno nicht mehr, dieses Vorrücken zu behindern. Am 5. August stand Below, nach einem schönen Erfolge seiner Kavallerie, nur noch drei Tagemärsche von Dünaburg entfernt. Unter wechselndem Spiel von Kampf und Verfolgung rückte er diesem wichtigsten Eisenbahnknotenpunkt näher und näher. Am 8. August erfuhren wir zum ersten Male die Wirkung dieses sicheren Vordringens; die Zeitungen meldeten, die Räumung von Dünaburg und Riga sei in vollem Gange. Am 11. August wurden schwächliche Vorstöße der Russen zwischen Riga und Mitau leicht abgewiesen. Aber am 13. August durften die Russen in ihrem Generalstabsbericht einen kleinen Erfolg in

v. François

v. Linsingen

v. Beseler

v. Woyrsch

Gravüren Bruckmann München

diesem Raume verzeichnen; sie hatten unserem Nord=
flügel sehr starke Kräfte entgegengeworfen. Schon am
16. August folgte darauf vom deutschen Hauptquar=
tier die Meldung, daß die Russen von neuem unter
großen Verlusten zurückgeworfen worden seien.
Gleichzeitig wurden heftige Ausfälle aus Kowno ab=
gewiesen und hartnäckiger Widerstand des Feindes
zwischen Narew und Bug gebrochen. An diesem Tage
wurden mehrere Forts von Kowno gestürmt; am 17.
rückten deutsche Truppen in die Stadt ein; aber=
mals wurde an einigen anderen Stellen der Front
die russische Streitmacht zu weiterem Rückgehen ge=
bracht. Am 18. August meldete das Haupt=
quartier, daß die Festung Kowno mit allen Forts
und unzähligem Material in deutschem Besitz sei.
Trotz zähester Verteidigung hatten unsere Truppen
dieses starke Bollwerk des Feindes mit stürmender
Hand genommen. Anläßlich dieses großen Erfolges
richtete der Kaiser folgendes Telegramm an den Ge=
neralfeldmarschall von Hindenburg:

„Mit Kowno ist das erste und stärkste Bollwerk
der inneren russischen Verteidigungslinie in deut=
sche Hände gefallen. Auch diese glänzende Waffen=
tat verdankt das Vaterland neben der unübertreff=
lichen Tapferkeit seiner Söhne Ihrem zielbewuß=
ten Handeln. Ich spreche Eurer Exzellenz meine
wärmste Anerkennung aus. Dem Generaloberst
von Eichhorn, der die Bewegungen seiner Armee
mit solcher Umsicht führte, habe ich den Orden
Pour le mérite und dem General der Infanterie
Litzmann, dessen Anordnungen auf der Angriffs=
front den schnellen Erfolg sicherten, das Eichenlaub
dazu verliehen."

Am 19. August meldete das Hauptquartier, daß
die ebenfalls der Heeresgruppe Hindenburg zugeteil=
ten Armeen von Scholz und von Gallwitz sich unter
weiterm Vordringen nach Osten mit ihren vordersten

Abteilungen bereits der Bahnlinie Bialystok—Bielsk näherten. Die Russen räumten gleichzeitig ihre Stellungen im Raume Kalwarja—Suwalki, und der Übergang über den Narew wurde westlich von Tykozin erzwungen. Zwischen Augustow und Grodno leisteten sie nach kurzem Zurückweichen erneut heftigen Widerstand.

Nach diesen Erfolgen rückten Hindenburgs Truppen auf Wilna los. Da inzwischen die lange beschossene Festung Ossowietz von den Russen geräumt worden war, leisteten nur noch Grodno, eine Festung zweiten Ranges, und der Brückenkopf Olita am Njemen Widerstand. Doch auch die Tage dieser letzten Stützpunkte waren gezählt. Am 27. August hörten wir, daß unsere Truppen sich vor Olita den Vorstellungen des Feindes genähert hätten. Am 27. August räumten die Russen Olita, und am 30. August wurde Lipsk vor Grodno erstürmt. Zur gleichen Zeit erreichte Hindenburgs Nordflügel den Brückenkopf von Friedrichstadt.

Am 2. September meldete das Hauptquartier den Fall der äußeren Westforts von Grodno. Norddeutsche Landwehr und badische Truppen hatten sie erstürmt. Der Vormarsch gegen Wilna wurde erfolgreich fortgesetzt. Versuche der Russen, diesem Vordringen Einhalt zu gebieten, scheiterten unter schweren Verlusten.

Am 3. September kam die freudige Botschaft, die deutschen Sturmtruppen hätten durch schnelles Handeln bei Grodno den Njemen überschritten und nach erbittertem Häuserkampfe die Stadt Grodno genommen.

Während Deutschland seine Heere unaufhaltsam ostwärts marschieren sah, während England und Frankreich mit schlecht verhehlter Angst diesem unerhört raschen Vordringen zusahen, geschah in Rußland eine bedeutsame Umwandlung. Der Zar raffte sich zu einer Tat auf, setzte den bisherigen Oberbe-

fehlshaber und Diktator, den Großfürsten Nikolajewitsch, ab und stellte sich selbst an die Spitze seiner
erschütterten Truppen. Eine große Hoffnung ging
durch ganz Rußland; seine Bundesgenossen erblickten
in dem völlig unerwarteten Umschwung den Anfang
einer glücklicheren Aera.

In der Tat setzte darauf ein neuer kraftvoller
Widerstand der Russen auf der ausgedehnten Front
von der Ostsee bis hinunter an die rumänische Grenze
ein. An einigen Stellen, namentlich in dem noch
von den Russen besetzten Teile Galiziens und in
Wolhynien, sahen die neuen Heerführer des Zaren
ihre Gegenangriffe von Erfolgen gekrönt. Der Angriff der Verbündeten mußte zur Verteidigung übergehen.

Die Heeresgruppe Hindenburg blieb im Vormarsch und drängte den Feind weiter nach Osten zurück. Angesichts dieses unaufhaltsamen Vorrückens
blieb trotz aller laut erklärten Zuversicht in einen
glücklichen Umschwung die Stimmung in dem mehr
und mehr bedrohten Wilna überaus bedrückt, die
Räumung währte fort, ein Riesenstrom von Flücht-
lingen wälzte sich auf Wagen und Eisenbahnen zur
Stadt hinaus. Alle Welt beschäftigte sich mit der
Frage, ob sich auch die russische Heeresmacht dieser
Flucht anschließen oder ob sie es wagen würde, im
Raume von Wilna die Entscheidungsschlacht anzunehmen. Schon tauchte in der Presse der Welt die
Vermutung auf, es könne den Verbündeten gelingen,
den Russen hier ein ungeheures Sedan zu bereiten.
Man suchte damals das russische Hauptquartier in
der Gegend von Lida und sprach von der Zangen-
bewegung der verbündeten Heere, welche von Norden
und Südosten her mehr und mehr die Umklammerung der feindlichen Hauptmacht anstrebten. In der
Tat ließen die Erfolge Hindenburgs am linken Flügel, der ungestüme Anmarsch der Mackensenschen

Heere auf dem rechten Flügel und die tapfere Aus=
dauer der Mittelgruppe unter dem Prinzen Leopold
eine Katastrophe für die russischen Stellungen be=
fürchten. Aber nach kurzem, überaus heftigem
Widerstande wurde der Feind sowohl von dem linken
Flügel wie auch vom deutschen Zentrum zum Rück=
zuge gezwungen, der rechte Flügel seinerseits stieß,
ungeachtet der furchtbaren Geländeschwierigkeiten in
der Richtung auf Pinsk, weiter in das Gebiet der Ro=
kitnosümpfe vor.

Es kam nicht zu der erwarteten Schlacht. Die
Nachfolger des Großfürsten hielten es einstweilen
noch für geboten, nach den mißglückten Versuchen
einer Gegenoffensive wieder in die von ihrem Vor=
gänger begonnene Rückzugsstrategie einzulenken.

Im Süden wichen sie hinter Pinsk zurück und
ließen die Deutschen von dieser Stadt Besitz ergreifen,
im Norden wurde das Ostufer der Düna gewonnen,
nur nordöstlich von Grodno gab es noch zähen Wider=
stand. Der Ort Widsy wurde von den Deutschen be=
setzt, und damit standen sie schon halbwegs im
Rücken der russischen Wilnastellung.

Was hiernach zu erwarten war, ereignete sich
wenige Tage, nachdem diese Erfolge vom Hauptquar=
tier gemeldet worden waren. Am 18. September wurde
Wilna in Besitz genommen.

Allein Hindenburgs Truppen gönnten sich auch
nach diesem großen Erfolge noch keine Ruhe. Vor=
wärts! blieb die Losung. Unermüdlich wurde der
weichende Feind verfolgt; immer wieder griff man ihn
an, wo seine Nachhuten Widerstand leisteten. Schon
zwei Tage nach der Einnahme von Wilna sehen wir den
rechten Flügel der Heeresgruppe Hindenburg zwischen
Lida und Nowogrudok; die Mittelarmee war bis in
die Gegend von Smorgon—Narotschsee—Postawy vor=
gedrungen; der Nordflügel zog sich im Bogen um

164

Paul von Beneckendorff und von Hindenburg.

Dünaburg herum, der Düna folgend, bis gegen Riga hinauf. So hatte die Front sich gestaltet, als im Herbst des Jahres 1915 der Vormarsch zum Stehen kam. Die großen Operationen, welche die Mittelmächte gemeinsam gegen Rußland unternommen hatten, kamen hiermit vorläufig zum Abschluß.

Ehe wir über den Winter des Jahres 1915 berichten, sei hier die kaiserliche Depesche eingefügt, die Hindenburg am Jahrestage der Schlacht bei Tannenberg empfing.

„Mein lieber Feldmarschall!" schrieb ihm der Kaiser, „ich kann die Wiederkehr des Tages der Schlacht von Tannenberg, in der es Ihrer zielbewußten und energischen Führung gelang, die in Preußen eingedrungenen Russen vernichtend zu schlagen und dem weiteren Vormarsch der feindlichen Massen ein schnelles Ziel zu setzen, nicht vorübergehen lassen, ohne Ihrer hohen Verdienste zu gedenken. Sie haben damals eine Waffentat vollbracht, wie sie einzig in der Geschichte dasteht, und die Grundlage gelegt für die mächtig ausholenden weiteren Schläge der Ihnen unterstellten Streitkräfte im Osten. Mit Stolz blickt Deutschland auf die Siege Ihrer Armeen in der Winterschlacht in Masuren, bei Lodz und Lowitsch und die herrlichen Taten, die Ihre kampferprobten Truppen in bewundernswertem Schneid und zäher Ausdauer bis in die jüngst vergangenen Tage vollbracht haben. Die Kämpfe in Polen werden für immer ein leuchtendes Ruhmesblatt in den Annalen dieses Krieges bilden. Wie die Herzen aller Deutschen Ihnen zujubeln und des Vaterlandes heißer Dank Ihnen gesichert bleibt, so ist es auch mir erneut an dem heutigen Tage ein tief empfundenes Bedürfnis, Ihnen aus vollem Herzen meine Wertschätzung und meinen nie erlöschenden Dank auszusprechen. Ich will, daß Ihr Name, den Sie selbst mit ehernen Lettern in die Tafel der Geschichte eingetragen haben, fortan auch von dem tapferen oftpreußischen Truppenteil geführt wird, zu deffen Chef ich Sie unlängft ernannt habe, und habe beftimmt, daß das 2. Mafurifche Infanterie-Regiment Nr. 147 die Bezeichnung ‚Infanterie-Regiment Generalfeldmarfchall v. Hindenburg' (2. Mafurifches Nr. 147) zu führen hat."

Den Winter über ift es an der Oftfront ziemlich ftill hergegangen. Wir gewöhnten uns an die lakonifchen Meldungen des Hauptquartiers: „Im Often ift die Lage unverändert" oder „Keine befonderen Ereigniffe". Nur unten im beßarabifchen Zipfel, wo die Armeen Linfingens und Bothmers lagen, kam es um Neujahr herum zu furchtbaren Angriffskämpfen, bei denen die Ruffen, wie immer, ihre Menfchenmaffen in verfchwenderifcher Weife einfetzten und opferten. Auf dem Nordflügel, bei der Gruppe Hindenburg, wie auch im Mitteltreffen, bei der Gruppe Leopolds von Bayern, ereigneten fich nur dann und wann örtliche Gefechte, mitunter freilich recht heftiger Art.

Erft als im Weften die deutfche Offenfive gegen Verdun in Fluß gekommen war, begann es fich im Often wiederum mehr zu regen. Der ruffifche Verbündete fuchte den bedrängten Franzofen durch eine neue Offenfive zu entlaften. Im März leitete heftige Artillerietätigkeit diefen Angriff auf dem nördlichen Teile der Hindenburg-Front ein. Vorftöße feindlicher Erkundungsabteilungen fchloffen fich an. Am 10. März begann die hiernach erwartete Offenfive zwifchen dem Dryswjaty-See und Poftawy, fowie beiderfeits des Narotfch-Sees. An allen Punkten wurde der Feind unter ungewöhnlich blutigen Verluften abgewiefen. Vor den deutfchen Stellungen am Narotfch-See wurden allein über 9000 tote Ruffen gezählt. Ohne Rückficht auf diefe fchweren Verlufte wiederholte der Feind feine Angriffe an den folgenden Tagen und dehnte fie nun auch gegen Riga und die Dünafront aus. Trotzdem fie überall ihr großes Menfchenmaterial reichlich heranwarfen, vermochten die Russen an dem Stande der deutschen Verteidigungsstellung nichts zu ändern.

Am 23. März meldete das Große Hauptquartier: Die großen Angriffsunternehmungen der Russen haben an Ausdehnung noch zugenommen. Die Angriffspunkte sind zahlreicher geworden, die Vorstöße selbst folgten sich an verschiedenen Stellen ununterbrochen Tag und Nacht. Der stärkste Angriff galt wieder der Front nordwestlich von Postawy. Hier erreichten die feindlichen Verluste eine selbst für russischen Masseneinsatz ganz außerordentliche Höhe. Auch südlich und südöstlich von Riga, bei Friedrichstadt, westlich und südwestlich von Jakobstadt, südlich von Dünaburg, nördlich von Widsy, zwischen Narotsch- und Wischnieff-See, wiesen unsere tapferen Truppen den Feind unter den größten Verlusten für ihn glatt zurück. An keiner Stelle gelang es den Russen, irgendwelchen Erfolg zu erringen.

Die nächsten Nachrichten ließen uns wissen, daß der Feind überaus heftige Nachtangriffe gegen den Brückenkopf von Jakobstadt und die Stellungen bei Widsy gerichtet habe. Auch zwischen Narotsch- und Wischnieff-See wurden die Vorstöße unter abermals sehr starkem Aufwand an Munition und Menschen ergebnislos wiederholt. Am 26. März stellte der Feind den Angriff gegen Jakobstadt und bei Widsy ein, erneuerte ihn jedoch am Narotsch-See wiederum unter dem Einsatz sehr großer Opfer und richtete desgleichen gegen die deutschen Stellungen südwestlich und südlich von Dünaburg abermalige Vorstöße.

Am 28. März kam es zu neuen Kämpfen bei Postawy. An der zähen Standhaftigkeit der hier liegenden Brandenburger und Hannoveraner zerschellte der in vielen Wellen heranrauschende Angriff zweier russischer Divisionen. Nach flüchtiger Pause setzten die Russen am Narotsch-See ihre angestrengten Bemühungen fort. Tag und Nacht tobte der Kampf. Sieben-

mal schlugen die Deutschen, teilweise im Bajonett=
kampf, den Feind zurück.

Am 31. März meldete das Hauptquartier nur noch
lebhafte Artillerietätigkeit. Die gewaltige Offensive
der Russen war abgeschlagen. Allein es sollte kurz
darauf zu einem neuen, ebenso starken Versuch des
zähen Gegners kommen. Am Vorabend des Tages,
an welchem Hindenburg fein goldenes Militärjubi=
läum feiern durfte, leitete zu beiden Seiten des Na=
rotsch=Sees eine bis zur Heftigkeit des Trommelfeuers
gesteigerte Beschießung diesen neuen Angriff ein.
Darnach stießen die Russen siebenmal, immer mit auf=
gefüllten Zügen, vor, aber alle Vorstöße brachen im
deutschen Feuer zusammen. Nach diesem letzten, wuch=
tigen Anlauf begann über kleinere Unternehmungen
hinweg die russische Entlastungsoffensive abzuflauen.

Wenn die Russen vermutet hatten, die deutsche Ost=
front sei aus Rücksicht auf die westlichen Unterneh=
mungen durch Truppenabzug geschwächt worden, so
waren sie nun gründlich von diesem Irrtum bekehrt
worden. Unerschütterlich hatten Hindenburgs Trup=
pen dem ungestümen Andrang getrotzt. Auch heute
noch halten sie überall in vollem Umfange ihre Stel=
lungen fest. Ist auch das Ziel des Nordflügels der
Ostfront, Dünaburg und Riga, noch immer nicht er=
reicht, so ist doch auch noch kein Zoll des dem Feinde
entrissenen Bodens wieder preisgegeben worden.

Am 7. April 1916 war es dem Feldmarschall ver=
gönnt, fein goldenes Militärjubiläum zu feiern. Die
50 Dienstjahre umspannen die Zeit von 1866 bis
1916; der junge Leutnant hat die Entscheidungs=
schlachten von Königgrätz und Sedan mitgemacht, der
große Feldmarschall hat die herrlichsten Entscheidungs=
schlachten des gegenwärtigen Krieges geleitet und zum
Siege geführt. Damals galt der Kampf der Gründung
des neuen Deutschen Reiches; diesmal geht es um den
Bestand dieses neuen Deutschland. Wohl niemand ist

beſſer befugt, uns den Wert und das Weſen Hinden=
burgs zu kennzeichnen, als derjenige, der den Blick des
Kaiſers auf dieſen einzigen Mann gelenkt hat: der
Generaloberſt von Moltke.

„Glück= und Segenswünſche aus Millionen Her=
zen", ſchrieb Moltke in der „Königsberger Woche",
welche an dem Feſttage eine Sammlung von Urteilen
über Hindenburg brachte, „werden heute dem Feld=
marſchall Hindenburg dargebracht. Wo immer von
ihm geſprochen wird, — und von niemandem wird ſo
oft und mit ſo viel Liebe geſprochen im weiten deut=
ſchen Vaterlande wie von ihm — heißt er ſtets ‚unſer‘
Hindenburg. Er iſt Eigentum des ganzen Volkes,
jedermann liebt, jedermann verehrt ihn, alle ſind ſtolz
auf ihn. Sein Bild hängt in faſt jedem Hauſe, lebt
in allen Herzen. Zweierlei iſt es, was ihn zum Volks=
helden gemacht hat, ſeine Taten und ſein Weſen.
Man bewundert den Sieger, liebt den Menſchen. In
ihm verkörpert ſich die Tatkraft des deutſchen Solda=
ten und die ſchlichte Weſensart des deutſchen Mannes.
Kühles Wägen, rückſichtsloſes Wagen, geſchickte An=
paſſungsfähigkeit an die jeweilige Lage, alles wagende
Entſchlußkraft, wo es gilt, den Schlag zu führen, cha=
rakteriſieren ihn als Feldherrn. Wie kein anderer
hat er den großen Gedanken des Krieges, die „Vernich=
tung des feindlichen Heeres", in die Tat übertragen,
die Vernichtung durch Umfaſſung. Dieſe, bewußt an=
geſtrebt und durchgeführt, macht ſeine Siege bei Tan=
nenberg und an den maſuriſchen Seen zu Vernich=
tungsſchlachten, die große Entſcheidungen bringen.
Wo immer ihm die Kräfte zur Verfügung ſtanden,
hat er ſie in dieſem Sinne zu verwenden gewußt. Und
bei allen Siegen, bei aller ihm dargebrachten Be=
wunderung blieb er ohne Ruhmredigkeit, nur
dem Dienſt des Vaterlandes lebend, hoch ſtehend über
allen äußeren Nichtigkeiten. So lebt er im Herzen
des deutſchen Volkes und wird weiter leben durch die

Jahrhunderte. Gott schütze und erhalte „unsern" Hindenburg."

Im Hauptquartier Ost wurde das Jubiläum durch einen schlichten Festakt begangen. Hindenburgs engerer Stab überreichte eine vom Bildhauer Manzel geformte Statuette des Gefeierten. Der Chef des Stabes, Generalleutnant Ludendorff, hielt folgende Ansprache:

„Herr Generalfeldmarschall! Im Namen der hier versammelten Herren spreche ich Euer Exzellenz die ehrerbietigsten und wärmsten Glückwünsche zu dem heutigen Jubiläumstage aus. 50 Jahre sind eine gewaltige Zeit, nicht nur im Leben des Menschen, sondern auch in der Geschichte der Völker. Der April 1866 sah noch den Deutschen Bund als ein ohnmächtiges Staatengebilde, ein unklares Überbleibsel aus alter Zeit. Erst der Krieg Preußens gegen Österreich schaffte Klarheit. Preußen errang die Vorherrschaft, und der waffenfähige Norddeutsche Bund entstand. Die Welt aber fühlte sich noch nicht berührt. Für sie war das ganze eine innere Angelegenheit Mitteleuropas. Und der Krieg 1870 kam, Deutschland entstand, und sie selbst horchte auf. Es kam die Zeit, wo den Deutschen und Deutschland der Rock zu eng wurde, der bisher getragen war, wo alles hinausstrebte, wo unbewußt und bewußt Deutschland ein Rivale der großen Mächte wurde, die da glaubten, die Welt beherrschen zu dürfen. England erkannte dies, und so entstand dieser Weltenbrand, der nur damit enden kann, daß Deutschland und Mitteleuropa die Machtstellung erlangen, die ihnen gebührt. 50 Jahre sind seit 1866 vergangen. Der Weg, den Preußen-Deutschland zurückgelegt hat, ist ein gewaltiger Weg. Die Ernte, die 1866 säte, ist gereift. Und diese gewaltige Zeit, das Werden Deutschlands,

170

Paul von Beneckendorff und von Hindenburg.

Herr Generalfeldmarschall, bildet den Hintergrund Ihres Lebens und Wirkens.

„Sie haben mitgesät und helfen jetzt mit ernten. Die Kriegsjahre führten den jungen Offizier über Königgrätz nach Wien, über Gravelotte und Sedan nach Paris. Als Mann haben Sie dann mitwirken können, das Schwert zu schärfen, das Deutschlands Kaiser und Preußens Könige ihrem Volke gaben, um diesen Weltkampf bestehen zu können. Und nach des Lebens Arbeit wurden Sie, Herr Generalfeldmarschall, aus der Ruhe berufen, dieses Schwert zu führen. Der Weg von Tannenberg bis zu den Schlachten am Narotschsee und vor Dünaburg und Jakobstadt machte Ihren Namen unsterblich. Er hat Sie dem Herzen des deutschen Volkes zugeführt, das an Sie glaubt und auf Sie hofft. Herr Generalfeldmarschall! Wir, die wir hier versammelt sind, haben das Glück gehabt, Ihnen in dieser gewaltigen Zeit am nächsten zu stehen, viele seit dem 23. August 1914, ich selbst einige Stunden früher als die anderen.

„Das warme deutsche Soldatenblut, das hier im Osten geflossen ist, das schmiedet den Oberbefehlshaber und seine Truppen zusammen, das verbindet den Stab mit seinem Herrn unlöslich. Aus diesem Gefühl der Treue heraus entstand bei den Herren, die seit Jahr und Tag unter ihrem Oberbefehlshaber an seinem Tische teilgenommen haben, der Gedanke, ihrer Verehrung auch äußeren Ausdruck zu geben. Es entstand der Wunsch, Herr Generalfeldmarschall, Sie so für Ihre Familie festzuhalten, wie wir Sie immer vor uns sahen, und in dem Geiste der Treue und Dankbarkeit bitten wir Sie, das von Meister Manzels Hand geschaffene Werk für Ihre Familie anzunehmen. Mit dieser Bitte vereinigen wir alle unsere heißesten Wünsche für

Ihr Wohlergehen. Gott schütze Sie! Generalfeld=
marschall von Hindenburg, Hurra!"

Ende Mai war noch einmal der Kaiser im Haupt=
quartier des Generalfeldmarschalls zu Gaste. Beim
Begrüßungsmahle hat er dort eine Ansprache gehalten,
in der er Hindenburgs und seiner Truppen Verdienste
mit schönen Worten feierte. Er erklärte, er sei ge=
kommen, um für die großen Taten des Jahres 1914,
für das stille und tapfere Ausharren im Winter 1915
und während der heißen Kämpfe der Märzoffensive des
Gegners im Jahre 1916 dem Führer und den Armeen
seinen kaiserlichen Dank auszusprechen.

"Wir kämpfen gegen eine Übermacht," fuhr er fort.
"Das ist uns nichts Neues. Schon der große König ist
uns hierin mit glänzendem Beispiel vorangegangen.
Die Vorsehung hat es wieder so gewollt, und das war
gut. Denn dadurch wurden wir gezwungen, uns zu
ganz besonderen Taten und Leistungen aufzuraffen.
Meine Armeen werden auch jetzt siegreich durchhalten
und uns mit Gottes Hilfe einen ehrenvollen Frieden
erringen, so wie wir ihn wünschen. Ihnen aber, mein
lieber Feldmarschall, hat die Vorsehung in diesen
Kämpfen das Große beschieden, die Provinz Ost=
preußen vom Feinde zu befreien und unsere Waffen
weit in Feindesland hineinzutragen. Das ist Ihr Ver=
dienst, und dessen wird sich das deutsche Vaterland stets
bewußt sein. Ich aber als Ihr Kriegsherr und Ihr König
danke Ihnen von Herzen für diese Taten, die Ihnen
für immer unvergessen bleiben sollen. Überall in deut=
schen Landen, in Ost und West, in Nord und Süd, sieht
man die Verehrung für Sie. Sie sind zu einem Natio=
nalheros des deutschen Volkes geworden. Der Name
Hindenburg hat schon heute einen sagenhaften Klang.
Wo er genannt wird, da blitzen die Augen, und da
leuchten die Gesichter von Jung und Alt."

Mit einem dreifachen Hurra auf den Generalfeld=
marschall schloß der Kaiser.

Durch Hindenburgs Siege ist neben ihm sein Generalstabschef im ganzen deutschen Lande bekannt geworden, und zwar mit Recht, denn an den Taten und Erfolgen des Feldmarschalls hat sein Generalstabschef, Generalleutnant

Erich von Ludendorff,

einen großen Anteil. In diesen beiden Männern taucht das Bild Blüchers und Gneisenaus wieder auf: des weißhaarigen Siegfried und des beträchtlich jüngeren, ernsten Denkers. Wie dieser tritt auch Ludendorff still und bescheiden hinter den Meister zurück. Aber wie Gneisenaus Verdienst an den Blücherschen Siegen fortlebt, so wird mit Hindenburg auch Ludendorff unvergessen bleiben. Als von Hindenburg aus seinem Ruhesitz an die Spitze eines Heeres berufen wurde, erbat er sich Ludendorff zum Generalstabschef. Damals kannten wohl nur wenige außer dem General den ganzen Wert dieses Mannes; heute besitzt er das uneingeschränkte Vertrauen der ganzen Armee und die Liebe des ganzen Volkes. Ihm sind alle jene Eigenschaften gegeben, die den Feldherrn ausmachen: durchdringender Verstand, wohlbegründete Selbstsicherheit, Kühnheit, gezügelt von kluger Besonnenheit, eine tiefgründige Fachkenntnis, nüchterne Ruhe und geniale Phantasie.

Erich Ludendorff ist ein Bürgerssohn und gleich Hindenburg ein Kind Ostpreußens. Er wurde am 8. April 1865 zu Kruszew bei Posen geboren. Nachdem er im Kadettenkorps seine militärische Erziehung genossen hatte, trat er als Sekondeleutnant in das 8. westfälische Infanterie-Regiment. „Aber wenn Gneisenau", schreibt ein Fachmann über seine Laufbahn, „in seinem schlesischen Regimente, in dem er noch als 45 jähriger grauhaariger Hauptmann stand, zu versauern drohte, so hat Ludendorff ein ungleich glücklicheres Schicksal gehabt: Im Seebataillon, im Großen Generalstab (1894), im Stabe des 4. Armee-

korps (1896), dann wieder als Kompagniechef (61.
Inf.-Rgt., Thorn), in der Front (1898), beim Admiralstab und an Bord des Linienschiffes „Kaiser
Wilhelm der Große" (1905), als Lehrer an der
Kriegsakademie (1906—08) und als Abteilungschef
des Generalstabs gewann er jene vielseitige Durch-
bildung, die heute der Feldherr besitzen muß. 1901
war er Major geworden, 1911 Oberst, 1913 Kommandeur des 31. Infanterie-Regiments in Düsseldorf.
Der Krieg traf ihn als Generalmajor und Kommandeur der 85. Infanteriebrigade in Straßburg. Trug
seine Laufbahn auch nicht den stürmischen Charakter
der Laufbahn Gneisenaus, der noch als Hauptmann
vor Jena focht und schon nach neun Jahren General
der Infanterie wurde, so ist doch Erich Ludendorff
heute der jüngste der Träger des Titels „Exzellenz"
im Heere, des Ranges eines Generalleutnants. Er
hat diesen Rang an demselben Tage erhalten, an dem
Paul von Hindenburg Generalfeldmarschall wurde, ein
deutliches Zeichen dafür, wie hoch der Kaiser seine
Verdienste, wie hoch auch der Marschall die Leistungen seines genialen Gehilfen einschätzt."

Wir hörten von Ludendorff zum ersten Male nach
der Erstürmung von Lüttich. Für tapfere Mitwirkung
bei diesem Siege erhielt er vom Kaiser den Orden
Pour le mérite. Dann kam der 22. August, einer jener
Tage, die für alle Zeiten Marksteine der Geschichte
sind; denn an diesem Tage kam Ludendorff mit dem
Befehl des Kaisers zu Hindenburg, und beide bestiegen
den bereitstehenden Extrazug und traten die Reise
nach dem Osten an. Der rechte Mann war zur rechten
Zeit gefunden, und Ludendorff wurde von da ab die
rechte Hand des rechten Mannes. Niemand hörte damals etwas von diesen Vorgängen, niemand ahnte
ihre weltgeschichtliche Bedeutung. Das wurde uns erst
klar, als die Kunde vom Siege bei Tannenberg durch
die Lande brauste, und wenn heute der Feldmarschall

der Befreier des deutschen Ostens heißt — er, der bescheidene und doch so hinreißend gewaltige Mann, wird gern einen Teil seines Ruhmes auch dem anderen lassen, der nun, vom Sonnenlichte weniger umstrahlt, neben ihm kämpft.

Von Ludendorffs umfassender Tätigkeit auf allen Teilen des östlichen Kriegsschauplatz kann erst eine spätere Zeit sich ein vollständiges Bild machen können. Heute kann man nur sagen, man glaubt auch in den wilden Karpathenkämpfen, in dem kühnen Wechsel zwischen Verteidigung und Vorstoß, in der klugen Ausnützung jeder gegnerischen Schwäche einen Hauch von seinem Geiste zu spüren. Und es genügt für uns zu wissen, daß zwischen ihm und seinem Höchstkommandierenden jenes seltene Vertrauen herrscht, ohne welches die großen Erfolge nicht denkbar sind. Das Bild der beiden — um es nochmals zu sagen — ist uns um deswillen so lieb und wert, weil es uns in der Gegenwart der Kämpfe um des Reiches Bestehen jenes herrliche Bild aus der Vergangenheit und ihren großen Kämpfen um des Reiches Wiedergeburt vor die Seele rufen: Das Bild von Blücher und Gneisenau.

Otto von Below,

der in der Winterschlacht in Masuren als verdienstvoller Mitarbeiter Hindenburgs hervorgetreten ist, entstammt einem mecklenburgischen Uradelsgeschlecht. Sein Vater Hugo von Below erhielt in den Feldzügen von 66 und 70/71 den Orden Pour le mérite und das Eiserne Kreuz erster Klasse. Otto von Below wurde 1857 zu Danzig geboren und trat, nachdem er die Schule des Kadettenkorps durchlaufen, 1875 beim Füsilierregiment Nr. 80 als Leutnant ein. Von 1881 bis 84 war er an der Unteroffizierschule zu Marien-

werder tätig; dann war er Oberleutnant im
Mecklenburgischen Grenadierregiment Nr. 89, und
zwischendurch drei Jahre auf der Kriegsakademie.
1889 und 90 war er zum Großen Generalstab kommandiert. 1894 kam er in den Generalstab der 27. Division, 1895 wurde er Major. Während der Jahre
1897 bis 1902 sehen wir ihn als Bataillonsführer in
Brandenburg, dann als Oberstleutnant in Weißenburg, 1905 als Oberst und Kommandeur des Infanterieregiments Nr. 19 in Görlitz. 1909 ging er als
Führer der 43. Infanteriebrigade nach Kassel, 1912 als
Führer der 2. Division nach Insterburg.

Bei Ausbruch des Krieges übertrug der Kaiser ihm
den Befehl über das 1. Reservearmeekorps, dem der
Schutz unserer Ostgrenze oblag. Es stand bis zum
19. August an der oberen Angerapp und griff am
20. August in der Schlacht bei Jawaiten-Gumbinnen
als rechter Flügel der 8. Armee an. Beim Vormarsch
gegen die Narew-Armee schlug er am 26. August in
der Schlacht am Bössauer See gemeinsam mit dem
XVII. Armeekorps das russische VI. Am 28. August
entriß Below den Russen Allenstein. Von hier stieß er
nach Hohenstein durch und erschien am 29. in der
Schlacht bei Tannenberg überraschend in der rechten
Flanke der Russen, wodurch er die Einkreisung des
Feindes von Norden abschloß.

In der Schlacht an den masurischen Seen stand
Belows Korps in der Mitte, nahm Gerdauen am
10. September und trieb die Russen in scharfen Ver-
folgungsgefechten über Insterburg bis zum Njemen
zurück, den es am 14. September gegenüber von Wi-
leny und Jurburg erreichte. Vom 2. Oktober ab hielt
es erfolgreich fünf Wochen dem Ansturm einer dreifachen Übermacht stand, um dann selber bei Göritten
am 7. November zum Angriff überzugehen und einen
glänzenden Sieg zu erfechten. Am Abend dieses
Tages wurde General v. Below die Führung der

8. Armee übertragen. Mit ihr warf er am 13. und
14. November den russischen Nordflügel in die Ro-
mintener Heide zurück und bezog dann mit der Armee
die inzwischen vorbereitete Angerapp = Stellung vom
Spirding-See über Darkehmen bis Gumbinnen. In
ihr wehrte er während des Winters 1914 die Angriffe
starker Übermacht ab. Anfang Februar 1915 kam es
zur Winterschlacht in Masuren. v. Below führte hier
die Südhälfte, die durch die Johannisburger Heide,
aus Lötzen und durch die Rominter Heide vorbrach,
Suwalki, Lyck und Augustow nahm und dort den
Riegel schloß. Nach einem Vorstoße gegen Lomza und
Ossowiez kam es abermals zu einer Zeit der Defensive, bis endlich der große Vorstoß nach Kurland hinein möglich wurde.

Als Ende Mai die Russen gegen unsere dort
tätigen Truppen starke Kräfte heranführten, wurde
General v. Below das Kommando übertragen. Es
gelang ihm bis Mitte Juli die Russen über die mitt-
lere Dubissa zurückzudrängen und sich an der oberen
Windau zu behaupten. Am 14. Juli brach er zum
Angriff vor. Sein linker Flügel erzwang, in mehreren Kolonnen vormarschierend, den Übergang über
den vom Feinde besetzten Windau = Fluß, trieb seine
durch Infanterie verstärkten Kavalleriemassen zurück,
zertrümmerte bei Alt = Auz zwei aus Mitau eiligst
herangeführte feindliche Divisionen und schwenkte
dann nach Süden gegen des Feindes Hauptmacht ein,
die sich inzwischen auf die gegen sie vorgehende
deutsche Mitte geworfen hatte. Als nun auch der
rechte deutsche Flügel von der Dubissa her zum Angriff schritt und von Süden auf Schadow herum=
schwenkte und gleichzeitig die unternehmende deutsche
Reiterei des Nordflügels weit nach Südost herum-
griff, gelang es bis zum 24. Juli die Russen östlich
Schaulen fast völlig einzukreisen, so daß 37 000 Gefangene in den Händen des Siegers blieben.

Während die Masse der deutschen Armee dem Feinde ostwärts nachstieß, schwenkte ein Teil nach Norden ab, erkämpfte bei Bauske auf denselben Gefilden, auf denen 1812 der eiserne York gesiegt hatte, den Übergang über die hartnäckig verteidigte Aa und nahm in konzentrischem Angriff am 1. August Mitau, die Hauptstadt Kurlands, eine Stunde bevor die Russen sie in Brand stecken wollten.

Während diese deutschen Teile nun an der mittleren Aa gegen Riga deckten, schlug General v. Below die inzwischen wieder verstärkten russischen Hauptkräfte erneut bei Kupischki vom 30. Juli bis 7. August. Im weiteren Vordringen gelang es dann der deutschen Kavallerie auf beiden Flügeln, bei Wilkomiers-Kowarsk im Süden und bei Birshi im Norden, die russische aus dem Felde zu schlagen, worauf in der Schlacht bei Schimanzy-Ponedeli vom 12. bis 19. August die Russen hinter den Jara-Abschnitt geworfen wurden.

Schon aber waren neue feindliche Kräfte über Friedrichstadt im Vordringen gegen die Nordflanke der Armee bis südlich Schönberg gekommen. Sie wurden dort Ende August geschlagen und bei Lennewarden und Friedrichstadt mit schwerem Verlust über die Düna gejagt. Zwei neuen aus Jakobstadt vorbrechenden Korps erging es nicht besser; sie wurden in hartem Kampfe in ihre Verschanzungen getrieben, und die Armee konnte sich nun gegen die starke Jara-Stellung wenden. Die Bedrohung beider Flanken führte den Angriff rasch zum Ziel. Die Stellung fiel, und im Anschluß daran wurde der Feind in heftigen Kämpfen vom 9. bis 12. September durch das schwierige See- und Hügelgelände bis in den Festungsraum von Dünaburg geworfen.

Von Mitte September bis Ende Oktober wurde in diesem von langer Hand sorgfältig zur Verteidigung eingerichteten Gelände Stellung auf Stellung er-

stürmt. Am 23. Oktober gelang es dem linken Flügel,
die die Düna beherrschende Stellung von Illuxt zu nehmen, während der rechte Flügel die Entlastungs-
angriffe der russischen Heermassen zwischen Dryswjaty-See und der großen Dünaburger Straße blutig
abwies.

Inzwischen war es vom 16. bis 19. Oktober vor
Riga gelungen, durch geschickten Flankenstoß entlang
der Düna die Russen mit starker Einbuße in die Befestigungen von Riga zu werfen und vor ihm, etwa
entlang der alten kurischen Landesgrenze, festen Abschluß herzustellen.

Die Beute dieser erfolg- und kampfreichen Zeit
seit Ende Juli beträgt 42 000 Gefangene, die Gesamtbeute der ganzen kurländischen Operation also fast
80 000.

Nach diesen Erfolgen stand die Armee den Winter
durch auf treuer aber schwieriger Wacht an der Düna,
bis vom 21. bis 26. März 1916 der Feind mit stärksten
Massen von Jakobstadt aus ihren Ring zu sprengen
versuchte. Mit erneuten, blutigen Verlusten, die auf
20 000 geschätzt werden, mußte er davon Abstand
nehmen.

Hermann von Eichhorn.

Wir haben in der Abhandlung über Hindenburg
den Verlauf der großen Winterschlacht in Masuren
wiedergegeben. An dieser unvergeßlichen Tat des
deutschen Heeres hatte Generaloberst von Eichhorn, wie
erwähnt, hervorragenden Anteil. Er hatte kurz vor
Ausbruch des Krieges in der Nähe von Metz bei einer
Truppenbesichtigung durch einen Sturz vom Pferde
schwere Verletzungen erlitten, so daß er zunächst nicht
mit ins Feld rücken konnte. Erst Anfang Januar 1915
war er so weit wiederhergestellt, daß er Dienst tun

konnte. Er ging nach Frankreich und machte hier die furchtbare Schlacht bei Soiſſons mit. Darnach berief der Kaiſer ihn als Armeeführer nach dem Oſten.

Es war die Zeit, wo die Ruſſen in Oſtpreußen eingebrochen waren und Hindenburg ſich vor die doppelte Aufgabe geſtellt ſah, nicht nur die verwüſtete Provinz zu erlöſen, ſondern die übermacht des Feindes zu vernichten. Neben Mackenſen und Below, über welche der Leſer weiter unten Näheres finden wird, teilte ſich Eichhorn in das gewaltige Werk, deſſen oberſte Leitung in den Händen Hindenburgs lag. Mit den Truppen, welche zu einem großen Teile aus alten Landwehr- und Landſturmleuten beſtanden, ſchlug er mit vollendeter Meiſterſchaft die große überzahl des Feindes und blieb nach dem Siege dem Gegner auf den Ferſen, bis er ihn ganz zerſchmettert hatte.

Bei dem ſpäteren Vorſtoß Hindenburgs nach Kurland hinein war es Eichhorns beſondere Aufgabe, die Bewegung gegen Kowno zu leiten. Am 13. Auguſt wurden die erſten Erfolge der Angriffstruppen vor Kowno gemeldet. Am 14. gelang die Beſetzung des ſtark befeſtigten Waldes von Dominikanka. Am 15. arbeiteten ſich die Truppen abermals näher an die Feſtung heran, nachdem ſie einen ſtarken Ausfall des Feindes abgewieſen und dabei 1000 Gefangene gemacht hatten. Während dieſer Tage gab es in dem wechſelſeitigen Artilleriefeuer nur ſelten eine Ruhepauſe. Die Ruſſen waren ſich klar darüber, was Kowno für ſie bedeutete, und hatten an Artillerie alle verfügbaren Kräfte hier zuſammengezogen. Die Geſchütze aller möglichen Kaliber ſuchten ſich hüben und drüben zu überbrüllen. Der Lärm ſchwoll oft zu einem Höllenkonzert an. Es war, als wenn mehrere Gewitter ſich zu gleicher Zeit über der unglücklichen Feſtung entlüden. Die Ruſſen haben nach der übergabe offen zugegeben, das deutſche Artilleriefeuer ſei unerträglich geweſen.

180

Am 17. August wurde gemeldet, daß mehr als 1700 Russen in vorgeschobenen Stellungen gefangengenommen worden seien. Ferner hörten wir von der Erstürmung einiger Forts auf der Südwestfront. Hierbei zeichneten sich Truppen unter der Führung des Generals Litzmann besonders aus.

Am 17. August meldete das Große Hauptquartier, daß die Truppen des Generalobersten von Eichhorn unter Führung des Generals Litzmann die Forts der Südwestfront von Kowno erstürmt hätten. Über 4500 Russen wurden dabei gefangengenommen, 240 Geschütze und viel Kriegsmaterial erbeutet. Am 18. August folgte die Nachricht, daß Kowno mit allen Forts in unsern Händen sei. Die Zahl der eroberten Geschütze war auf 400 gestiegen. Am 19. wurden noch weitere 3000 Gefangene gemeldet. In unermüdlicher Verfolgung blieben unsere Truppen dem flüchtenden Feinde weit über die Festung hinaus auf den Fersen.

In erstaunlich kurzer Zeit war einer der allergrößten Erfolge dieses an Riesenkämpfen so reichen Krieges errungen worden. Denn Kowno wurde nicht geräumt wie Warschau, der Feind verteidigte es mit zäher Ausdauer und bis zur völligen Erschöpfung. Die todesmutige Hingabe der russischen Truppen darf nicht verkannt werden. Es ist zu überaus erbitterten Nahkämpfen gekommen. An vielen Punkten räumte der Feind erst nach schrecklichem Handgemenge das Feld.

An strategischer Bedeutung steht die Festung Kowno in erster Reihe. Sie bildete den rechten Flügelpunkt der russischen zweiten Verteidigungsstellung und hatte als solcher in dem Winkel zwischen Wilija und Njemen eine von Natur höchst günstige Lage. Als Festung war Kowno nach allen Regeln der Kunst ausgebaut, nur daß die moderne schwere Artillerie der Deutschen aller dieser Regeln spottete. Die schnelle Bezwingung des rechten Flügelpunktes der russischen Stellung war um so wichtiger, als zu jener Zeit der linke Flügelpunkt, die

Festung Brest=Litowsk, bereits ernstlich bedroht war. Somit war diese zweite Verteidigungsstellung, in deren Festen die abgehetzten Russen sich mit Ruhe sammeln sollten, unhaltbar geworden. Auf der Linie Kowno—Olita—Grodno wäre eine Ordnung der rück=wärtsflutenden Heeresmassen des Feindes zu neuem Widerstande immer noch möglich gewesen. Nach dem Falle Kownos gab es nun auch hier kein Halten mehr.

Der Kaiser dankte dem Generaloberſten mit fol=gendem Handſchreiben:

„Die Umſicht, mit der Eure Exzellenz die Be= wegungen gegen Kowno leiteten, verdient Meine höchſte Anerkennung. Als Zeichen Meines Dankes verleihe Ich Ihnen den Orden Pour le mérite. Gleich= zeitig beauftrage Ich Sie, den Truppen Meinen und des Vaterlandes Dank für ihre glänzenden Leiſtungen auszuſprechen."

Nach der Eroberung von Kowno marſchierte die Armee Eichhorn auf Wilna zu. Durch dieſes uner= müdliche Nachdrängen wurden zwei Hauptteile der ruſſiſchen Heeresmaſſen voneinander getrennt, ſo daß zwiſchen ihnen eine einheitliche Arbeit nicht mehr möglich war. Am 30. Auguſt wurde gemeldet, daß ein letzter Widerſtand im Südoſten von Kowno gebrochen worden ſei und die Truppen, den Feind unausgeſetzt verfolgend, das Waldgelände von Auguſtow, vor welchem der Feind ſich zu halten verſuchte, durch= ſchritten hätten. Abgeſehen davon, daß der Gegner immer wieder verzweifelt Gegenwehr leiſtete, bot das Gelände den Truppen ſehr große Schwierigkeiten. Ob= wohl Kowno und Wilna zwei große Städte ſind, gibt es zwiſchen ihnen nur ſandige Landwege, die kaum eine Spur von baulicher Nachhilfe zeigen und bei Regenwetter kaum zu begehen ſind.

Am 9. September hatten ſich die Truppen Eich= horns nach hartem Kampfe ſüdweſtlich von Wilna in den Beſitz ruſſiſcher Stellungen bei Nowi=Troka ge=

setzt. Durch ihren zähen Widerstand bewiesen die Russen, wie ernst es ihnen darum zu tun war, das stolze, schöne Wilna zu retten; aber der Siegeswille der Deutschen erwies sich stärker. Am 15. September wurde nordwestlich von Wilna russische Garde angegriffen und geworfen.

Am 17. September lasen wir schon in ausländischen Zeitungen, das Schicksal von Wilna sei ganz ungewiß, man höre den Kanonendonner Tag und Nacht, die Behörden verließen die Stadt, die Fabriken würden geräumt, bombenwerfende Flugzeuge seien ständige Besucher. Am 19. September meldete das Große Hauptquartier: „Der umfassende Angriff des Generalobersten von Eichhorn gegen Wilna hat zu vollem Erfolge geführt. Versuche des Feindes, mit eilig zusammengerafften starken Kräften unsere Linien in Richtung auf Michalski zu durchbrechen, scheiterten völlig. Durch die unaufhaltsam vorschreitende Umfassungsbewegung ist der Gegner seit gestern zum eiligen Rückzug auf der ganzen Front gezwungen; das stark befestigte Wilna fiel in unsere Hand."

Am 21. September sehen wir Eichhorns Truppen schon bei Oschmjana stehen, südöstlich von Wilna, am 27. nach weiterem siegreichen Vormarsch in der Gegend von Wilejka. Am 28. September meldete das Hauptquartier das Ergebnis der Bewegungen Eichhorns, welchen sie hierbei den Namen der Schlacht von Wilna gab. Es waren über 20 000 Gefangene gemacht, 3 Geschütze und 72 Maschinengewehre erbeutet worden, daneben zahlreiche Bagage. Die Geschichte wird diese Schlacht bei Wilna dereinst mit goldenen Lettern in ihre Tafeln schreiben; jedenfalls darf man sie als eine der größten in diesem schlachtenreichen Kriege bezeichnen.

Im Oktober kam der Vormarsch zum Stehen. Die Russen suchten mit starken Kräften die deutsche Front zu durchbrechen, wurden jedoch überall unter schweren

Verlusten zurückgeschlagen. An der großen Abwehr der großen Märzoffensive der Russen im Jahre 1916 hatten Eichhorns Truppen (siehe S. 166 ff.) großen Anteil. Bis zu dem Zeitpunkt, an welchem diese Chronik vorläufig abbricht, dem Ausgang des Juni 1916, hält die Armee Eichhorn ihre Stellungen.

Zum Schlusse noch einige Angaben über den Lebensgang des Generalobersten von Eichhorn.

Er wurde am 13. Februar 1848 zu Breslau als Sohn des Regierungspräsidenten a. D. v. E. geboren. Seine Mutter war eine Tochter des Philosophen und Dichters Schelling, der in der schönen Literatur unter dem Namen Bonaventura bekannt geworden ist. Nachdem er das Gymnasium in Breslau und Oppeln durchlaufen, trat er 1866 im zweiten Garderegiment zu Fuß ein und machte die Feldzüge 66 und 70/71 mit. Längere Zeit war er beim Generalstab tätig, 1873 wurde er Oberleutnant, 1878 Hauptmann, 1895 Regimentskommandeur, 1897 Generalmajor, 1898 Brigadeführer, 1901 Divisionskommandeur. Den Rang des Kommandierenden Generals erreichte er im Jahre 1904. 1912 wurde ihm die 7. Armeeinspektion übertragen; in demselben Jahre erhielt er den Schwarzen Adlerorden.

Am 1. April konnte der Generaloberst sein goldenes Militärjubiläum feiern. Es war ein doppelter Tag der Freude für den hochverdienten Feldherrn. Denn soeben war die große Märzoffensive der Russen „in Blut und Sumpf erstickt"; nach gewaltigen Verlusten, welche in den amtlichen Berichten der Heeresleitung auf mindestens 140 000 Mann geschätzt wurden, stellte der Feind seine ungestümen Angriffe ein. Eichhorns Armee aber hatte in diesen bösen Märztagen den stärksten Stoß auszuhalten. General Feldmarschall von Hindenburg, der an dem Ehrentage Eichhorns bei ihm zu Gaste war, hat dies in seiner Ansprache an den Jubilar besonders hervorgehoben.

„Die Armee Eichhorn", sagte er, „war der entscheidende Flügel in der Winterschlacht, der Sturm-
bock, der die Russen über den Njemen gejagt hat, und
ist jetzt der Prellstein, an dem der russische Angriff zer-
schellt ist und zerschellen wird."

Friedrich von Scholtz.

Dieser oftgenannte Unterführer Hindenburgs ist
am 24. März 1851 in Flensburg geboren als Sohn
des Superintendenten Fritz Scholtz, besuchte das Gymnasium in Bernburg und Quedlinburg und trat am
10. Juli 1870 in das Feldartillerie-Regiment Nr. 9
ein. Nach dem Feldzuge wurde er (72) zum Leutnant
befördert und für die Jahre 79 bis 82 zur Kriegsakademie kommandiert. Im Jahre 81 war er Oberleutnant geworden. Nach einem Kommando zum Generalstabe stieg er 87 zum Hauptmann auf, gehörte
87 dem Generalstabe des XI. A.-K., 89 der 21. Division und 93, nachdem er im Jahre zuvor Major geworden, dem Generalstabe des XIV. A.-K. an. 96 wurde
er Abteilungskommandeur im Feldartillerie-Regiment
Nr. 16, 98 war er als Abteilungschef im Großen Generalstabe tätig und erhielt hier die Beförderung zum
Oberstleutnant. Nachdem er 99 als Chef des Generalstabs dem XVIII. A.-K. angehört hatte und 1901 zum
Oberst befördert worden war, führte er von 1903 bis
1905 die 25. Feldartillerie-Brigade. 1905 wurde er
Generalmajor, dann kam er als Oberquartiermeister
wieder in den Großen Generalstab und wurde 1908
als Generalleutnant Kommandeur der 21. Division.
4½ Jahre später, im Herbst 1912, wurde er zum
General der Artillerie befördert und erhielt als kommandierender General die Führung des neugebildeten

XX. Armeekorps in Allenstein. Im Sommer 1913
wurde ihm der Adel verliehen. Fast drei Jahre hindurch hat er das neue Korps für die schweren Aufgaben, denen es bald gegenüberstehen sollte, vorbe-
reiten dürfen. Dann kam der Krieg. Das XX. Armeekorps hatte im August 1914 mit verhältnismäßig geringen Kräften ein weites Stück der deutschen Ostgrenze gegen einen überlegenen Feind geschützt und
den Einbruch zweier russischer Kavalleriedivisionen bei
Soldau und Bialla erfolgreich abgewiesen. An der
fünf Tage hindurch währenden Schlacht bei Tannenberg hat es einen hervorragenden Anteil gehabt. In
der Offensive Hindenburgs gegen Rennenkamp hat es
dann bei Drengfurt, Wowarren und an anderen
Punkten siegreich gekämpft und den Feind bis nach
Stallupönen verfolgt.

Im Herbst war Scholz mit seinem XX. Armeekorps in Südpolen tätig. Er nahm hier an der Erstürmung des Brückenkopfes Gora Kalwarja, an den
erbitterten Kämpfen bei Iwangorod, bei Warschau und
an der Pilitza teil und hat während der Operationen
gegen Lodz in vielen schweren, doch ehrenvollen Gefechten mitgewirkt. Anfang Februar 1915 sehen wir
ihn abermals in Ostpreußen, wo der Feind über Kolna
auf Lomscha zurückgeworfen und in harten Kämpfen
eine die letztgenannte Festung einschließende Stellung
errungen wurde.

Im Heeresbericht wurde sein Name zum ersten
Male am 5. August 1915 genannt. „Die Armeen der
Generale von Scholz und Gallwitz", meldete an
diesem Tage das Große Hauptquartier, „blieben
unter heftigen Kämpfen im weiteren Vordringen
gegen die Straße Lomza—Ostrow—Wyschkow. Tapfere
und verzweifelte Gegenstöße der Russen beiderseits der
Straße Ostrow—Rozan waren wirkungslos. 22 Offiziere und 4800 Mann wurden zu Gefangenen gemacht,
17 Maschinengewehre erbeutet."

Am 7. August hörten wir, daß diese beiden Armeen nach heftigen Kämpfen den feindlichen Widerstand am Narew zwischen Lomza und Bugmündung gebrochen hätten. Am 9. August konnten abermals 1400 Gefangene und 7 erbeutete Maschinengewehre gemeldet werden.

An demselben Tage war der Armee Scholtz ein schöner Sondererfolg beschert. Sie durchbrach die Fortlinie von Lomscha und nahm bei Tagesanbruch des 10. die Festung in ihren Besitz.

Am 12. August meldete das Große Hauptquartier, daß die Armee des Generals von Scholtz den Brückenkopf von Wizna genommen und den Feind südlich des Narew über den Gatzfluß geworfen habe. Sie erbeutete dabei 900 Gefangene, 3 Geschütze und 2 Maschinengewehre. Am 15. August machte die Armee von Scholtz über 1000 Gefangene. Am 18. August näherten sich ihre vordersten Abteilungen schon der Bahnlinie Bialystok—Bielsk. Nun wurde auch die gleichzeitig von Norden und Süden bedrängte Festung Ossowietz genommen, deren permanente Werke längst in Trümmer geschossen waren.

Das schönste Ruhmesblatt in dem Lorbeerkranze dieses Führers ist die Einnahme der modern ausgebauten großen Festung Grodno, deren Fall am 2. September 1915 vom Hauptquartier gemeldet wurde. General von Scholtz erhielt daraufhin folgendes Schreiben von der Hand des Kaisers: „Wie die tapferen Truppen unter Ihrer Führung den schwierigen Abschnitt des Bobr und Narew überwunden haben, so ist es ihnen jetzt gelungen, mit herzhaftem Zugreifen den Feind aus Grodno, seinem letzten Bollwerk am Njemen, zu vertreiben und die Festung in deutsche Hände zu bringen. In Anerkennung solcher hervorragenden Leistungen verleihe ich Ihnen den Orden Pour le mérite." Über den Hergang der Erstürmung von Grodno haben wir schon in dem Abschnitt „Hindenburg" berichtet.

Der Einnahme von Grodno schloß sich eine an
ruhmvollen Gefechten reiche Verfolgung an. Die Er=
zwingung des Kotra=Abschnitts, die Erstürmung von
Skidel, der Übergang über den Lebioda=Abschnitt, die
Einnahme des wichtigen Eisenbahnpunktes und der
Stadt Lida bezeichnen die unaufhaltsame Vorwärts=
bewegung, durch die der Feind noch 180 Kilometer über
Grodno hinaus, bis an die Beresina, zurückgedrängt
wurde.

Max von Gallwitz.

In den amtlichen Berichten des Großen Haupt=
quartiers wird General v. Gallwitz als ein Unterführer
zuerst des Feldmarschalls v. Hindenburg und dann des
Feldmarschalls v. Mackensen genannt. In der Heeres=
gruppe des ersteren hat er sich in Ostpreußen, beim
Schutz der deutschen Grenze, und später bei der großen
Offensive rühmlich hervorgetan; in der Heeresgruppe
des letzteren nahm er an der Eroberung von Serbien
hervorragenden Anteil. In den ersten Monaten des
Krieges ist er in Belgien tätig gewesen und hat die
Eroberung von Namur mitgemacht. Auch in Süd=
polen hat er mitgekämpft. Allein über diesen Teil
seiner Tätigkeit können wir hier keine näheren An=
gaben machen, da er in den amtlichen Berichten dieser
Periode namentlich nicht erwähnt wird. Wir re=
gistrieren hier seine Leistungen nur von dem Zeit=
punkt an, wo sein Name in den amtlichen Berichten
erscheint, nämlich vom Juli 1915 ab. Als Nachbar=
gruppe der Armee Scholtz hat die Armee Gallwitz in
enger Verbindung mit dieser gekämpft, und beide wer=
den daher in den amtlichen Berichten vielfach zu=
sammenfassend aufgeführt. Deshalb sind im vorstehen=
den Abschnitt auch bereits einige bedeutende Taten der

Armee Gallwitz, welche in enger Verbindung mit der Armee Scholz vollbracht wurden, wiedergegeben.

Der Name des Generals v. Gallwitz wird zum ersten Male in der amtlichen Meldung vom 17. Juli 1915 genannt. Darnach hat seine Armee am 14. Juli 1915 die seit Anfang März mit allen Mitteln neuzeitlicher Befestigungskunst verstärkte russische Stellung in der Gegend südlich und südöstlich von Mlawa angegriffen. In glänzendem Ansturm wurden drei hintereinanderliegende russische Linien durchbrochen und genommen. Auch die nächste vorbereitete Stellung, auf die sich die Feinde zurückzogen, wurde erstürmt. Der Gewinn in diesen Kämpfen betrug etwa 17 600 Gefangene, 13 Geschütze, 40 Maschinengewehre und 7 Minenwerfer.

Am 24. Juli meldete das Hauptquartier: Am Narew wurden die Festungen Rozan und Pultusk in zähem, unwiderstehlichem Ansturm von der Armee des Generals von Gallwitz erobert und der Übergang über diesen Fluß zwischen beiden Orten erzwungen.

Am 12. August stürmte die Armee Gallwitz Zambrowo und drang unter stetigen Kämpfen nach Osten vor. In diesen Kämpfen nahm sie 6550 Russen gefangen und erbeutete 9 Maschinengewehre. In den Gefechten bis zum 15. August machte sie weitere 3550 Gefangene und nahm dem Feinde noch 10 Maschinengewehre weg. Am 20. August wurden nach erfolgreichem Angriff abermals 2660 Russen gefangengenommen und 12 Maschinengewehre erbeutet. Am 22. August hörten wir, die Armee Gallwitz habe Bielsk genommen und die Russen auf das Ostufer der Biala geworfen. Am 25. August hatte sie den Feind vom Orlanka-Abschnitt nördlich und südöstlich Bielsk verdrängt. Bei diesen Kämpfen nahm sie 3500 Mann gefangen und erbeutete 5 Maschinengewehre.

Am 3. September brach die Armee Gallwitz den Widerstand feindlicher Nachhuten zwischen Aleksayce

und Swislotſch, nahm dabei über 3000 Ruſſen ge=
fangen und erbeutete außerdem 1 Geſchütz und 18 Ma=
ſchinengewehre. Am 7. September gewannen Ab=
teilungen der Armee Gallwitz an einzelnen Stellen
durch nächtlichen überfall das Oſtufer der Rozana und
machte dabei über 1000 Gefangene.

Nach einem an einzelnen Gefechten reichen Weiter=
marſche ſtürmte die Armee Gallwitz am 8. September
die Stadt Wolkowysk, welche ſchon wieder ein gutes
Stück öſtlich von Bialyſtok gelegen iſt, nahm dabei 2800
Mann gefangen und erbeutete 4 Maſchinengewehre.
Am 10. September wurden die Höhen bei Pieſki er=
ſtürmt und 1400 Gefangene gemacht. Dieſen Ort
haben wir nördlich von Wolkowysk am Roßfluſſe, kurz
vor deſſen Mündung in den Njemen, zu ſuchen. Am
17. September war der noch weiter öſtlich in den
Njemen einlaufende Fluß Schara erreicht. Die unauf=
haltſame Vorwärtsbewegung der Armee Gallwitz,
welche im Verein mit der Armee Scholtz ſtets mit
ſcharfem Angriff verbunden blieb, zwang am 19. Sep=
tember den Feind zu eiligem Rückzug auf der ganzen
Front der Hindenburg-Gruppe. Am 21. September
kämpfte Gallwitz bei Nowogrudok in feſter Verbindung
abermals mit Scholtz und weiter anſtoßend mit Leo=
pold von Bayern, deſſen Truppen um dieſe Zeit ſchon
bei Baranowitſchi ſtanden, öſtlich von Slonim.

Von nun ab übernahm ein anderer Führer dieſe
Armee. von Gallwitz wurde nach Serbien geſchickt.

Am 6. Oktober erhielten wir die erſte Meldung
über den Beginn der neuen Offenſive gegen Serbien.
„Unſere Truppen", teilte das öſterreichiſche Haupt=
quartier mit, „unternahmen von der Drina aus
Streifungen auf ſerbiſches Gebiet." Aus dem Sta=
dium der Vorbereitungen, über die wir nichts gehört
hatten, ging der Kampf hier überraſchend ſchnell zu
erfolgreichen Schlägen über. Am 10. Oktober erzwang
die Armee Gallwitz, welche hier im Verein mit Öſter=

reichern unter dem Oberbefehl Mackenfens stand, ab=
wärts Semendria an vielen Stellen den Übergang
über die Donau. Die serbischen Vortruppen wurden
zurückgeworfen. Längs der Flüsse Mlava, Morava
und Jezava stieß die Armee Gallwitz gegen Pozare=
watz und die im Mündungswinkel zwischen Donau
und Jezara liegende Festung Semendria vor. Die
große Donauinsel Temeszziget wurde besetzt. Der ver=
zweifelte Widerstand der Serben im Vorfelde von Po=
zarewatz wurde gebrochen. Am 18. Oktober kamen auch
die Werke der Südfront dieser Stadt in die Hände der
Deutschen, und damit fiel die befestigte Stadt. Sie
war für die Serben als Truppen= und Vorratsplatz
für die Donauverteidigung von hohem Werte. Am 19.
waren im Südosten von Pozarewatz Mlornice und
Bozewatz genommen. In südlicher Richtung vorschrei=
tend, näherte sich die Armee Gallwitz mehr und mehr
den ebenfalls siegreich vordringenden bulgarischen
Truppen. Am 20. Oktober war zunächst die Vereini=
gung der Armee Gallwitz mit der des österreichischen
Generals Köveß, die ebenfalls unter Mackenfens Ober=
befehl stand und südlich Belgrad vorgegangen war, voll=
zogen. In engem Zusammenschluß drangen beide
Heere nunmehr immer tiefer in das serbische Gebiet
hinein vor, den verzweifelt kämpfenden Feind vor sich
hertreibend. Am 23. Oktober waren die Serben im
Osten von Palanka über die Jasenitza geworfen. Öst=
lich der Morava räumten sie ihre Stellungen zwischen
Aleksandrowatz und Orljevo. Dem Druck der Armee
Köveß nachgebend, mußten sie auch den Abschnitt
zwischen Kosutitzaberg und der Slatinahöhe preis=
geben. Am 27. wurden die Serben über Arangjelowatz
hinaus verdrängt. Beiderseits der Morawa nahm
Gallwitz wichtige Höhenstellungen bis gegen Petrowatz
hin. Am 29. bemächtigte er sich des Eisenbahnpunktes
Lapowo und vertrieb den Gegner unter schweren
Kämpfen von den Höhen bei Svilajnatz.

Am 25. Oktober gewann die Armee Gallwitz, hartnäckigen Widerstand der Serben brechend, das Süd-
ufer der Jasenitza. Darauf wurden die Höhen östlich
von Banitzina erstürmt und in der Morabaebene unter
erbitterten Kämpfen Livaditza und Zabari genommen. In diesen Kämpfen nahmen die Truppen
des Generals von Gallwitz 2033 Serben gefangen. Am
29. Oktober war der Gegner, trotz erneuter zähester
Gegenwehr, von den Höhen bei Svilajnatz vertrieben.

Am 31. Oktober begann von Westen her der Angriff gegen Kragujewatz. Am 2. November wurde in
gewaltigem Ansturm die Stadt von den verbündeten
Truppen der Armeen Gallwitz und Követz genommen.
Man erbeutete dort 6 Geschütze, 12 Minenwerfer,
einige Tausend Gewehre und viel Munition. Am
6. November konnte die Einnahme von Varvarin mit
einem Ertrag von 3000 Gefangenen gemeldet werden.
Am 7. November drang die Armee bis in den Norden
von Krusewatz vor.

Tags darauf fiel dieses stark verproviantierte
Arsenal der Serben in die Hände der Verbündeten.
Man nahm den Feinden im ganzen hier 103 Geschütze
und große Mengen an Munition ab, die Zahl der Gefangenen erhöhte sich auf 7000. Am 11. November
kämpften die Truppen Gallwitz' am Nordfuße des
Jastrebatz-Gebirges, im Nordosten von Brus. Am 13.
waren die Paßhöhen des Gebirges in der Hand der
Deutschen. 1100 Gefangene wurden gemeldet. Tags
darauf wurden im Kampfe um die Höhenkämme 1400
Serben gefangen, 11 Geschütze, 16 Munitionswagen
und 1 Brückentrain erbeutet.

Am 14. November versuchten die Serben erneuten
Widerstand, wurden aber in teilweise sehr hartnäckigen
Kämpfen auf der ganzen Front geworfen. 1760 Mann
fielen in Gefangenschaft.

Am 15. November war die Vereinigung zwischen
der Armee Gallwitz und der bulgarischen Armee Bo-

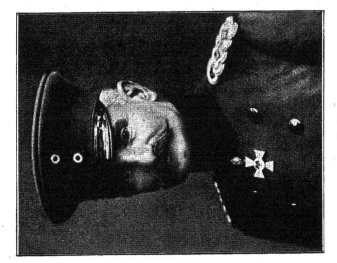

v. Below

v. Scholtz

von der Marwitz.

jadjew vollzogen. Die zwischen den beiden Heeren ein=
geklemmten Serben, 7000 an der Zahl, wurden ge=
fangengenommen.

Am 16. November erstieg die Armee Gallwitz die
Höhen bei Barlatowatz nördlich von Kursumlje,
welches sie am 18. besetzte. Am 18. stand sie bereits im
Süden dieser Ortschaft. Unter fortwährenden Kämp=
fen näherte sie sich dem Raume von Pristina, indem
sie im Kosvanitzatale über Vrztlo und Rudari vor=
ging. Am 20. November hatte sie südlich Propolatz die
Wasserscheide zwischen Toplitza und Ibargebiet er=
reicht und stieg aus dem Quellbereich der Kosvanitza
zum Labflusse herab. Da gleichzeitig die bulgarische
Armee Bojadjew von Süden her sich dem Raume von
Pristina näherte, befanden sich die dort verschanzten
Serben bereits in sehr kritischer Lage. Im Norden
von Pristina dehnt sich das geschichtlich berühmte
Amselfeld aus — ein fruchtbares Gebiet, dessen Haupt=
ort die genannte Stadt ist. Hier leisteten die Serben
noch einmal verzweifelten Widerstand, und die Kämpfe
führten fast überall zum Handgemenge.

Am 22. November besetzten die Bulgaren Pristina.
Im Nordwesten war Mitzowitza von den Österreichern
genommen worden; im Norden stürmte Gallwitz durch
das Labtal gegen das Amselfeld heran. Die serbischen
Reihen mußten weichen, wenn sie nicht völlig um=
klammert werden wollten. Bei Mitrowitza wurden
10 000, bei Pristina 7400 gefangengenommen. Am
26. November waren die letzten serbischen Nachhuten
aus dem Amselfelde vertrieben. Die Verfolgung gegen
Prizrend und Ipek hin wurde fortgesetzt.

Am 29. November meldete das Hauptquartier, daß
mit der Flucht der serbischen Heeresreste auf alba=
nisches Gebiet die großen Operationen gegen diesen
Feind als beendet gelten dürften.

13 Unsere Heerführer.

Max von Gallwitz.

General von Gallwitz erhielt von Kaiser Franz Josef das Militärverdienstkreuz erster Klasse mit der Kriegsdekoration.

Am 2. Mai 1852 als Sohn des Kreissteuereinnehmers Karl Gallwitz zu Breslau geboren, besuchte Max Gallwitz das Gymnasium seiner Vaterstadt bis zum Abiturium. Am 13. August 1870 trat er beim 9. Artillerie-Regiment in das Heer ein, machte den Feldzug mit, wurde 1872 Leutnant und war von 77 bis 80 auf der Kriegsakademie. Nachdem er 81 zum Oberleutnant befördert worden war, gehörte er bis 82 als Adjutant der 11. Feldartillerie-Brigade an, wurde dann zum Generalstab kommandiert und stieg 85 zum Hauptmann auf. Im Jahre 86 war er im Generalstabe des II. Armeekorps tätig, im Jahre 87 wurde er ins Kriegsministerium berufen, im Jahre 90 war er Batteriechef im Feldartillerie-Regiment Nr. 27. Dann ging er als Major wieder in den Generalstab. 1895 führte er eine Abteilung im Feldartillerie-Regiment Nr. 11, wurde im folgenden Jahre zum Oberstleutnant befördert und kam 1897 als Abteilungschef ins Kriegsministerium. Im Jahre 1899 wurde er unter Beförderung zum Oberst mit der Führung des Feldartillerie-Regiments Nr. 76 betraut. Im Jahre 1901 übernahm er als Generalmajor das Kommando über die 20. Feldartillerie-Brigade. 1903 wurde er zum Direktor des Armee-Verwaltungs-Departements im Kriegsministerium ernannt. 1906 führte er als Generalleutnant die 15. Division.

General Litzmann,

der in dem Bericht über Hindenburg rühmend ge=
nannt worden ist, muß hier noch an besonderer Stelle
aufgeführt werden. Er hatte sich in diesem Kriege
schon als Generalleutnant und Kommandeur der
3. Gardedivision einen Namen gemacht, die den
von den Russen um unsere Streitkräfte vor Lodz ge=
schlossenen Ring am 23. November 1914 glücklich
sprengte. Für diesen „Durchbruch nach Brze=
ziny" wurde Generalleutnant Litzmann mit dem
Orden Pour le mérite ausgezeichnet, kurze Zeit darauf
zum General der Infanterie befördert und mit Füh=
rung eines neu aufzustellenden Reservekorps betraut.

Dieses Korps bildete mit anderen ihm unter=
stellten Truppenverbänden unfern rechten Heeres=
flügel in der siegreichen Winterschlacht in Ma=
suren. Unter Überwindung größter Schwierigkeiten
und durch den russischen Winter erzeugter Leiden ge=
lang es dem neu geschaffenen Korps, in der Gegend
von Augustow die Einkesselung der russischen 10. Armee
zu vollenden und so zu ihrer Vernichtung wesentlich
beizutragen.

Im Juli 1915 erhielt General L. den Auftrag, mit
feinem durch andere Kräfte, namentlich auch schwerste
Artillerie verstärkten Reservekorps, die Festung
Kowno zu nehmen. Die vorgeschobenen, gut ver=
schanzten russischen Stellungen, acht an der Zahl, wur=
den eine nach der andern mit stürmender Hand durch=
brochen. Am 16. August fielen die Forts der Südwest=
front Kownos mit Zwischenwerken und Batterien in
deutsche Hände. Am 17. wurde der Übergang über den
Njemen=Strom angesichts des Gegners erzwungen,
und unsere Truppen drangen in den am jenseitigen
Ufer gelegenen Hauptteil der Festung ein, der Kom=
mandierende General mit seinen vordersten Ba=

taillonen. Am 18. fielen die letzten Forts der rechten
Stromseite. Die starke Festung war in unserem Besitz,
mit ihr eine sehr ansehnliche Beute: 90 Offiziere, 14 629
Mann an Gefangenen, 1301 Geschütze, darunter sehr
viele schweren Kalibers, und gewaltige Munitions-
und Verpflegungsvorräte. Noch am gleichen Tage erhielt General Litzmann vom Kaiser das folgende Telegramm:

„In unwiderstehlichem Ansturm ist es den von
Ihnen geführten Angriffstruppen gelungen,
Kowno, das stärkste Bollwerk der inneren feindlichen Verteidigungslinie, zu überrennen. Diese
Tat wird immer ein leuchtendes Beispiel dafür
bleiben, was frisches Zugreifen mit deutschen Truppen zu erreichen vermag. Indem ich Ihnen Meinen
Dank und Meine Anerkennung ausspreche, verleihe
ich Ihnen das Eichenlaub zum Orden Pour le
mérite."

Rastlos marschierend und unter täglichen Kämpfen
drang die von General Litzmann geführte Heeresgruppe über Kowno gegen Wilna vor. Die volk-
reiche alte Hauptstadt Litauens fiel om 18. September
in seine Hände.

General Litzmann ist am 22. Januar 1850 auf dem
väterlichen Gut Neuglebsow im Kreise Ruppin geboren,
war in den letzten Jahren seiner aktiven Dienstzeit Direktor der Kriegsakademie zu Berlin und wurde am
1. April 1905 zur Disposition gestellt. In den ersten
Monaten des gegenwärtigen Krieges war er Etappen-
inspekteur einer Armee im Westen. Er besitzt das
Eiserne Kreuz 2. Klasse aus dem Kriege 1870/71 und
erhielt die 1. Klasse im Herbst 1914 vor Iwangorod.

Hermann von François.

Der General der Infanterie von François ist gleich zu Beginn des Krieges als Führer bei den ersten Grenzgefechten und während des Aufmarsches tätig gewesen. Seine Truppen haben bei Kibarty, Mirnusken, Schirwindt, Bilderweitschen und Eydt= kuhnen Erfolge errungen. Am 17. August siegten sie bei Stallupönen, am 19. und 20. August bei Gum= binnen über Teile der russischen Wilna=Armee. Auch an den Kämpfen, welche in der Geschichte unter dem Namen der „Schlacht bei Tannenberg" verzeichnet bleiben werden, haben sie entscheidend teilgenommen. Von der großen Beute dieser Schlacht kommen etwa 40 000 Gefangene, 140 Geschütze, 49 Maschinengewehre und viel Kriegsmaterial auf ihre Rechnung. Darnach hat François sich bei der Niederlage, welche der russische General Rennenkamp erlitt, hervorgetan, so in den Gefechten bei Arys, Soltmahnen, Olwita und Wilko= wiski, bei der Einnahme von Mariampol und Kal= warja, später am Njemen bei Druschkieniki und Merez.

Im Oktober führte François die 8. Armee, die Ost= und Westpreußen gegen die Übermacht des Fein= des zu verteidigen hatte und brachte bei Lyck, Schir= windt und Suwalki den Russen empfindliche Schläge bei. Eine Zeitlang war er auch auf dem westlichen Kriegsschauplatz tätig. Hier focht er am 16. und 17. Februar erfolgreich bei St. Quentin.

Im Mai und Juni finden wir ihn in Galizien als Teilnehmer an der großen Durchbruchsschlacht von Gorlice=Tarnow, als Erstürmer von Lysa=Gora, als Sieger von Radymno, wo er 10 000 Gefangene machte, 52 Geschütze und 43 Maschinengewehre er= beutete. Bei der Eroberung von Przemysl kämpfte er an der Nordfront der Festung. Seit Juli 1915 fin= den wir den General v. F. in Nordfrankreich, wo es feinen Truppen gelang, die September-Offensive der Engländer zum Stehen zu bringen. Der General ist mit den beiden Eisernen Kreuzen und mit dem Orden Pour le mérite ausgezeichnet worden.

Er entstammt einem normannischen Geschlecht, das zur Zeit der Hugenottenverfolgung nach Berlin flüchtete. Francois' Urgroßbäter haben unter Friedrich dem Großen als Offiziere gedient. Seine Großbäter haben als preußische Offiziere in Befreiungskriegen mitgefochten. Sein Vater hat den Feldzug 1864 als Bataillonskommandeur mitgemacht, erhielt im Feldzuge 1866 als Regimentskommandeur für seine Mitwirkung bei Nachod und Skalitz den Orden Pour le mérite und fiel im Kriege 1870 als General und Brigadekommandeur bei Spichern.

Remus von Woyrsch.

Am 4. Februar 1847 zu Pilsnitz in Schlesien geboren, trat Remus von Woyrsch am 5. April 1866 beim 1. Garderegiment zu Fuß in das Heer ein, wurde im gleichen Jahre Leutnant, machte den Feldzug 1866 mit und wirkte hiernach bis zum Jahre 1870 in der Unteroffizierschule zu Weißenfels. Im Kriege 1870/71 wurde er bei Metz verwundet und erhielt das Eiserne Kreuz 2. Klasse und das Militärehrenzeichen 2. Klasse. Im Jahre 1873 war er als Oberleutnant Regimentsadjutant, 1876 im gleichen Range Adjutant bei der 2. Garde-Infanterie-Brigade. 1878 wurde er zum Generalstabe kommandiert. Im darauffolgenden Jahre wurde er Hauptmann und Kompagniechef, 1882 kam er in den Generalstab. 1886 erhielt er die Beförderung zum Major und als solcher 1889 das Kommando über ein Bataillon des 1. Garderegiments zu Fuß. Als Oberstleutnant wurde er 1892 zum Chef des Generalstabes und des 7. Armeekorps ernannt, in gleicher Eigenschaft 1894 zum Generalstab des Gardekorps versetzt. In diesem Jahre stieg er zum Oberst auf und übernahm 1896 die Führung des Gardefüsilierregiments. Schon im näch= sten Jahre sehen wir ihn als Generalmajor die 4. Gardeinfanterie-Brigade führen. Vier Jahre später steht er als Generalleutnant an der Spitze der 12. Di= vision. Im Jahre 1903 erhielt er das Kommando des 6. Armeekorps, und im Jahre 1904 wurde er zum Kommandierenden General ernannt.

Wenn auch fein Name als Führer in den amt= lichen Berichten nicht genannt worden ist, so gehen wir doch wohl nicht fehl in der Vermutung, daß er der Kommandeur jenes 6. schlesischen Landwehrkorps gewesen ist, das dem Verbande der österreichisch=unga= rischen Armee zugeteilt wurde und mit diesem an den gewaltigen Kämpfen bei Krasnik und Tarawka im September des Jahres 1914 beteiligt war. Es hat dort in treuer Waffenbrüderschaft den Verbündeten tapfer zur Seite gestanden, zahlreiche Gefangene gemacht, viele Geschütze und Maschinengewehre des Feindes er= beutet. 600 Eiserne Kreuze wurden schon im Septem= ber unter dieser Truppe ausgeteilt.

Zu Beginn des Monats Oktober focht das Armee= korps Woyrsch im Raume von Radom und Iwangorod mit und zeichnete sich bei der Abwehr eines von acht russischen Armeekorps an der Linie Iwangorod—War= schau über die Weichsel unternommenen Vorstoßes in hervorragender Weise aus.

In welcher Weise sich das Armeekorps Woyrsch bei den großen Ereignissen des Monats November auf dem russisch = polnischen Kriegsschauplatz betätigt hat, ist aus den amtlichen Berichten nicht mit Sicher= heit zu entnehmen. Wir wissen nicht, ob es nach der großen Umgruppierung, welche auf den berühmten strategischen Rückzug der deutschen und österreichischen

Oftfront folgte, noch im österreichischen Verbande geblieben ist oder ob es als ein Teil der Mackensenschen Streitkräfte, vielleicht als Stützgruppe des rechten Flügels, mittelbar in die großen Kämpfe bei Lodz eingegriffen hat. Vermutlich ist es Woyrsch gewesen, welcher, während Mackensen bei Lodz und Lowitsch siegte, bei Czenstochau russische Angriffe erfolgreich abwehrte. Jedenfalls ist Woyrsch im Anschluß an diesen Sieg Mackensens am 3. Dezember 1914 zum Generalobersten befördert worden.

Am 3. Dezember weilte Kaiser Wilhelm bei der Armeeabteilung des Generalobersten von Woyrsch. Er sprach bei dieser Gelegenheit den wackeren Landwehrmännern ein Lob aus, auf das sie stolz sein konnten.

Als nach der Einnahme von Lodz (6. Dezember) die Russen am 7. Dezember durch einen gewaltigen Angriff in Südpolen ihren bedrängten Armeen im Norden Hilfe zu bringen versuchten, wurde dies durch das Eingreifen deutscher und österreichischer Truppen bei Petrikau vereitelt. An diesen Kämpfen ist die Armee Woyrsch sicherlich wiederum beteiligt gewesen.

Die schweren und zum Erfolg geführten Operationen an der Pilitza, welche gegen Ende des Monats Dezember 1914 einsetzten und in denen die Deutschen sich behaupteten, bis auch sie die große Offensive zum Vorwärtsgehen rief, find dem Korps des Generalobersten Woyrsch anzurechnen.

Als der gewaltige Durchbruch Mackensens bei Gorlitze—Tarnow die Russen zum Rückzuge an den Karpathen gezwungen und das energische Nachdrängen der verbündeten Armeen die ganze Front des Feindes erschüttert hatte, stand das Armeekorps Woyrsch nördlich der Weichsel und drang bis in die Gegend südlich von Kieltze vor. Diese Meldung des Großen Hauptquartiers vom 13. Mai ist übrigens die erſte, in welcher der Name des Generaloberſten amtlich genannt wurde.

Die nächſte Meldung über Generaloberſt von Woyrſch trägt das Datum des 15. Juni und beſagt, daß ſeine Truppen nördlich der oberen Weichſel ruſſiſche Angriffe gegen Stellungen abgewieſen haben, welche ſeine Soldaten dem Feinde am 4. Juni ent= riſſen hatten. Am 20. Juni nahmen ſeine Leute ſüd= lich der Pilitza mehrere ruſſiſche Vorſtellungen. Am 25. Juni durchſchritten ſie, den Feind verfolgend, das Waldgebiet von Ilza. Im Monat Juni nahmen die drei Heeresgruppen Mackenſen, Linſingen und Woyrſch zuſammen etwa 150 000 Ruſſen gefangen und erbeuteten 80 Geſchütze und 268 Maſchinengewehre.

Um die Mitte des Monats Juli näherte die Armee Woyrſch ſich der Stadt Radom. Die neu begonnene Offenſive ſetzte mit gutem Erfolge ein: Unter hef= tigem feindlichem Feuer überwanden die Truppen des Generaloberſten am Vormittage des 17. Juli an einer ſchmalen Stelle das Drahthindernis vor der mit allen Mitteln ausgebauten feindlichen Hauptſtellung bei Sienno und ſtürmten, durch dieſe Lücke vorbrechend, die feindlichen Gräben in einer Ausdehnung von 2000 Metern. Im Laufe des Tages wurde die Durchbruchs= ſtelle im zähen Nahkampf erweitert und tief in die feindliche Stellung vorgeſtoßen. Am Abend war der Feind — das Moskauer Grenadierkorps — von un= ſeren Landwehr= und Reſervetruppen geſchlagen; er trat in der Nacht den Rückzug hinter den Ilzanka=Ab= ſchnitt an. Dabei erlitt er ſchwere Verluſte; 2000 Mann wurden gefangengenommen, 5 Maſchinengewehre er= beutet.

Hinter dem Ilzanka=Abſchnitt verſuchten nun die Ruſſen Widerſtand zu leiſten und die Verfolgung zum Stehen zu bringen. Die tapfere ſchleſiſche Landwehr durchbrach am 20. Juli die Vorſtellungen von Iwan= gorod öſtlich Zwolen. Alle Gegenſtöße der noch immer

überlegenen Gegner wurden abgewiesen. Über 5000
Gefangene fielen in deutsche Hände. Die Kavallerie
des Generalobersten Woyrsch streifte bereits bis an die
Bahnlinie Radom—Iwangorod heran.

Am 21. Juli erreichten die verfolgenden Truppen
die vorgeschobene Brückenkopfstellung südlich von
Iwangorod. Durch kühnes Zugreifen vereitelten sie
die letzten Versuche des Feindes, seine geschlagenen
Truppen vorwärts Iwangorod noch einmal zum
Stehen zu bringen. Gegen Mittag war die große
Brückenkopfstellung bei Lagow—Lugowa = Wola von
den tapferen Schlesiern des Generalobersten erstürmt.
Im Anschluß an diesen Vorstoß zwangen österreichisch =
ungarische Truppen zu gleicher Zeit den Feind auf
der ganzen Front, ins Innere der Festung zurückzu =
weichen. Mit unvergleichlicher Stoßkraft hatte die
Armee Woyrsch sich in diesen Kämpfen des westlichen
Raumes von Iwangorod bemächtigt. Mit Stolz ver =
zeichnen wir diese Taten. Wir haben gehört, wie
Hindenburgs Heeresgruppe sich vor Kowno, Grodno
und Nowo=Georgiewsk hervortat, wie Prinz Leopold
von Bayern Warschau nahm, wie Mackensens Armeen
bei der Eroberung von Przemysl, Lemberg und Brest=
Litowsk tätig waren; und es freut uns, daß auch an
der Überwindung dieser hier zuletzt genannten Festung
in der Reihe der den Russen im Sommer 1915 ent =
rissenen Stützpunkte deutsche Männer in entscheidender
Weise mitgewirkt haben.

Am 29. Juli wurde der Weichselübergang er =
zwungen, was um deswillen von großer Bedeutung
war, weil dadurch die in Iwangorod befindlichen
Streitkräfte mit Umklammerung bedroht und dadurch
der Entschluß der Russen, die Festung zu räumen, be =
schleunigt wurde.

Am 3. August wurde vor der Westfront Iwan =
gorods ein durchschlagender Erfolg errungen. Die
der Armee = Abteilung unterstellten tapferen öster =

reichischen Truppen unter General v. Köbeß machten 2300 Gefangene und erbeuteten 32 Geschütze, darunter 21 schwere und 2 Mörser. Am folgenden Tage setzten sich dieselben Truppen in den Besitz des Westteils von Jwangorod.

An diesem schnellen Erfolge hatte die Vorarbeit der schlesischen Landwehr an den Außenwerken der Festung und durch den Weichselübergang hohes Verdienst. Mit Recht durfte der Führer dieser Landwehrleute, General der Kavallerie Frhr. v. König, ihnen zurufen: „Unverwelklichen Lorbeer habt ihr euch erworben; das Vaterland, insbesondere die schlesische Heimat, wird dankbar eurer Siege gedenken." Die größte und schönste Anerkennung ward ihnen durch den persönlichen Dank des Kaisers zuteil, der während der Kämpfe um die Außenstellungen von Jwangorod bei den Landwehr-Regimentern weilte und dem General von König sowie dem General Grafen von Bredow den Orden Pour le mérite verlieh. Gleichzeitig erhielt Woyrsch das Eichenlaub zu diesem Orden und sein Generalstabschef, Oberstleutnant Heye, das Ritterkreuz des Hohenzollernschen Hausordens. Nach dem Falle von Jwangorod rückte die Armee Woyrsch, welche jetzt der Heeresgruppe des Prinzen Leopold von Bayern zugeteilt war und die Verbindung zwischen dieser und der an sie grenzenden von Österreichern und Deutschen gebildeten Mackensenschen Gruppe aufrechtzuerhalten hatte, nordöstlich von der genannten Festung weiter vor. In den Verfolgungskämpfen der nächsten Tage (vom 8. bis 14. August) machte allein die Armee Woyrsch 4000 Gefangene. Hartnäckig dem zurückgehenden Feinde nachdrängend, warf sie ihn am 30. August bei Suchopol und erkämpfte den Austritt aus dem Ostrande des Bialowiesca-Forstes.

Als nach der Einnahme von Pinsk das allgemeine Vorgehen der deutschen und österreichischen Truppen ein Ende nahm, hatte die Armee Woyrsch am West-

ende der Rokitnosümpfe feste Stellungen eingenommen, welche sie bis auf den Tag, mit welchem diese
Chronik schließt, gegen verschiedentlich wiederholte
russische Angriffe behauptet hat.

August von Mackensen

ist ein Kind der Provinz Sachsen. Er wurde am
6. Dezember 1849 auf Haus Leipnitz als Sohn des
Rittergutsbesitzers und Ökonomierats Mackensen geboren. Er besuchte das Gymnasium zu Torgau und
studierte in Halle. Am 1. Oktober 1869 trat er als
Einjährig-Freiwilliger bei dem 2. Leibhusaren-Re-
giment ein. Bei dieser Truppe machte er als Leutnant der Reserve den Französischen Feldzug mit.
Hiernach eröffnete sich ihm eine außergewöhnlich
glanzvolle militärische Laufbahn, die ihn sehr schnell
von Beförderung zu Beförderung führte.

Seine Laufbahn begann mit dem Jahre 1873,
nachdem er aus der Reserve in den aktiven Heeresdienst
übergetreten war. Ohne daß er die Kriegsakademie
besucht hatte, wurde er 1880 in den Generalstab versetzt. 1891 wurde er Adjutant des Chefs des Generalstabs Schlieffen. Unter der Leitung dieses großen
Strategen machte er nun die große Schule der Ge-
neralstabswissenschaften durch. Darauf wurde er
Kommandeur des 1. Leibhusaren-Regiments, dann
der Brigade, zu der dieses Regiment gehört, 1903 der
36. Division in Danzig, 1908 Kommandierender General des 17. Armeekorps ebenda.

Im Jahre 1898 war er diensttuender Flügeladju-
tant des Kaisers, 1899 wurde er in den erblichen
Adelsstand erhoben. Als Kommandierender General
hat er bekanntlich den Kronprinzen, als dieser Kom-

mandeur des Leibhusarenregiments war, unter seinem
Kommando gehabt.

Die besondere Zuneigung des Kaisers hat er nicht
nur seinen allgemeinen soldatischen Eigenschaften zu
danken, sondern vor allem seiner großen Fähigkeit,
hochinteressante kriegsgeschichtliche Vorträge zu halten. Diesen hat sein kaiserlicher Herr stets mit Ver-
gnügen und Aufmerksamkeit gelauscht. Ein Blick in
das Gesicht dieses Mannes zeigt aber auch schon, welcher Geist in ihm wohnt. Diese markigen Züge verraten höchste Energie, zähe Ausdauer, kraftvolle
Schneidigkeit und stürmisches Draufgängertum.

Als Kommandierender General ging er in den
Krieg. An der Spitze seines 17. Korps nahm er an
dem Feldzuge gegen Rußland teil und hat bei den
entscheidenden Siegen, die Hindenburg gegen die
russischen Narew= und Njemenheere errang, in hervorragender Weise mitgewirkt.

Charakteristisch über sein Verhältnis als Führer
zu seinen Truppen war der Tagesbefehl, den er nach
diesen schweren Kämpfen am 28. August an sein Armeekorps rchtete:

„Vorgestern, am Jahrestage der Schlacht an
der Katzbach, hat das 17. Armeekorps einen an
allen Truppen überlegenen Gegner bei Lautern geschlagen und in einer willensstarken Verfolgung
über Ortelsburg wieder nach Rußland hineinge-
jagt. Über 50 Geschütze, zahlreiche Maschinengewehre, eine Kriegskasse, noch ungezählte Heeres-
vorräte aller Art und mehrere tausend Gefangene
hat er in unseren Händen gelassen. Seine Rückzugsstraße ist bedeckt von Toten. Ein voller Sieg ist
von uns erfochten. Soldaten des 17. Armeekorps!
Ihr habt Eure Schuldigkeit getan. In Märschen
ohnegleichen seid ihr von einem Feinde zum andern
geeilt und mit derselben begeisterten Hingabe habt
ihr ihn angegriffen, wo ihr ihn fassen konntet. Ich

bin stolz, solche Truppen führen zu dürfen. Ihr habt gehalten, was euer König von seinem 17. Armeekorps erwartete. Habt Dank für solche Treue. Neue Kämpfe stehen uns bevor; aber ich weiß, daß ich mit Soldaten wie euch auch den schwersten Aufgaben entgegensehen kann. Unser Herrgott da oben wird mit uns sein und mit unserer guten Sache. Es lebe Se. Majestät der Kaiser, unser König und sein 17. Armeekorps!"

Später wurde Mackensen zum Führer der 9. Armee ernannt, die von Thorn aus gegen den russischen rechten Heeresflügel zu beiden Seiten der Weichsel vorging.

Er stieß bei Wloclawek mit starken russischen Kräften zusammen und schlug sie am 15. November aufs Haupt. Mehrere russische Armeekorps wurden bis über Kutno zurückgeworfen und verloren an Gefangenen etwa 23 000 Mann, außerdem 70 Maschinengewehre und viele Geschütze.

Er setzte seinen Siegeszug in der Richtung auf Lodz und Lowitsch fort. In diesen Kämpfen, die sich bis zum 25. November hinzogen, erlitten die russische 1. und 2. und Teile der 5. Armee sehr herbe Verluste. Außer vielen Toten und Verwundeten büßten sie nicht weniger als etwa 40 000 unverwundete Gefangene, 70 Geschütze, 160 Munitionswagen und 156 Maschinengewehre ein. Junge deutsche Truppen zeichneten sich hier aufs glänzendste aus. Den Feind bis Warschau zurückzuwerfen, gelang trotz der großen Erfolge nicht, da er neue starke Kräfte von Osten und Süden heranführte.

Der Kaiser sandte nach diesem schönen Siege an Mackensen das folgende Telegramm:

„Die 9. Armee hat unter Ihrer bewährten sicheren Führung in den schweren, aber von Erfolg gekrönten Kämpfen sich von neuem unübertreff-

lich geschlagen. Ihre Leistungen in den verflossenen
Tagen werden als leuchtendes Beispiel für Mut,
Ausdauer und Tapferkeit der Geschichte erhalten
bleiben. Sprechen Sie das Ihren vortrefflichen
Truppen mit Meinem kaiserlichen Dank aus, den
ich dadurch zu betätigen wünsche, daß ich Ihnen den
Orden Pour le mérite verleihe, dessen Insignien ich
Ihnen zugehen lassen werde. Gott sei ferner mit
Ihnen und unseren Fahnen."

Über die Vorgänge vor den Kämpfen bei Lodz
Ende November erfuhren wir am 1. Dezember durch
das Große Hauptquartier folgendes:

Anknüpfend an den russischen Generalstabsbericht
vom 29. November wird über eine schon mehrere Tage
zurückliegende Episode in den für die deutschen Waf=
fen so erfolgreichen Kämpfen bei Lodz festgestellt:
Die Teile der deutschen Kräfte, welche in der Gegend
östlich Lodz gegen rechte Flanke und Rücken der
Russen im Kampfe waren, wurden ihrerseits wieder
durch starke von Osten und Süden her vorgehende
russische Kräfte im Rücken ernstlich bedroht. Die
deutschen Truppen machten angesichts des vor ihrer
Front stehenden Feindes kehrt und schlugen sich in
dreitägigen erbitterten Kämpfen durch den von den
Russen bereits gebildeten Ring. Hierbei brachten sie
noch 12 000 gefangene Russen und 25 Geschütze mit,
ohne selbst auch nur ein Geschütz einzubüßen. Auch
fast alle eigenen Verwundeten wurden mit zurückge=
führt. Die Verluste waren nach Lage der Sache
natürlich nicht leicht, aber durchaus keine unge=
heueren. Der Führer dieses Heeresteils der Armee
Madenfens war General v. Scheffer=Boyadel.
Als Unterführer war an diesem Durchbruch, den man
eine der schönsten Waffentaten des ganzen Feldzugs
nennen darf, General Litzmann tätig (s. S. 211,
212). Beide Führer erhielten anläßlich dieses Helden=
stückes den Orden Pour le mérite.

General von Mackensen setzte seine Angriffe er=
folgreich fort, und es gelang ihm, trotzdem der Feind
beträchtliche Verstärkungen heranzog, ihn von drei
Seiten eng zu umschließen. Am 6. Dezember warf
er die Russen aus den hart umstrittenen, bis aufs
äußerste verteidigten Stellungen bei Lodz. Die be=
deutende Stadt mit ihren 350 000 Einwohnern kam
dadurch in deutsche Hände. Zu gleicher Zeit nahm ein
Seitenkorps der Armee Mackensen unter General von
M o r g e n den starken Stützpunkt der russischen Linien
Lowitsch, das die Russen zur Festung ausgebaut hatten.

Die Deutschen machten bei diesen Kämpfen um
Lodz und Lowitsch und bei der daran anschließenden
Verfolgung über 56 000 Gefangene und erbeuteten
viele Geschütze und Maschinengewehre. Danach war
die Gesamtbeute der deutschen Offensive in Polen seit
dem 11. November auf 136 000 Gefangene, über
100 Geschütze und 300 Maschinengewehre gestiegen.

General von M o r g e n erhielt den Orden Pour le
mérite.

Nach dem Siege bei Lowitsch am 17. Dezember
richtete Kaiser Wilhelm an Mackensen das folgende
Telegramm:

„Voll Dank gegen Gott, der Ihnen und Ihren
heldenhaften Truppen den herrlichen Sieg verlieh,
bitte ich Sie, meinen wärmsten Glückwunsch dazu
zu empfangen und Meinen und des deutschen
Vaterlandes Dank den herrlichen Truppen auszu=
sprechen. Nun nicht mehr locker lassen, bis der
Feind zusammenbricht. Ich ernenne Sie zum
Generalobersten.   Wilhelm. I. R."

Eine ebensolche anerkennende Depesche lief von
Kaiser Franz Josef ein:

„Mit aufrichtiger Freude erwähne ich, daß Ihre
hervorragenden Leistungen an der Spitze der von
Ihnen siegreich geführten 9. Armee seitens Ihres

allerhöchsten Kriegsherrn, meines treuen Freun=
des und Verbündeten, durch Ihre Beförderung zum
Generalobersten neuerlich die voll verdiente An=
erkennung erfahren. Indem ich Ihnen, lieber Ge=
neraloberst von Mackensen, aus ganzem Herzen
meinen wärmst empfundenen Glückwunsch aus=
drücke, sende ich Ihnen meinen waffenbrüderlichen
Gruß in der zuversichtlichen Hoffnung zu, daß es
Ihnen beschieden sein möge, auch fürderhin in
ruhmvoller Betätigung der bereits errungenen
unvergänglichen Lorbeeren stets noch weitere zuzu=
fügen.   Franz Josef."

Im Februar des Jahres 1915 stattete der Kaiser
der Armee Mackensen einen Besuch ab. Darüber
berichtet der Korrespondent des „Berliner Tage=
blattes", Hauptmann a. D. Richard Förster:

„Die Fahnenkompagnie naht mit Musik, und
neben dem schlichten, mit Tannengrün geschmückten
Altar nehmen die Fahnenträger Aufstellung. Ein
leichter Wind bewegt die Tücher der Feldzeichen, von
denen mehrere erst kürzlich die Feuertaufe erhielten.
Es waren aber auch andere darunter, die in früheren
Kriegen unseren Vätern voranwehten durch Kampf
und Sterben zu Sieg und ewigem Ruhme.

„Stillgestanden! Der Kaiser kommt vom Schlosse
her in Begleitung des Generals von Mackensen, rüstig
ausschreitend, mit ernstem Blick die Truppen
musternd, die unter präsentiertem Gewehr stehen,
während die Musik die Nationalhymne spielt. Dann
tritt der Kaiser vor den Altar hin; die Mannschaften
setzen die Gewehre zusammen und, nach dem Absingen
eines Chorals, spricht der Divisionspfarrer mit
packenden Worten zu der andachtsvoll lauschenden
Menge, Worte, die aus tiefempfindendem Herzen
kommen und darum auch zu Herzen gehen. An Taten
aus dem Verlauf des Krieges, bei Tannenberg,
Soissons und hier vor Warschau beweist er die

todesmutige, unerschütterliche Treue des deutschen
Soldaten. Durchhalten mit Gott für Kaiser und
Vaterland — das ist der Grundton, auf den der Geist=
liche seine Rede gestimmt. Seinen Betrachtungen
legte er die Worte aus den Sprüchen Salomonis,
Kapitel 21, Vers 31, zugrunde: „Rosse werden zum
Streittage bereitet, aber der Sieg kommt vom Herrn.“
Nachdem der Segen erteilt worden ist, fingen alle An=
wesenden entblößten Hauptes das „niederländische
Dankgebet“.

„Und nun spricht der Kaiser zu seinen Soldaten.
Er dankt ihnen für alles, was sie bisher geleistet
haben, gedenkt der unzähligen Opfer an Blut und
Leben, die das deutsche Volk bisher so willig auf sich
genommen habe, und kündet mit weit vernehmlicher,
gehobener Stimme an, daß ein ehrenvoller Friede er=
zwungen werden müsse — ernste, aber zuversichtliche
Worte. Generaloberst von Mackensen dankt dem
Kaiser für seinen Besuch und gelobt im Namen seiner
Untergebenen, daß die neunte Armee alles daran
setzen werde, um das ihr bisher geschenkte Vertrauen
des Kriegsherrn auch fernerhin sich zu erkämpfen und
in Russisch=Polen durchzuhalten, solange es not tue.
Brausend erschallt ein dreifaches „Hurra!“ durch den
Park, während in der Ferne, an der Bsura, schwacher
Geschützdonner zu vernehmen ist und über die Ver=
sammlung ein deutscher Flieger surrend seine Kreise
zieht. Da in den letzten Tagen sich mehrmals rus=
sische Eindecker bis in die Nähe gewagt hatten, so
fliegt während des ganzen Gottesdienstes der Flieger
über unseren Köpfen hin und her, um etwaige rus=
sische Luftbesuche abzuhalten. Für alle Fälle stehen
auch Maschinengewehre bereit.

Nach der weihevollen Andacht läßt der Kaiser die
Truppen an sich vorbeimarschieren. Die kräftigen Ge=
stalten unserer unermüdlichen Krieger recken sich auf,
als sie im Paradeschritt vorbeiziehen. Aus den Blicken

der Leute spricht das feierliche Gelöbnis, nicht zu wanken und zu weichen bis zum letzten Atemzuge. Die Regimentsmusik spielt die alte Weise vom „Fridericus Rex".

„Noch viel gibt es zu tun südlich der Weichsel und vor Warschau. Mögen die Worte des Volksliedes sich bewahrheiten und recht viele Russenkugeln ihr Ziel verfehlen!

„Der Feldgottesdienst bei dem Fürstenschlosse in Polen gehört zu den erhebendsten Eindrücken, die in dieser großen, weltbewegenden Zeit auf mich einstürmten."

Der in diesem Abschnitt erwähnte

General v. Scheffer-Boyadel,

Ritter des Ordens Pour le mérite, ist am 28. März 1851 zu Hanau in Hessen-Nassau geboren. Seit dem 22. Juli 1870 gehört er dem Heere an. Im Feldzuge 1870/71 erwarb er sich das Eiserne Kreuz 2. Klasse und wurde zum Leutnant befördert. Seine militärische Laufbahn ist durch die folgenden Daten gekennzeichnet: 1874—77 Kriegsakademie; 1879 Oberleutnant; 1881 im Generalstab; 1883 Hauptmann; 1884 abermals im Generalstab; 1888 Kompagniechef im Grenadier-Regiment Nr. 1; 1889 Major im Großen Generalstab; 1890 zum Generalstab der IV. Armeeinspektion kommandiert und zum Oberstleutnant befördert; 1896 Chef des Generalstabs des Gardekorps; 1897 Oberst; 1899 Kommandeur des Garde-Grenadierregiments Nr. 1; 1901 Generalmajor und Kommandeur der 2. Garde-Infanterie-Brigade; 1905 in den Freiherrnstand erhoben mit dem Namenszusatz v. Boyadel; 1906 Kommandeur der 2. Garde-Division.

Der andere, in diesem Abschnitt erwähnte Ritter des Ordens Pour le mérite,

General v. Morgen,

war zu Beginn des Krieges Führer einer Division.
Kurz darauf übertrug der Kaiser ihm die Leitung eines
Armeekorps, das sich dann in den Kämpfen um die
Grenzen Ost= und Westpreußens rühmlich ausgezeichnet
hat. Bei Lyck und Soldau hielt Morgens Strategie
nicht nur einen weit überlegenen Gegner im Schach,
sondern erzielte durch energische Angriffe auch große
Erfolge.

Über die Kämpfe bei Lyck entwirft er selber die
folgende interessante Skizze:

"Suwalki, 13. September.

Habe gestern nach kurzem Kampf Suwalki ge=
nommen und sitze jetzt im Gouvernementspalast.
Heute morgen zog ich mit meiner Division ein, am
Weichbild der Stadt von Pfarrer und Bürgermeister
mit Brot und Salz begrüßt. (Russische Beamte waren
geflohen.) Es war ein herrlicher Moment für mich.
Ich habe einen Generalstabsoffizier als Gouverneur
des Gouvernements eingesetzt. Morgen geht es
weiter gegen den Feind. Die Armee Rennenkamp ist
vollständig vernichtet. 30 000 Mann Gefangene.
Rennenkamp und der Höchstkommandierende Niko=
laus Nikolajewitsch sind in Zivil aus Insterburg ge=
flohen. Der Plan der Russen war, uns einzukesseln;
die Sache wurde aber vereitelt. Das 12. russische Ar=
meekorps, welches aus südlicher Richtung zu der Um=
fassung unserer Armee heranrückte, wurde von mir
am 7. September bei Bialla und am 9. September bei
Lyck geschlagen und wieder über die Grenze getrieben.
Du weißt, daß ich mich nach kriegerischen Erfolgen
sehnte. So herrlich und großartig hatte ich sie aber
nicht erwartet. Ich verdanke sie der Offensive und
der Bravour meiner Truppen in erster Linie. Ich
bin wohl tollkühn am 9. September gewesen, als ich
eine dreifache Übermacht, die in befestigter Stel=
lung stand, angriff, aber selbst wenn ich geschlagen

wurde, hätte ich meinen Auftrag erfüllt, denn dieses russische Korps konnte nicht mehr zur Entscheidung heran. Und so setzte ich am Abend mein letztes Bataillon ein und stürmte das am rechten Flügel liegende Dorf Bobern. Diese meine letzte Kraftanstrengung mußte den Russen so imponiert haben, daß sie bereits in der Nacht den Abzug begannen. Am Morgen des 10. September wurden die letzten Schützengräben genommen. Meine Gegner waren Elitetruppen der russischen Armee: finnländische Schützenregimenter. Der Gesundheitszustand bei mir ist leidlich."

Exzellenz von Morgen schreibt weiter, daß ihm der Oberkommandierende von Hindenburg sagen ließ, er werde diese Siegestaten nicht vergessen, und daß er vor der Schlacht das Eiserne Kreuz zweiter Klasse erhalten habe.

Zu Beginn des Monats Mai erfuhren wir dann, daß der Kaiser dem Generalobersten von Mackensen das Oberkommando über die den österreichischen Karpathenheeren beigefügten deutschen Armeen übertragen hatte. Die deutsche Heeresleitung gab damit einen ihrer befähigtesten Führer an die Verbündeten ab. Bald bewies Mackensen, daß er dieses großen Vertrauens seines obersten Kriegsherrn vollauf würdig war. In der Tat führte nach langwierigen und blutigen Kämpfen im Karpathenraume das Eingreifen starker deutscher Truppen schnell zu einer für Österreich günstigen Wendung. Das Große Hauptquartier meldete am 3. Mai:

Im Beisein des Oberbefehlshabers Feldmarschalls Erzherzog Friedrich und unter der Führung des Generalobersten von Mackensen haben die verbündeten Truppen gestern nach erbitterten Kämpfen die ganze russische Front in Westgalizien von nahe der ungarischen Grenze bis zur Mündung des Dunajetz in die Weichsel an zahlreichen Stellen durchstoßen und überall eingedrückt. Diejenigen Teile des Feindes, die entkommen konnten, sind im schleunigsten Rückzuge nach Osten, scharf verfolgt von den verbündeten Truppen. Die Trophäen des Sieges lassen sich noch nicht annähernd übersehen.

Über diesen entscheidenden Kampf berichtete das Große Hauptquartier: Völlig überraschend für den Feind hatten sich Ende April größere deutsche Truppentransporte nach Westgalizien vollzogen. Diese Truppen, den Befehlen des Generalobersten von Mackensen unterstellt, hatten die russische Front zwischen Karpathenkamm und dem mittleren Dunajeß im Verein mit den benachbarten Armeen unseres österreichisch = ungarischen Verbündeten zu durchbrechen. Das Problem war ein neues, die Aufgabe keine leichte. Der Himmel bescherte unsern Truppen wundervollen Sonnenschein und trockene Wege. So konnten die Flieger und die Artillerie zu voller Tätigkeit gelangen und die Schwierigkeiten des Geländes, das hier den Charakter der Vorberge der deutschen Alpen und den der Hörselberge in Thüringen trägt, überwunden werden. Unter den größten Mühsalen mußte an verschiedenen Stellen die Munition auf Tragtieren herangeschafft, die Kolonnen und Batterien über Knüppeldämme vorwärts gebracht werden. Alle für den Durchbruch nötigen Erkundigungen und Vorbereitungen vollzogen sich reibungslos in aller Stille.

Am 1. Mai nachmittags begann die Artillerie sich gegen die russischen Stellungen einzuschießen. Diese waren seit fünf Monaten mit allen Regeln der Kunst ausgebaut. Stockwerkartig lagen sie auf den steilen Bergkuppen und deren Hängen, mit Hindernissen wohlversehen, übereinander. An einzelnen, den Russen besonders wichtigen Geländepunkten bestanden bis zu sieben Schützengrabenreihen hintereinander. Die Anlagen waren sehr geschickt angelegt und vermochten sich gegenseitig zu flankieren. Die Infanterie der verbündeten Truppen hatte sich in den Nächten, die dem Sturm vorangingen, näher an den Feind herangeschoben und die Sturmstellungen ausgebaut. In der Nacht vom 1. zum 2. Mai feuerte die Artillerie in langsamem Tempo gegen die feindlichen Anlagen; eingelegte Feuerpausen dienten den Pionieren zum Zerschneiden der Drahthindernisse.

Am 2. Mai, 6 Uhr morgens, setzte auf der ausgedehnten, viele Kilometer langen Durchbruchsfront ein überwältigendes Artilleriefeuer von Feldkanonen bis hinauf zu den schwersten Kalibern ein, das vier Stunden ununterbrochen fortgesetzt wurde. Um 10 Uhr morgens schwiegen plötzlich die hunderte von Feuerschlünden, und im gleichen Augenblick stürzten sich die Schwarmlinien und Sturmkolonnen der Angreifer auf die feindlichen Stellungen. Der Feind war durch schweres Artilleriefeuer derart erschüttert, daß an manchen Stellen sein Widerstand nur mehr ein geringer war. In kopfloser Flucht verließ er, als die Infanterie der Verbündeten dicht vor seinen Gräben anlangte, seine Befestigungen, Gewehre und Kochgeschirre wegwerfend, ungeheure Mengen an Infanteriemunition und zahlreiche Tote in den Gräben zurücklassend. An einer Stelle zerschnitt er selbst noch die Drahthindernisse, um sich den Deutschen zu ergeben. Vielfach leistete er in seinen nahegelegnen zweiten und dritten Linien keinen nennenswerten Widerstand mehr, dagegen wehrte sich der Feind an anderen Stellen der Durchbruchsfront verzweifelt, indem er erbitterten Widerstand versuchte. Nachbarschaft haltend mit österreichisch-ungarischen Truppen, griffen bayrische Regimenter den 250 Meter über ihren Sturmstellungen gelegenen Zemstschykoberg, eine wahre Festung, an. Ein bayrisches Infanterieregiment errang sich dabei unvergleichliche Lorbeeren. Links der Bayern stürmten schlesische Regimenter die

Höhe von Sokowa und Sokol. Junge Regimenter entrissen dem Feinde die hartnäckig verteidigte Friedhofshöhe von Gorlice und den zäh gehaltenen Eisenbahnwald von Kanenika. Preußische Garderegimenter warfen den Feind auf den Höhenstellungen östlich der Biala und stürmten bei Staschkowka sieben hintereinander gelegene russische Linien.

Am Abend des 2. Mai, als die heiße Frühlingssonne allmählich einer kühlen Nacht zu weichen begann, war die erste Hauptstellung ihrer ganzen Länge und Tiefe nach in einer Ausdehnung von etwa 16 Kilometern durchbrochen und ein Geländegewinn von durchschnittlich 4 Kilometern erzielt. Mindestens 20 000 Gefangene, mehrere Dutzend Geschütze und etwa 50 Maschinengewehre blieben in der Hand der verbündeten Truppen. Außerdem wurde eine noch unübersehbare Menge von Kriegsmaterial aller Art erbeutet, darunter große Mengen von Gewehren und Munition.

Der große Sieg zeitigte bald die schönsten Früchte. Schon drei Tage später berichtete das österreich-ungarische Hauptquartier, daß die Russen ihre Stellungen auf der ungarischen Seite der Karpathen räumten, da diese durch Mackensens Sieg die Flankendeckung eingebüßt hatten und in Gefahr schwebten, umgangen zu werden. Am 6. Mai war die Zahl der Gefangenen auf 50 000 gestiegen, am 10. Mai auf 80 000, am 13. Mai auf 103 000, am 15. Mai auf 174 000.

In den auf die Durchbruchsschlacht folgenden Kämpfen wurde die ganze russische Karpathenfront Zug um Zug aufgerollt. Der Feind wich auf der ganzen Front in wilder Flucht zurück. Wo er noch Widerstand versuchte, wurde dieser unaufhaltsam gebrochen.

Nach der ruhmreichen Reihe von Siegen rich-

tete der Kaiser an den Generaloberjten von Macken=
jen das folgende Telegramm:

„Unter Eurer Exzellenz erprobter Führung
haben die Ihnen unterjtellten verbündeten Armeen
die rujjijche Front zwijchen Karpathen und Weichjel
mit mächtigen Schlägen durchbrochen, den zähen
Gegner in vieltägigen fortgejetzten Kämpfen von
Stellung zu Stellung gejagt, ihm unüberjehbare
Siegesbeute abgenommen und jchließlich im Ver=
ein mit anderen Teilen des deutjchen und öjter=
reichijch = ungarijchen Heeres die weitausgedehnte
feindliche Karpathenjtellung zum Wanken gebracht.
Führung und unvergleichliche Tapferkeit der Trup=
pen wetteiferten, einen Sieg zu erringen, der jich
würdig den jtolzejten Waffentaten diejes Krieges
anreiht.

Dafür gebührt Ihnen Mein und des Vater=
landes Dank.

Als Ausdruck meiner bejonderen Anerkennung
für das von allen Beteiligten Geleijtete verleihe ich
Ihnen den Stern der Großkomture und das Groß=
komturkreuz des Königlichen Hausordens von
Hohenzollern mit Schwertern.

gez.: Wilhelm.“

Am 10. Mai konnte das Große Hauptquartier einen
ausführlichen Gejamtbericht mit den Worten jchließen:
Die ganze VIII. rujjijche Armee räumte die Kar=
pathen: aber auch nördlich der Weichjel wichen die
Rujjen von der Nida in öjtlicher Richtung zurück. Die
Wirkung des gelungenen Durchbruchs machte jich jetzt
bereits auf einer Frontbreite von über 300 Kilometer
geltend.

Unaufhaltjam vorwärtsjtürmend, gelangten die
Truppen Mackenjens an den Sanfluß. Hier jtießen
jie abermals auf heftige Gegenwehr. Wir erfahren
über die Entwicklung diejer Kämpfe aus dem Großen
Hauptquartier unter dem 26. Mai:

In knapp vierzehn Tagen hatte die Armee Mackensen ihre Offensive von Gorlice bis Jaroslau vorgetragen. Unter täglichen Kämpfen, zumeist gegen befestigte Stellungen, hatte sie drei Flußlinien über=schritten und einen Raumgewinn von über 100 Kilo=metern Luftlinie erzielt. Am Abend des vierzehnten Tages hatte sie sich mit der Wegnahme von Stadt und Brückenkopf Jaroslau den Zutritt zum unteren San erkämpft. Es galt jetzt, diesen Fluß in breiter Front zu überschreiten. Noch aber hielt der Feind vorwärts Radymno und im San=Wislok=Winkel in zwei stark ausgebauten Brückenköpfen das Westufer dieses Flusses. Im übrigen beschränkte er sich auf die fron=tale Verteidigung des Ostufers. Während Garde=truppen in engster Fühlung mit österreichischen Regi=mentern sich bei Jaroslau den Übergang über den Fluß erkämpften und den durch frische Kräfte sich täglich vermehrenden Feind immer weiter nach Osten und Nordosten zurückwarfen, erzwangen mehrere Kilo=meter weiter stromabwärts hannoversche Regimenter den Flußübergang. Braunschweiger waren es, die durch Erstürmung der Höhen von Wiazownitza die Bahn öffneten und dadurch den hartnäckig verteidigten Sanübergang gewannen. Weiter nördlich wurde der San=Wislok=Winkel von dem dort noch standhaltenden Gegner gesäubert. 1 Oberst, 15 Offiziere, 7800 Ge=fangene, 4 Geschütze, 28 Maschinengewehre, 13 Muni=tionswagen und eine Feldküche fielen in unsere Hand, der Rest sah sich zum schleunigen Abzuge nach dem öst=lichen Ufer veranlaßt. Diese Kämpfe und Erfolge der verbündeten Truppen vollzogen sich am 17. Mai in Gegenwart Seiner Majestät des deutschen Kaisers, der an diesem Tage dem Chef des Generalstabes der hier kämpfenden Armee, Obersten von S e e c k t, den Orden Pour le mérite verlieh, nachdem schon vorher der Armeeführer, Generaloberst von Mackensen, besonders ausgezeichnet worden war. Im Kraftwagen war der

Kaiser zu seinen Truppen vorgeeilt. Unterwegs be-
grüßten die auf Wagen zurückkehrenden Verwundeten
mit lauten Hurras ihren Allerhöchsten Kriegsherrn.
Auf der Höhe von Jaroslau traf der Kaiser feinen
Sohn, den Prinzen Eitel Friedrich, und folgte dann
von verschiedenen Standpunkten aus stundenlang mit
angespannter Aufmerksamkeit dem Verlaufe des
Kampfes über den Flußübergang. In den Tagen vom
18. bis 20. Mai drangen die Truppen der Verbündeten
weiter gegen Osten, Nordosten und Norden vor, warfen
den Feind aus Sieniawa hinaus und setzten sich auf
einer Frontbreite von 30 Kilometern auf dem östlichen
Ufer fest; der Feind wich hinter den Lubatschowkabach
zurück. Alle seine Versuche, das gewonnene Gelände
wiederzugewinnen, scheiterten, obwohl er in den Tagen
vom 13. bis 20. Mai nicht weniger als sechs frische
Divisionen einsetzte, um unser Vordringen bei und
über Jaroslau zum Stehen zu bringen. Im ganzen
hatte die russische Führung seit Beginn der Operationen sieben Armeekorps von anderen Kriegsschauplätzen
an die Front der Armee Mackensen und gegen die
Mitte und rechten Flügel der Armee des Erzherzogs
Joseph Ferdinand geworfen. Es waren das 3. kaukasische, das 15. und ein kombiniertes Armeekorps, 6 einzelne Infanterieregimenter, die 34., 45., 58., 62., 63.,
77., 81. Infanterie- und die 13. sibirische Division, un-
gerechnet 4 Kavalleriedivisionen, die schon in den ersten
Tagen zum Einsatze gekommen waren. Mit dem kom-
binierten Armeekorps tauchte die aus Armeniern und
Grusiniern zusammengesetzte 3. kaukasische Schützen-
division auf, die bis Januar in Persien gefochten hatte
und im April nach dem Kars, später nach Odessa ver-
laden worden war, wo sie einen Teil der sogenannten
Bosporus-Armee bildete. Auch die Plastunbrigaden —
Kosaken zu Fuß, eine besondere milizartige Forma-
tion, die bisher im Kaukasus gekämpft hatte — erschienen vor der Front; endlich kam auf dem äußersten

linken Heeresflügel der Russen die Transamurgrenz=
wache zum Einsatz, eine lediglich zum Bahnschutz in der
Nordmandschurei bestimmte Truppe, an deren Ver=
wendung auf einem Kriegsschauplatz man wohl selbst
in Rußland kaum jemals gedacht hatte. Noch aber
hielten die Russen am unteren San den letzten auf
dem westlichen Ufer gelegenen Brückenkopf von Ra=
dymno. Aufgabe der nächsten Kämpfe mußte es wer=
den, den Feind von diesem Punkte zu vertreiben.

Auch diese Aufgabe löste Mackensen. Schon an dem
Tage, wo der obige Bericht in Deutschland veröffent=
licht wurde, fiel Radymno. Mit diesem Erfolg, der den
Monat glorreich abschloß, stieg die Zahl der insgesamt
im Laufe des Mai gefangenen Russen auf die Zahl
von rund 300 000 Mann. Auf die Armee Mackensens
entfallen davon allein etwa 150 000. Hierzu kam zahl=
reiches Kriegsmaterial, das z. B. allein bei einer der
Karpathenarmeen an 8500 Schuß Artilleriemunition,
5 ½ Millionen Infanteriepatronen, 230 000 russische
Repetiergewehre und 21 000 russische blanke Waffen
betrug. Zu beiden Seiten des San drangen die sieg=
reichen Truppen in der Richtung auf Przemysl vor.
Während sie im Norden von der in diesem Kriege viel=
umstrittenen Festung durchstießen, rückten, den Erfolg
Mackensens folgerichtig ausnutzend und den Feind von
Süden vor sich hertreibend, andere Truppenteile der
verbündeten Mächte am 3. Juni 1915 in Przemysl
ein. Die Rückeroberung der Festung war die erste herr=
liche Frucht, die der glücklich gelungene Durchbruch
Mackensens bei Tarnow und Gorlice zur Reife brachte.

Die zweite Frucht war die Wiedergewinnung Lem=
bergs, der Hauptstadt Galiziens. Auf dem Wege dort=
hin konnten die Russen nur noch bei Grodek in vorbe=
reiteten Stellungen Widerstand bieten. Den Weg bis
dorthin schildern uns die folgenden Telegramme des
Großen Hauptquartiers:

220

14. Juni. Die Armee des Generalobersten von Mackensen ist in einer Breite von 70 Kilometern aus ihren Stellungen zwischen Tscherniawa (nordwestlich Moschiska) und Sieniawa zum Angriff vorgegangen. Die feindlichen Stellungen sind auf der ganzen Front gestürmt. 16 000 Gefangene fielen gestern in unsere Hand.

15. Juni. Dem in der Schlacht am 13. und 14. Juni von der Armee des Generalobersten von Mackensen geschlagenen Gegner ist es nicht gelungen, in seiner rückwärtigen, vorbereiteten Stellung nordwestlich von Jaworow Fuß zu fassen. Der Feind wurde geworfen, wo er sich stellte. Durch die scharfe Verfolgung sind auch die russischen Truppen südlich der Bahn Przemysl—Lemberg zum Rückzug gezwungen. Truppen des Generals von der Marwitz nahmen gestern Moschiska.

17. Juni. Dachnow und Lubatschow wurden gestürmt, bei Niemirow der russische Widerstand schnell gebrochen, die Straße Niemirow—Jaworow überschritten.

So rückten Mackensens Armeen von Nordwesten an Grodek heran. „Die russische Verteidigungslinie vor Grodek", äußerte sich das K. u. K. Kriegspressequartier, „konnte stets mit Recht als eine auch durch die Geländeverhältnisse besonders begünstigte betrachtet werden. Im Nordwesten das sich nördlich der Chaussee erstreckende waldige Hügelland, im Osten die Seenlinie und im Süden das Sumpfgebiet des Dnjestr konnten als natürliche Hindernisse gelten, die jedes Vordringen erschweren mußten. Nun hat die Armee Mackensen das Waldgebiet weit hinter sich gelassen und stand schon gestern nördlich über die Grodeker Linie hinweg bei Janow. Die zweite Armee hat Grodek und damit den bedeutendsten Übergang durch die Seenlinie genommen und ist außerdem durch die Erstürmung Kamarnos in nähere Fühlung mit der Armee von Linsingen geraten, die den Feind schon bis Kolodruby gedrängt hat. Daß es trotz der unleugbar günstigen russischen Stellung zu diesem erfreulichen Resultat kommen konnte, ist in erster Reihe der alles überwältigenden Stoßkraft der verbündeten Armeen zu verdanken, die durch hervorragende Artillerievorbereitung in bisher ganz ungeahntem Maße unterstützt wird."

Ein anschauliches Bild von der Grodekstellung, welches wir hier nicht übergehen möchten, entwarf das deutsche Hauptquartier: „Tausende von Armierungssoldaten hatten hier monatelang gearbeitet, um eine Stellung zu schaffen, die den russischen Ingenieuren alle Ehre machte. Hier hatten die umfangreichsten Ausholzungen stattgefunden. Dutzende von Infanteriewerken, Hunderte von Kilometern Schützen-, Deckungs- und Verbindungsgräben waren ausgehoben worden. Das waldige Bergland war völlig umgestaltet worden. Schließlich zogen sich mächtige Drahtnetze vor der gesamten Wereschyza- und Grodekstellung hin. In ihrer Gesamtlage bildete diese Stellung das letzte große Bollwerk, durch das die Russen den siegreichen Gegner aufhalten und sein Vordringen auf Lemberg zum Stehen bringen wollten."

Das Hauptquartier schließt an diese Schilderung einen schönen Bericht über den Hergang der Kämpfe. „Einem Garde-Kavallerie-Regiment mit beigegebenen Geschützen und Maschinengewehren gelang es am 16. Juni, eine auf der Straße Jaworow—Niemirow im nördlichen Abmarsch in die Grodekstellung begriffene russische Infanterie-Brigade überraschend anzufallen und in die Wälder zu zersprengen. Am Abend wurde die Stadt Niemirow erstürmt. Am 18. Juni waren die Armeen des Generals von Mackensen vor den feindlichen Stellungen aufmarschiert; tags darauf setzten sie schon zum Sturm an, am frühen Morgen wurde gegen die Grodek-Stellung, am Abend gegen

die Wereschyza-Linie zum entscheidenden Angriff vorgegangen. Sehr bald wurden die feindlichen Stellungen auf den Höhen beiderseits des Sosuinawaldes genommen und vier feindliche Geschütze erbeutet. Die
russischen Positionen auf dem Horschykoberge, der zu
einer wahren Festung ausgebaut worden war, wurden
gestürmt. Den Hauptangriff führten preußische Garderegimenter. Vor ihnen lag westlich von Magierow die
vom Feinde besetzte Höhe 350. Schon von weitem erscheint sie, die das Vorgelände um 50 Meter überhöht,
als Schlüsselpunkt der ganzen Stellung. Zwei Reihen
übereinander angelegter Schützengräben mit starken
Eindeckungen, Drahthindernissen und Astverhauen vor
der Front bildeten die Befestigungsanlagen. Bei
Tagesanbruch begann der Artilleriekampf. Er führte
schon um 6 Uhr morgens zur völligen Ausschaltung
der russischen Artillerie, die sich wie immer in den
letzten Tagen zurückhielt und sich nur vorsichtig und
unter sparsamem Munitionsverbrauch am Kampfe be-
teiligte. Um 7 Uhr morgens konnte die feindliche
Stellung für sturmreif gehalten und der Sturm befohlen werden. Die Besatzung der Höhe nahm zwar
noch das Feuer gegen die Stürmenden auf, ohne ihnen
jedoch nennenswerte Verluste beizufügen. Die deutsche
schwere Artillerie hatte ihre Schuldigkeit getan und
den Feind so demoralisiert, daß dieser zwar anfänglich
noch schoß, es dann aber vor dem Einbruch vorzog, das
Weite zu suchen. Über 700 Gefangene und etwa ein
Dutzend Maschinengewehre fielen den Angreifern in
die Hände. Inzwischen richtete sich der Angriff auch
gegen die Nachbarwerke. Bald sahen sich die Russen
gezwungen, auch ihre sehr starke, nördlich der Straße
nach Magierow mit Front nach Süden verlaufende
Stellung kampflos zu räumen. Da es gelang, mit
dem fliehenden Gegner auch in Magierow einzudringen und nördlich der Stadt nach Osten vorzu-
stoßen, so wurde auch die Stellung bei Bialo Pias-

kowo unhaltbar. Die Russen fluteten zurück und suchten bei Lawrykow wieder festen Fuß zu fassen. Am späten Abend gewann ein Garderegiment die Straße Lemberg—Rawa=Ruska. Die Nachbarkorps standen am Abend etwa auf gleicher Höhe mit den Garderegimentern. Wiederum war ein Durchbruch auf einer rund 25 Kilometer breiten Front geglückt. Das Schicksal Lembergs wurde hier und an der Wereschytza entschieden. Diese Linie wurde am späten Abend, teilweise in den frühen Morgenstunden des 20. Juni, erstürmt. Ein deutsches Korps, zu dem sich an diesem Tage der deutsche Kaiser begeben hatte, stürmte die ganze feindliche Stellung von Stawki bis Vorwerk Bulawa. Seit den Morgenstunden des 20. Juni war der Feind, der stellenweise schon in der Nacht abgezogen war, vor der ganzen Front in vollem Rückzuge nach Osten. Am Abend dieses Tages standen k. u. k. Truppen bereits dicht vor den Befestigungen von Lemberg.

Am 23. Juni meldete das Hauptquartier die Eroberung Lembergs, den glorreichen Abschluß dieser gewaltigen Phase des russischen Krieges. Das große Verdienst Mackensens an der Entwicklung der mächtigen Siegeslaufbahn, auf welche die verbündeten Heere an diesem Tage zurückblicken konnten, erkannte das k. u. k. Kriegspressequartier in der folgenden zusammenfassenden Darlegung an:

„Nachdem bereits in den frühen Nachmittagsstunden bekannt geworden, daß die Truppen der zweiten Armee früh morgens bis Bzezna Polska an der Lemberg—Janower Straße, also bis auf ungefähr 6 Kilometer von Lemberg, herangekommen waren, ist gegen 7 Uhr abends im Hauptquartier die Meldung eingetroffen, daß diese Armee in den Nachmittagsstunden nach hartem Kampf Lemberg erobert hat. Unter dem Drucke der von Norden aus nicht viel größerer Entfernung drohenden siegreichen Armee des

Felix Graf v. Bothmer

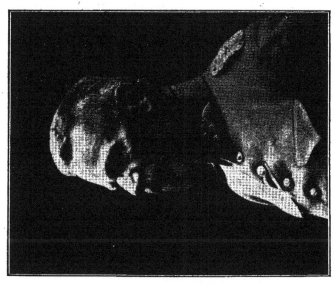

von Gallwitz

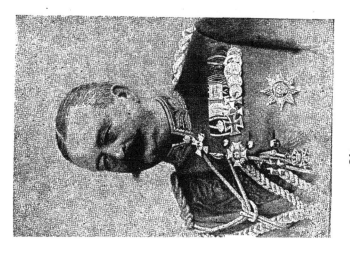

Litzmann

Generalobersten von Mackensen und durch die über=
aus wirksame Artilleriebeschießung der Armee Boehm=
Ermolli von Nordwest aus der allerletzten Stellung
endgültig verdrängt, konnte der Feind allerdings noch
an einen ehrenvollen Widerstand, doch nicht mehr
daran denken, das seinerzeit mit unermeßlich großen
Opfern erbeutete und seither ganz zukunftssicher be=
herrschte Lemberg zu behaupten. Nach heftigem,
blutigem Ringen durfte das seit zehn Monaten be=
trauerte galizische Emporium die siegreichen Rück=
eroberer der verbündeten Heere einziehen sehen. Ge=
nau drei Monate sind verstrichen seit dem Tage, an
dem der Zar aller Reußen, dank seinem bedeutend er=
folgreicheren Helfershelfer, der Hungersqual, in Prze=
myßls Besitz gelangte und den „auf der ganzen Linie
bevorstehenden, alles überwältigenden Sieg des
Slawentums" angesichts seiner nach fünfmonatiger
Belagerungsperiode schwerlich besonders kampflustigen
Truppen ausposaunte. Damals trotzten unsere herr=
lichen Truppen dem vielfach überlegenen Feinde in
Schnee und Frost bis auf den letzten Blutstropfen,
bis zum letzten vereisenden Atemzuge. Die von maß=
gebender Seite gegebene Aufklärung, Przemyßls Fall
beeinträchtigte unsere weiteren Operationen keines=
wegs, wurde vielleicht nicht überall gebührend gewür=
digt. Aber kaum sechs Wochen später kam schon die
frohe Botschaft von dem in aller Ruhe geplanten und
mit starker Hand durchgeführten Durchbruch, erst bei
Gorlice, dann bei Tarnow. Und kaum ein Monat
verging, als auch schon Przemyßl, der Stützpunkt der
„kommenden Slawenallherrschaft", den russischen „Be=
freier", alle Taschen mit geraubten Habseligkeiten der
nur sehr vorübergehend Befreiten vollgepfropft, wieder
fliehen sehen mußte. Nun folgten die Ereignisse, die
verdienen, von den Nachkommen dereinst in einem
Epos der „zwanzig großen Tage" verherrlicht zu wer=
den. Über den San und durch das schwierige Tanew=

gebiet und über die Grenze schritt die tapfere Armee
des Erzherzogs Joseph Ferdinand. Vom befreiten
Przemysl auf Jaroslau, von hier über den mörde-
rischen Brückenkopf bei Sieniawa, bald zwischen Lubatschow und Krakowice nach Niemirow, dann über
Magierow auf Rawa = Ruska — Zolkiew drangen die
eisernen unwiderstehlichen Reihen der Armeen Mackensen, um vom nahen Kuliko aus dem vor Lemberg
schwer atmenden Gegner die letzte Botschaft zu sen-
den. Vom Süden schlossen die Armeen von Linsingen
und Pflanzer = Baltin in gewaltigem Ringen den
gewaltigen Kampfraum. Mitten durch nach Mosch-
tschyska, Sadowa, Wischnia, Grodek und Janow geht
die Arme Böhm=Ermolli dem Feinde schnurstracks auf
den Leib. Es bedarf keines weiteren Kommentars,
was die in den letzten zehn Tagen von der Armee
Mackensen ausgeführte Gefangennahme von 58000
Russen für die Erfolgmöglichkeit der befreienden Armeen zu bedeuten hatte. Unsere Erwartungen sind
übertroffen worden, denn Lemberg ist nicht bloß gefallen, sondern nach sehr hartem Kampfe erstürmt, erobert worden. Ein großer Unterschied, der nicht allein
den Wiederbesitz teuren Eigentums, sondern viel mehr,
vielverheißende Schwächung und Niederringung des
einst übermächtigen Feindes verspricht.

Die russischen Truppen befinden sich vor den unaufhaltsam nachdringenden Truppen der Mackensenschen Armee im Raume nördlich Lemberg und östlich
der Linie Rawa=Ruska—Lemberg in vollem Rückzug.
Diese deutschen und österreichisch-ungarischen Truppen,
die unter Führung des Generalobersten von Mackensen
die Russen seit der Durchbruchschlacht am San bei
Jaroslau im Sturmtempo in für die Russen sehr ver-
lustreichen Gefechten nach dem Osten verdrängten, verfolgen jetzt den zurückweichenden Feind hartnäckig in
der Richtung des Bug."

Der Kaiser ernannte nach der Eroberung von Lem-

berg den Generaloberſten v. Mackenſen zum General-
feldmarſchall.

In den erſten Tagen des Juli kam der Vormarſch
Mackenſens, unter ſteter Verfolgung der zurückgehenden Ruſſen, bis in die Höhe von Zamoſch. Weſtlich
Thſchowce-Sokol hatten die Öſterreicher unter dem
Erzherzog Joſeph Ferdinand die Höhe von Krasnik
gewonnen. Hier kam es zu einem erneuten ſtarken
Widerſtand der Ruſſen, die den Rückzug ihrer Heere
durch Einſetzen rieſiger Verſtärkungen zum Abſchluß
brachten.

Nach kurzem Stillſtand begann gegen Ende des
Juli die neue große Offenſive der verbündeten Armeen, welche zu der Eroberung von Kowno, Nowo-
Georgiewsk, Warſchau, Iwangorod und Breſt-Litowsk
geführt hat. Die Armeen des Generalfeldmarſchalls
von Mackenſen durchbrachen am 30. Juli weſtlich des
Wieprſch-Fluſſes die feindlichen Stellungen zwiſchen
Piaski und Biskupice und machten viele Tauſend Gefangene. Gleichzeitige Vorſtöße der Nachbarheere
brachten die ganze ruſſiſche Front zwiſchen Weichſel
und Bug zum Wanken. In wenigen Tagen gewann
nun die Heeresgruppe Mackenſen erheblich Raum
nach Norden und trieb die Ruſſen über Cholm—Lublin
vor ſich her. Am 3. Auguſt wurden die Stellungen
im Norden von Cholm, das öſterreichiſche Truppen inzwiſchen beſetzt hatten, von den Kolonnen Mackenſens
durchbrochen; die Ruſſen räumten noch in der Nacht
auf dem größeren Teile dieſer Front das Feld. In
dieſen Kämpfen wurden über 3000 Gefangene gemacht.

Nach ſtarkem Vordringen in der allgemeinen Richtung auf Breſt-Litowsk, das große Angriffsziel der
Gruppe Mackenſen, wurde am 11. Auguſt erneuter
Widerſtand der Ruſſen zwiſchen Bug und Partſchew gebrochen und der Feind auf der ganzen Front abermals zum Rückzug gezwungen. Er fand nicht mehr

die Kraft, dem Vorrücken der Verbündeten Halt zu gebieten; am 14. August war die Straße zwischen Radzyn und Wlodawa gewonnen.

Am 18. August drangen Mackensens Truppen in die Vorstellungen von Brest-Litowsk ein. Im Verein mit österreichischen Armeen begann Mackensen die Südwestfront eng zu umklammern. Nunmehr mußten die Russen auch unter- und oberhalb von Wlodawa das Ostufer des Bugs räumen.

Mit eilig herangeworfenen Reserven leisteten die russischen Rückzugskräfte erbitterte Gegenwehr. Mit größter Heftigkeit mußte gerungen werden, ehe es gelang, die vorbereiteten russischen Stellungen an verschiedenen Punkten zu durchbrechen und sich bis auf Tragweite der schweren Geschütze an den südwestlichen Außengürtel der Festung heranzuarbeiten. Am 24. August waren die für den Angriff wichtigen Höhen bei Kopytow in den Händen der Verbündeten. Andere Teile der Mackensen-Gruppe hatten inzwischen sich von Westen und Nordwesten her vorgeschoben und standen am 25. August nördlich von Brest-Litowsk am Ufer der Lesna.

Am 26. August fiel Brest-Litowsk. Während Österreicher zwei Forts der Westfront nahmen, stürmte das brandenburgische 22. Reservekorps die Werke der Nordwestfront und drang in der Nacht in das Kernwerk ein. Der Feind gab darauf die Festung preis. Aber die Truppen dachten nicht daran, auf ihren Vorbeeren auszuruhen. Ohne Aufenthalt wurde die Verfolgung auf der ganzen Front fortgesetzt. Hinter den flüchtenden Russen drangen Mackensens Leute in das Sumpfgebiet des Pripjet vor.

Man hatte in der Welt immer noch darauf gerechnet, daß die Russen vor Brest-Litowsk längeren Widerstand leisten würden. Sie waren aber nicht imstande gewesen, frische Streitkräfte heranzuführen, weil sie zurzeit über solche nicht mehr verfügten oder diese doch

nicht für fähig erachteten, den fieggewohnten, kriegs-
erfahrenen Streitern Deutschlands und Österreichs
mit Erfolg gegenüberzutreten. So mußte sich der
Generalissimus der Zarenheere dazu entschließen, die
mächtigste aller russischen Festungen nach wenigen
Tagen des Kampfes zu räumen.

Die umsichtigen und glücklichen Operationen der
Armee Mackensen, welche noch während des Angriffs
auf die Festung eine kraftvolle Schwenkung nach
Norden ausführte und dadurch alles, was sich dort befand, einzukreisen drohte, zwang ihn dazu. An diesen
letzten der großen Erfolge, welche die gewaltige Offensive der Verbündeten zeitigte, knüpfte das „Berner
Tagblatt" eine mitteilenswerte Betrachtung. „Jedenfalls", schrieb dieses Blatt, „liegt Rußland heute am
Boden. Es kann für den Vierverband keine weitere
Unterstützung bedeuten. Im Verlauf der bisherigen
Kämpfe hat es an Gefangenen rund 1 800 000, an Geschützen 11 000 verloren. Die blutigen Verluste Rußlands und der Abgang an Kranken betragen nach
allgemeiner Schätzung mehr als 2 Millionen. Was
Rußland noch an brauchbaren Kräften besitzt, ist über
das weite Reich zerstreut. Seine Heeresteile von
Rowno bis Czernowitz sind festgebannt durch die
gegenüberliegenden österreichisch = deutschen Armeen.
Seine Kaukasusfront ist im Wanken, und der Rest
der unausgebildeten Reichswehr 2. Aufgebots, einige
Millionen, kann frühestens nach Jahresfrist mit
einiger Aussicht auf Erfolg in den Kampf geführt
werden. Dazu ist aber Voraussetzung, daß die Er-
gänzung des Materials und der Munition in weitestem
Maße stattfindet. Vor der Tür aber steht der Winter,
das Einfrieren des Weißen Meeres und der ungeheuer
erschwerte Transport amerikanischer Munition durch
Sibirien. Man sagt daher nicht zu viel, wenn man
behauptet, Rußlands Kraft ist für den Vierverband
schon jetzt auf lange Zeit ausgeschaltet."

August von Mackensen.

Über den Hergang der Eroberung von Brest-
Litowsk teilte unter dem 30. August das „Berliner
Tageblatt" beachtenswerte Einzelheiten mit. Danach
war im Nordwesten beiderseits des Bugs preußische
Garde unter Plettenberg tätig. An diese schloß sich
rechts das Brandenburger 22. Reservekorps unter
Falkenhayn, dem Bruder des Chefs des Generalstabs. Das 6. k. u. k. Korps unter Feldmarschalleut-
nant Arz ging beiderseits der Straße Biala—Brest-
Litowsk vor; südlich der Bahnstrecke Warschau—Brest-
Litowsk schob sich das deutsche Beskidenkorps heran,
das den linken Flügel der Armee Linsingen bildete.
20 Kilometer von ihrer Hauptmacht hatten die Russen
bei Wolka-Dobrynskaja Feldbefestigungen angelegt.
Diese konnten von den Österreichern, da schwere Ar-
tillerie noch nicht heran war, nur mit 15-Zentimeter-
Haubitzen beschossen werden. Die Russen warteten die
Ankunft der Mörser indessen nicht ab, sondern räumten
zuvor das Feld. Gleichzeitig trieben im Norden die
Brandenburger den Gegner aus vorbereiteten Stel-
lungen. Inzwischen verließen bereits große russische
Kolonnen den Bereich der Festung. Früh am 26. griffen
Regimenter der 39. österreichischen Division, welche
Feldmarschalleutnant Hadfy führte, den zehnfachen
Drahtverhau an und nahmen drei Reihen Schützen-
gräben. Am Abend warf sich das österreichische Regi-
ment Nr. 20 auf Fort 114 und erstürmte es. Das
Honvedregiment Nr. 16 drang in die schon geräumten
Nebenwerke ein. Das 22. deutsche Korps rückte gegen
die Nordwestwerke an, bezwang sie und gelangte stür-
mend in das Zentralwerk. Ein ungarischer Offizier
schwamm über den Bug und hißte in der Festung die
Flagge. Ungarische und österreichische Soldaten
rückten über die Flußwehr in die Zitadelle und in die
Stadt ein. Die Besatzung der Forts befürchtete die
Explosion der Ekrasitladungen, die sie selbst unter alle
Werke gelegt hatte, und flüchtete schon deshalb vor

der Zeit, allein ein Pole ſchnitt das elektriſche Kabel
entzwei. Man fand in Breſt=Litowsk große Mengen
von Lebensmitteln, doch nur ein paar alte Geſchütze;
die neuen hatten die Ruſſen ſchon tagelang vorher
weggeſchafft.

Ein ruſſiſcher Lenkballon, ein deutſcher Zeppelin,
ein Sikorski = Doppeldecker und deutſche Flugzeuge
haben ſich einander während der Beſchießung und Er=
ſtürmung Breſt=Litowsk hoch in den Lüften befehdet.

Unermüdlich dem flüchtenden Feinde an die Ferſen
geheftet, war die Armee Mackenſen am 31. Auguſt
ſchon 50 Kilometer weit über Breſt=Litowsk hinaus
vorgedrungen. Wo der Feind ſtandzuhalten verſuchte,
wurde er geworfen.

Nach dieſer großen Waffentat der verbündeten Ar=
meen ſandte Kaiſer Wilhelm an Mackenſen folgendes
Telegramm: „Der ſchnelle Fall der mächtigen Feſtung
Breſt=Litowsk, deren Aufgabe es war, den Weg zum
Herzen des feindlichen Landes zu ſperren, iſt das Er=
gebnis der glänzenden Operationen, die die unter
Ihrer Führung vereinigten verbündeten Armeen, ſeit
ſie vor ſechs Wochen von der Nordgrenze Galiziens
antraten, in Verbindung mit den anderen Heeres=
gruppen durchgeführt haben. Würdig ſchließen ſich
Ihre und Ihrer Truppen Leiſtungen in dieſem Teile
des Feldzuges jenen an, die unſere Waffen vom Duna=
jetz bis an den San und von dort bis zur Befreiung
Lembergs, bis an den Bug trugen. Weder die über=
legene Zahl des Gegners, noch wegloſer Sumpf und
Urwald haben Ihren Siegeslauf zu hemmen vermocht.
Die dankbare Erinnerung an ſolche Taten vom Führer
bis zum letzten Mann wird in unſerem Volke nie ver=
löſchen. Ich verleihe Ihnen meinen hohen Orden vom
Schwarzen Adler. Den kommandierenden Generalen,
deren Maßnahme die ſchnelle Einnahme von Breſt=
Litowsk herbeiführte, dem General der Kavallerie von
Falkenhayn, dem General der Infanterie Arz von

Straußenberg und dem Generalleutnant Hofmann
verleihe ich den Orden Pour le mérite."

Am 16. September besetzte die Armee Madenfen
Pinsk. Im Norden dieser Stadt bezog sie bis auf
weiteres Verteidigungsstellungen. Nachdem darauf
während einiger Wochen nur knappe Nachrichten von
dieser Heeresgruppe ausgegeben worden waren, hörten
wir, daß General Linsingen den Befehl über sie in die
Hände genommen habe, während Madenfen mit der
Leitung der großen Offensive gegen Serbien betraut
worden sei.

Wir haben über dieses neue große Unternehmen der
Verbündeten schon in dem Abschnitt über General von
Gallwitz manches erfahren und wollen daher hier nur
einen allgemeinen Überblick über den Hergang des gewaltigen Kampfes in Serbien bieten. Wir haben
wiederholt gelesen, mit welchen unerhörten Schwierigkeiten die Heeresbewegungen in dem unwirtlichen und
an brauchbaren Verkehrswegen armen Berglande zu
ringen hatten, welchen verzweifelten Widerstand die
tapferen, im Kleinkriege erfahrenen Gebirgssöhne
Hochserbiens leisteten, und wir werden deshalb, ungeachtet aller Übermacht, die ihm zur Verfügung stand,
diese neue strategische Leistung Madenfens, die Niederringung des alten ewigen Ruhestörers, nicht hoch genug schätzen können. Eben an der Länge der Zeit,
welche zur Erreichung dieses Zieles nötig war, vermögen wir die Schwere der Arbeit zu ermessen, welche
geleistet werden mußte.

Am 8. Oktober vernahmen wir, daß österreichische
und deutsche Streitkräfte zwischen der Drinamündung
und dem Eisernen Tor an mehreren Stellen die Save
und die Donau überschritten hätten. Zuvor hatte
deutsche Artillerie die serbischen Stellungen bei Semendria unter Feuer genommen — eine Beschießung,
welche der Feind lediglich als eine Demonstration auf-
faßte, zumal darnach auf mehrere Tage wiederum

Ruhe herrschte. Aber nun begannen die Verbündeten auch Belgrad zu bombardieren, und bald erstreckte sich ihre Kanonade, vom Drinawinkel angefangen, über die ganze serbische Linie.

In aller Stille, der Beobachtung des Feindes meisterhaft verschleiert, vollzog sich der Aufmarsch, und der Übergang über die Flüsse kam den Serben völlig überraschend. Ihr Widerstand wurde schnell gebrochen. Die Versuche, die Bewegungen der Verbündeten zu stören, mißglückten den Serben an allen Punkten. Am 10. Oktober war Belgrad genommen, und die deutschen und österreichischen Fahnen wehten auf dem alten Schlosse der serbischen Könige.

Die Lage der serbischen Streitkräfte gegenüber dem gemeinsamen Angriff Deutschlands, Österreichs und Bulgariens wurde mit jedem Tage kritischer. Dennoch war die serbische Hauptarmee noch immer durchaus operationsfähig. Man schätzte sie auf 10 Divisionen zu je 3 Infanteriebrigaden. Jede Division konnte man zu 24 000 Gewehren, 24 Maschinengewehren, 300 Säbeln und 72 Feldkanonen bemessen. Dazu kamen eine Batterie Haubitzen und mehrere Batterien Gebirgsgeschütze, sowie eine Kavalleriedivision von 16 Schwadronen. Bei einer Gesamtstärke von rund 300 000 Mann konnte man die Operationsarmee auf rund 200 000 Mann einschätzten.

Der angeborene Heldensinn der Leute, das Bewußtsein, um des Landes Leben oder Tod zu kämpfen, die natürliche Beschaffenheit des Bodens, die bald einsetzende rauhe Jahreszeit und die Erfahrungen aus den letzten Balkankriegen machten die serbischen Soldaten zu sehr beachtenswerten Gegnern, welche jeden Fußbreit ihrer Heimat zäh verteidigten und sich erstaunlich lange gegen die erdrückende Übermacht zu wehren wußten. Selbst als sie erkennen mußten, daß sie auf keine Hilfe von Rußland hoffen durften und daß auch der Beistand der Engländer und Franzosen nicht mehr

rechtzeitig in den Kampf eingreifen konnte, wiesen
sie den Gedanken an Übergabe von sich. So tapfer, wie
sie sich zu Belgrad im Straßengefecht zeigten, als sie
noch auf erfolgreiche Verteidigung rechnen konnten, so
tapfer zeigten sie sich auch später noch, wo doch keine
Aussicht mehr auf eine günstige Wendung bestand. Den
Untergang vor Augen, kämpften sie bis zum letzten
Augenblick. Der Haß, den Österreicher und Deutsche
gegen dieses Volk hegten, in welchem der gemeine
Mann den Urheber des grausamen Krieges erblickte
und an dem man den Mord des österreichischen Thron-
folgerpaares zu sühnen hatte, erlosch gegenüber diesem
Opfermut. Man mußte sie achten, diese tapferen
Menschen, die von furchtbaren Strapazen erschöpft,
vom Mangel an Nahrung aufgerieben, doch überall
als Helden zu sterben verstanden.

Unter dem Oberbefehl Mackensens leitete Gallwitz
die Operationen auf dem Donauabschnitt. Eine österreichische Armee unter General Köveß marschierte von
Westen heran. Eine dritte Arme trat in dem gegen
Rumänien vorgestreckten Zipfel Serbiens auf. Eine
vierte war in dem früheren österreichischen Gebiet des
Sandschaks und an der montenegrinischen Grenze
tätig. Genaue Angaben über die Truppenverteilung
der Verbündeten sind übrigens nicht in die Öffentlich-
keit gekommen.

Am 16. Oktober nahmen die deutschen Truppen,
beiderseits der unteren Morava vorrückend, die Stadt
Pozarewatz ein. Am 17. entriß man den Serben stark
verschanzte Höhenstellungen im Süden von Belgrad.
Am 18. waren alle Höhen des Belgrader Hügellandes
in den Händen der Deutschen. Am 19. wurden südöstlich von Pozarewatz Mlornice und Bozewatz genommen; auch in der Matschwa begann der Feind zu
weichen. Die Verbündeten waren nunmehr im
festen Besitz des nördlichen Zuganges zu jenem Teile
Serbiens, der zwischen Kolubara und Morawa ge-

234

legen iſt. Sie rückten jetzt in die wildzerklüftete, von tiefen Tälern gefurchte Hochebene, welche den Serben ein von Natur überaus günſtiges Verteidigungsfeld bot, zumal hier ihre Stellungen von langer Hand vorbereitet waren. Aber der in einer Breite von 140 Kilometern angeſetzte Vormarſch der Verbündeten ermöglichte es den Kolonnen, ſich gegenſeitig zu unterſtützen, ſo daß allein ſchon durch die Bewegungen der verſchiedenen Armeen der Feind zur Räumung manches wertvollen Haltepunktes gezwungen wurde. Auf dieſe Weiſe wurde es ihm von Tag zu Tag ſchwerer, das für ihn ſo günſtige Bergland zu ſeinem Vorteil auszunutzen. Sehr viel trug zu der raſchen Löſung der ſtrategiſchen Aufgabe der von Oſten und Südoſten herandrängende Vormarſch der Bulgaren bei, deren friſche, von heller Siegeszuverſicht beſeelte Truppen vor keinem Hindernis zurückſchreckten.

Am 19. Oktober räumten die Serben die zur Verteidigung ſehr ſtark ausgebaute Matſchwa: ein Zeichen dafür, daß ſie die hinter der Stromlinie gelegene erſte Hauptverteidigungsſtellung auf der ganzen Front preisgeben mußten. Schon nach drei Tagen waren die Serben auch aus dieſer zweiten Linie geworfen. Damit befanden ſich ſchon 800 Quadratkilometer von Serbien in der Hand der Sieger. Der geſchlagene Feind zog ſich auf Arangjelowatz und den ſüdlich davon gelegenen Gebirgsſtock, Rudnik, zurück. Zur ſelben Zeit war er auch genötigt, im Raume Semendria—Pozarewatz—Gradiſte vor dem deutſchen Anmarſch zu weichen.

Am 24. Oktober wurde die feſtungsartig ausgebaute Kosmaj-Stellung durchbrochen; gleichzeitig ſtürmten die Verbündeten die Bergſtellungen bei Orſowa. An vielen Punkten ihrer erſchütterten Front zerſprengt, wichen die Serben überall nach Süden zurück. Bei Viſegrad verdrängte man ſie von den Höhen öſtlich der Drina.

Am 25. Oktober wurden die Serben südwestlich von
Palanka geworfen. Österreichisch-ungarische Reiter-
abteilungen rückten in Valjewo ein. Im Morawatal
wurde Petrowatz besetzt. Am 26. warf man den Feind
bei Visegrad zurück. Südwärts Obrenowatz entriß
man dem Gegner nach erbitterten Kämpfen die starken
Höhenstellungen bei Lazarewatz. Deutsche Truppen
gingen erfolgreich über Arangjelowatz vor. Beiderseits der Morawa bemächtigten sie sich der Höhen nördlich von Raza, des Ortes Markowatz und weiterer
feindlicher Stützpunkte südöstlich von Petrowatz. Das
Gebirgsland in der Donauschleife östlich der Klissura-
Enge wurde zum größten Teil vom Feinde gesäubert.
Am 27. Oktober wurde durch Offizierspatrouillen die
Verbindung zwischen den Truppen der Mittelmächte
und den Bulgaren hergestellt.

Am 28. Oktober überschritten die Kolonnen der
Armee Köveß in breiter Front die obere Kolubara.
Die Deutschen erstiegen die Gebirgskette bei Rudnik
und vertrieben gleichzeitig nach hartem Ringen die
Serben aus Höhenstellungen bei Lapowo. Tags
darauf wurden südöstlich von Swilajnatz die feindlichen Stellungen beiderseits der Resawa gestürmt.

Zu erbitterten Kämpfen kam es bei der Paßhöhe
von Rudnik. Die Berge, die hier bis zur Höhe von
über 1600 Meter aufsteigen, bilden das Zugangstor
zur Morawa. Die Serben verteidigten es mit ver-
zweifelter Anstrengung, so daß die Deutschen jede
Höhe blutig erringen mußten. Aber die deutsche
Artillerie, die trotz aller Schwierigkeiten des Geländes vor Rudnik in Stellung gebracht worden war, erleichterte durch energische Beschießung das Vordringen des Fußvolks gegen die stufenförmig angelegten Stellungen der Serben. Im Osten von Rudnik
sehen wir die Heeresstraßen von Arangjelowatz nach
Kragujewatz laufen. Die Serben hatten sie durch
eine Stellung auf der Kumiscohöhe gesperrt. Öster-

reicher warfen sie hier; Deutsche überflügelten sie, und so zäh sie sich auch verteidigten, sie mußten das Feld räumen. Die ebenfalls stark besetzte Batocina=höhe südlich von Jlpowo wurde ihnen im Sturm ent=riffen. Damit waren die Verbündeten bis auf Ge=schützweite an Kragujewatz herangekommen. Zu gleicher Zeit wurde eine dritte Straßensperre bei Swilajnatz mit stürmender Hand genommen. Im Westen fiel Milanowatz in den Besitz der Österreicher. Nun konnten die Serben Kragujewatz nicht länger behaupten. Sie zogen sich auf die westlich, südlich und östlich von dieser Stadt gelegenen starken Stel=lungen zurück. Aber es war schon jetzt ausgeschlossen, daß sie hier mit Erfolg würden Widerstand leisten können. Denn sie waren nunmehr auch von Osten durch die rasch näher kommenden Streitkräfte der Bulgaren bedroht, welche vor Nisch standen und deren Anmarsch aus Südosten den Rückzug gegen Mazedonien hin abschnitten.

Am 5. November wurden die Serben hinter Kra=gujewatz aus ihren Stellungen verdrängt. Deutsche Truppen rückten in Jagodina ein. Es gab jetzt keinen Halt mehr für den serbischen Rückzug. Die Bewe=gungen der Mackensenschen Heeresgruppen, welche nunmehr mit der von Westen aus dem Raume Wise=grad vordringenden österreichischen Armee und mit den aus Osten und Südosten kommenden Bulgaren Fühlung gewonnen hatten, manövrierten, sich gegen=seitig entlastend, den Feind aus allen seinen Stütz=punkten heraus. Nachdem am 6. November Kraljewo gefallen war, gaben am 10. die Serben auch ihren starken Waffenplatz Krusewatz preis. Man erbeutete hier 103 Geschütze und große Mengen an Munition und Kriegsmaterial. An Gefangenen machte man über 7000. Um dieselbe Zeit hatten die Bulgaren Nisch erobert und gewannen den Zugang in das Tal von Aleksinatz und Leskowatz.

Am 13. November waren die Paßhöhen des Jastrebaz-Gebirges im Südwesten von Krusewaz genommen. Die Verbündeten hatten bis zu diesem Tage den Serben 55 000 Gefangene und 475 Geschütze weggenommen. Die gelockerte Manneszucht ging in Verwilderung über. Es kam zu Meutereien und zur Ermordung von Offizieren. König Peter war nach Novibazar geflüchtet. In Rask stieß er mit dem Kronprinzen zusammen. Es wurde ein Kronrat abgehalten, der über die Maßnahmen angesichts der verzweifelten Lage des Heeres Beschluß fassen sollte. Der Kronprinz sprach für Weiterführung des Kampfes, um entweder einen Durchbruch durch die bulgarische Armee zu versuchen oder den Rückzug nach Montenegro anzutreten. Man fügte sich seinen Vorschlägen; das nutzlose Blutvergießen wurde fortgesetzt. Dies war um so unbegreiflicher, als alle Teilnehmer dieser Beratung sich völlig klar waren über den Zustand der Truppen und die erdrückende Übermacht der Gegner. Sie alle wußten, daß die erste serbische Armee in den Kämpfen gegen Köveß bereits 13 500 Mann und 193 Geschütze, die zweite gegen Gallwitz gar 25 700 Mann und 80 Geschütze, die dritte gegen die Bulgaren 13 000 Mann und 191 Geschütze, die vierte gegen eine zweite bulgarische Armee 2000 Mann und 14 Geschütze eingebüßt hatten. Diese Ziffern ergaben an dem Tage jener Beratung insgesamt die erschreckend hohe Zahl von 54 500 Gefangenen und 478 verlorenen Kanonen. Der Verlust an Toten und Verwundeten durfte bei der großen Erbitterung der Gefechte sicherlich auf ebenfalls etwa 50 000 veranschlagt werden. Bei dem ungestümen Vordringen der Verbündeten war mit einer täglichen Steigerung der Verluste zu rechnen. Was die Geschütze anbetrifft, so besaßen die Serben deren überhaupt nur etwas über 500; sie hatten also fast ihre gesamte Artillerie eingebüßt. Das Heer mochte

zu Beginn des Feldzugs an wirklich kriegsfertigen
Soldaten rund 200 000 gezählt haben. Was nun an
Gefangenen, an Toten und Verwundeten abgegangen
war, verminderte den Mannschaftsbestand glatt auf
die Hälfte.

So standen die Dinge. Trotzdem entschloß der
Kronrat sich für die Fortsetzung der Kämpfe. Ob die
Serben dabei noch immer auf wirksame Hilfe von-
seiten Englands und Frankreichs rechneten, ob sie
einen ehrenvollen Untergang der bedingungslosen
Kapitulation vorzogen, das muß dahingestellt bleiben.

Man kann freilich ersteres kaum annehmen;
denn die Vortruppen der französischen Hilfsarmee
waren bei Krivolak von den Bulgaren zurückgedrängt
worden und hatten mit den bei Prilep kämpfenden Serben keine Fühlung erlangen können. Die
Auffüllung der französisch-englischen Hilfstruppen
vollzog sich überdies so langsam, daß sie zur Entscheidung schwerlich noch rechtzeitig eintreffen konnten. Die Haltung Griechenlands ließ überdies
das ganze Hilfsunternehmen der Alliierten als höchst
unsicher erscheinen, so daß in England wie in Frankreich die Frage erwogen wurde, ob es nicht ratsamer
wäre, die bereits eingeschifften Truppen zurückzuziehen.

Am 15. November wurde die Vereinigung zwischen der Armee Gallwitz und der bulgarischen Armee
Bojadjeff vollzogen. Die zwischen diesen beiden
Heeresteilen eingeklemmten Serben, 7000 Mann mit
2 Haubitzen, gaben sich gefangen.

Am 17. November wurden die Serben von den
Österreichern aus den Gebirgsstellungen bei Javor
verdrängt; am 18. besetzten die Deutschen Kursumlja;
die Bulgaren drangen gegen den Babunapaß vor und
zwangen den Feind, sich auf Monastir zurückzuziehen.
Am selben Tage schon verließen die Gesandten des

Vierverbandes diese Stadt und begaben sich nach Saloniki.

Die Front der Verbündeten bildete jetzt einen Halbkreis, der nach Südwesten offen blieb und innerhalb deffen die Sammelpunkte Novibazar, Sjenitza, Mitrowitza und Priftina noch in den Händen der Serben waren. Aber mit jedem Tage schloß sich der Halbkreis mehr zum Ganzen zusammen; schon am 20. wurde Sjenitza von den Deutschen besetzt; die Österreicher näherten sich Novibazar bis auf einen halben Tagesmarsch; die Armee Gallwitz bedrohte Priftina, an welches auch die Bulgaren bis auf 18 Kilometer herangerückt waren.

Am 21. Novenber wurde Novibazar von den Deutschen genommen, und damit war das Gebiet des Sandschak, das zu Kriegsbeginn die Österreicher geräumt und die Serben und Montenegriner untereinander aufgeteilt hatten, vom Feinde befreit und vollständig zurückgewonnen. Der Kampf drängte sich jetzt gegen das Amselfeld zusammen, deffen Zugänge die Serben mit wildester Verzweiflung zu behaupten suchten. Am 23. November wurden südöstlich von Priftina, dem Hauptort des Amselfeldes, 8000 Serben gefangengenommen und die Stadt selbst von den Deutschen des Generals von Gallwitz und von den Bulgaren besetzt.

Nach der Preisgabe des Amselfeldes waren den Serben die letzten Stützpunkte entriffen; die Reste ihrer Heere flüchteten auf albanisches Gebiet. Das Große Hauptquartier konnte die Erklärung geben, daß damit der eigentliche Feldzug gegen Serbien beendet worden sei. Es veröffentlichte den folgenden zusammenfassenden Bericht über das ganze kriegerische Unternehmen: „Die Bewegungen der unter der Oberleitung des Generalfeldmarschalls von Mackensen stehenden Heeresteile wurden begonnen von der österreichisch-ungarischen Armee des Generals

Köveß, die durch deutsche Truppen verstärkt war, gegen die Drina und Save und von der Armee des Generals von Gallwitz gegen die Donau bei Semendria und Ram=Bazias am 6. Oktober, von der bulgarischen Armee des Generals Bojadjeff gegen die Linie Negotin=Pirot am 14. Oktober. An diesem Tage setzten auch die Operationen der 2. bulgarischen Armee unter General Todorow in der Richtung auf Skoplje=Veles (Üsküb) ein. Seitdem haben die verbündeten Truppen nicht nur das gewaltige Unternehmen eines Donau=Überganges angesichts des Feindes, das überdies durch das unzeitige Auftreten des gefürchteten Kossowasturmes behindert wurde, schnell und glatt durchgeführt, und die feindlichen Grenzfestungen Belgrad, bei dessen Einnahme sich neben dem brandenburgischen Reservekorps das österreichisch=ungarische 8. Armeekorps besonders auszeichnete, Zaječar, Knjaževaß, Pirot, die in die Hände unserer tapferen bulgarischen Verbündeten fielen, bald überwunden, sondern auch den durch das Gelände unterstützten zähen Widerstand des kriegsgewohnten und sich brav schlagenden Gegners völlig gebrochen. Weder unergründliche Wege, noch unwegsame, tief verschneite Gebirge, weder Mangel an Nachschub noch an Unterkunft haben ihr Vordringen irgendwie zu hemmen vermocht. Mehr als 100 000 Mann, d. h. fast die Hälfte der ganzen serbischen Wehrmacht, sind gefangen, ihre Verluste im Kampf und durch Verlassen der Fahnen sind nicht zu schätzen. Geschütze, darunter schwere, und vorläufig unübersehbares Kriegsmaterial aller Art wurden erbeutet. Die deutschen Verluste dürfen recht mäßig genannt werden, so bedauerlich sie an sich auch sind. Unter Krankheiten hat die Truppe überhaupt nicht zu leiden gehabt."

Kaiser Wilhelm verlieh in Anerkennung der hervorragenden Leistungen seiner Truppen beim Ab=

schluß des serbischen Feldzuges folgende Auszeichnungen: Generalfeldmarschall von Mackensen wurde
zum Chef des 3. westpreußischen Infanterie = Regiments Nr. 129 ernannt, General der Artillerie von
Gallwitz à la suite des 5. badischen Feldartillerie-
Regiments Nr. 76 gestellt, dessen Kommandeur er gewesen ist. Das Eichenlaub zum Orden Pour le mérite
erhielten General K o s ch, kommandierender General
eines Reservekorps, und General von S e e ck t, der
Chef des Generalstabs der Heeresgruppe Mackensen,
welcher den Orden selbst schon nach der erfolgreichen
Durchführung der großen Offensive gegen Rußland
erhalten hatte. Den Orden Pour le mérite erhielt
Generalleutnant von W i n k l e r, der Kommandeur
einer Division.

Kaiser Franz Josef richtete das nachstehende
Handschreiben an den Generalfeldmarschall von
Mackensen:

„Lieber Generalfeldmarschall von Mackensen!
Dank Ihrer mustergiltigen Führung, der vortrefflichen Mitwirkung der Ihnen unterstehenden
Kommandanten und der ausgezeichneten helden-
mütigen Leistungen der verbündeten Truppen
wurden deren Feinde empfindlich geschlagen, ist
am Balkankriegsschauplatz ein hocherfreulicher Erfolg erreicht. Führergeschick und zähe Ausdauer
der Truppen, die das bisherige Ergebnis errungen
haben, werden auch die noch erübrigende Aufgabe
bewältigen. Dankerfüllten Herzens verleihe ich
Ihnen, lieber Generalfeldmarschall, die Brillanten
zum Militärverdienstkreuz erster Klasse mit der
Kriegsdekoration, und den Führern der Ihnen
unterstellten Armeen, General der Artillerie von
Gallwitz und General der Infanterie von Köveß
das Militärverdienstkreuz erster Klasse mit der
Kriegsdekoration. Vermitteln Sie all den Braven

die unter Ihrer ruhmgekrönten Führung Hervor=
ragendes geleiſtet, Meinen Dank und Gruß."

Alexander von Linſingen

wurde am 10. Februar 1850 als Sohn des Kreishaupt=
manns und Geheimen Regierungsrates Wilhelm von
Linſingen und deſſen Gattin Maria von Verlepſch ge=
boren. Er beſuchte zuerſt das Lyzeum zu Hannover
und kam dann ins Kadettenkorps. Am 7. April 1868
trat er beim Infanterie=Regiment Nr. 17 in das Heer
ein. Im Jahre 1869 wurde er Leutnant, 1877 Ober=
leutnant im Infanterie=Regiment Nr. 78, 1878 Adju=
tant der 38. Infanterie=Brigade, von welcher er ein
Jahr ſpäter in gleicher Eigenſchaft zur 39. überging.
1882 wurde er Hauptmann, 1889 Major, 1890 Ba=
taillonskommandeur, 1895 Oberſtleutnant, 1897
Oberſt und Kommandeur des Grenadier=Regiments
Nr. 4, 1901 Generalmajor und Kommandeur der
81. Infanterie=Brigade, 1905 Generalleutnant und
Führer der 27. Diviſion, Auguſt 1909 Kommandieren=
der General des II. Armeekorps. Im Feldzug von
70/71 erwarb er ſich das Eiſerne Kreuz 2. Klaſſe.
Im Januar 1915 wurde im nördlichen Ungarn eine
neue Armee aus deutſchen und öſterreichiſch = unga=
riſchen Truppen gebildet. Den Oberbefehl dieſer Ar=
mee erhielt General der Infanterie von Linſingen.
Das Große Hauptquartier ſchreibt über die Tätigkeit
dieſer Armee im Gebiete der Karpathen: „Die Ope=
rationen wurden in dem ſchwierigen Gebirgsgelände
durch die Witterung ſehr beeinträchtigt. Faſt über=
menſchliche Anſtrengungen hatten die Truppen im
Marſch und beſonders im Angriff zu überwinden.
Mühſam und beſchwerlich geſtaltete ſich der Marſch auf

den verschneiten, steil ansteigenden oder in zahlreichen
Serpentinen auf die Paßhöhen sich windenden
Straßen. Eis und Schnee, Glätte, tief ausgefahrene
Gleise erschwerten den Vormarsch außerordentlich.
Ins Ungeheure aber wuchsen die Hindernisse und die
Anstrengungen, sie zu überwinden, sobald die Truppe
die Straße verlassen und sich zum Angriff entwickeln
mußte. Steile, glatte Schneehänge waren zu über-
schreiten, vereiste Sturzbäche zu überwinden. Häufig
sanken die Schützenlinien bis zur Schulter in den
Schnee ein. So gestaltete sich der Angriff zu einem
unerhört schwierigen, mühsamen Vorarbeiten in
Schnee und Eis; der einzelne Schütze mußte sich seinen
Weg gegen die feindliche Stellung im Feuer des Ver-
teidigers durch den tiefen Schnee ausschaufeln. In
diesen Schneegassen mußte der Angriff vorgetragen
werden, während der Gegner Hindernisse vor seinen
Stellungen in Gestalt von ausgedehnten Schneewällen
auftürmte, die den Angreifer dicht vor den Drahthindernissen in weichen Schneemassen versinken ließen.
Die hereinbrechende Dunkelheit fand die kämpfende
Truppe im leuchtenden Schnee, dicht vor den Stellungen. Wochenlang erwartete die Armee bei ihren vielen
Angriffen auf den Paßhöhen und einzelnen Gebirgs-
rücken in Höhen von über 1000 m, häufig in eiskaltem
Winde und bei 20 Grad unter Null, den heranbrechen-
den Tag und den zu erneuernden Angriff. Hier haben
die Truppen in den ungewohnten Verhältnissen der
Kriegführung im winterlichen Hochgebirge Höchst-
leistungen vollbracht, wie wohl kaum eine andere
Truppe in ähnlicher Lage. Unter solchen Verhältnissen
konnten die operativen Bewegungen und die Angriffe
nur schrittweise und langsam vorschreiten. Der fron-
tale Angriff unter solchen Schwierigkeiten kostete bedeutende Verluste, die Umfassungsbewegungen bean-
spruchten lange Zeit in den wegearmen, vollständig
verschneiten Nebentälern, endlose Zeit, wenn sie quer

über die Gebirgszüge angesetzt werden mußten. Wenn gleichwohl die Armee vordrang und zwar mit Erfolg, so ist dies einer wirklich unvergleichlichen Truppe zu verdanken und einer Führung, die sich den neuen Verhältnissen und allen Schwierigkeiten anzupassen verstand. Mit unerschütterlicher Energie arbeitet sich die Südarmee von Stellung zu Stellung vor. Die Gebirgshindernisse und Schwierigkeiten des Angriffs werden überwunden und mit ihnen der Feind, der bis jetzt etwa 9000 Gefangene, Geschütze und 13 Maschinengewehre in unserer Hand ließ."

So half die Armee Linsingen den österreichisch-ungarischen Truppen bei der riesenhaften Arbeit, die russischen Truppen aus ihren Stellungen in den Karpathen zu verdrängen, und so trotzte sie nachher, als diese Stellungen gewonnen waren, den mit gewaltigen Kräften unternommenen russischen Versuchen der Wiedereroberung, bei welchen die Heere des Zaren ungeheuerliche Verluste erlitten haben. Dem Führer der deutschen Südarmee und seinem Generalstabschef, Generalmajor von S t o l z m a n n , wurden in Anerkennung ihrer hervorragenden Leistungen vom Kaiser von Österreich hohe Auszeichnungen verliehen.

Als sich dann der Ansturm der Russen unter furchtbaren Menschenopfern — man berechnet ihre Verluste in den Karpathenstürmen auf mindestens eine halbe Million — endlich erschöpft hatte, setzte zu Beginn des Monats Mai der Gegenangriff der Verbündeten ein: Mackensens Durchbruch bei Gorlice—Tarnow war der großartige Auftakt zu einem gewaltigen Vorgehen aller Heeresteile.

Die Truppen des Generals v. Linsingen gingen ihrerseits am 12. Mai zum Sturme auf die vor ihnen liegenden Höhen des oberen Stryj vor, warfen den Feind und nahmen ihm mehrere Tausend Gefangene ab (das Lehr-Regiment allein 1200 Mann). Auf dem fluchtartigen Rückzug durch die Karpathen büßte der

Gegner, trotz aller zerstörten Brücken scharf verfolgt,
noch weit über 5000 Gefangene ein. Am 14. Mai er=
hielt General v. Linsingen den Orden Pour le mérite.
Am 31. Mai wurde von der verhältnismäßig schwachen
Südarmee die Stadt Stryj erstürmt, der Schlüssel=
punkt einer 90 Kilometer ausgedehnten, seit Monaten
stark ausgebauten Stellung. Dem Erfolg entsprach
die Beute: 60 Offiziere, 1200 Mann gefangen, 14 Ge=
schütze, 35 Maschinengewehre und viel Kriegsgerät er=
beutet. Wenige Tage später standen die siegreichen
Truppen schon vor Kalusch und Zydatschow, südöstlich
von Lemberg.

Über die Bedeutung der Eroberung von Stryj und
Drohobytsch schrieb der Berichterstatter des „Berliner
Tageblattes", Leonhard Adelt:

„Der zweite große Erfolg ist die Eroberung der
33 000 Einwohner zählenden Bezirkshauptstadt Stryj,
die von den Russen tagelang mit der größten Hart=
näckigkeit behauptet worden ist, durch die Armee Lin=
singen. Während sich die Armeegruppen des Grafen
Bothmer und des Feldmarschalleutnants Hoffmann
den Zugang zur Stadt Stryj und damit zu den beiden
Bahnlinien nach Lemberg erkämpften, hat der linke
Flügel der Armee Linsingen, nämlich die Armeegruppe
Szurmay, nunmehr das ganze Petroleumgebiet in
seine Gewalt gebracht. Dieses wichtigste und reichste
Naphthagebiet Zentraleuropas, das bis zum Kriegs=
ausbruch jährlich fünfzehn Millionen Meterzentner
Erdöl im Werte von fünfzig Millionen Kronen
lieferte, blieb unter der russischen Herrschaft im großen
und ganzen unbeschädigt, sowohl weil englisches, fran=
zösisches und belgisches Kapital daran sehr stark be=
teiligt war, als auch, weil die russische Heeresverwal=
tung sich die Produktion an Leuchtöl, Benzin und
Schmieröl für ihre Zwecke nutzbar machen wollte. Erst
als der Ausgang der großen Maischlacht auch an der
Karpathenfront fühlbar wurde und die Südarmee

Linsingens vom Uschoker Paß und aus dem Orawatal gegen Boryslaw und Stryj vorstieß, setzten die Russen die Quellen, so viel sie in der Eile des Rückzuges nur erreichen konnten, in Brand, wobei sie auch das Eigentum ihrer englischen und französischen Bundesgenossen nicht schonten. Die Stadt Drohobytsch, die 38 000 Einwohner zählte, und die Doppelgemeinde Boryslaw-Justanowice mit zusammen 28 000 Einwohnern sind bis auf einige niedergebrannte und ausgeplünderte Häuser unversehrt geblieben. Außer den Ölquellen und Raffinerien hat der Vormarsch uns auch einen zweiten wichtigen Industriezweig zurückgegeben, nämlich die Erdwachsgruben von Boryslaw, deren Produkt zur Kerzenfabrikation unerläßlich ist. Diese Gruben sind die einzigen in ganz Europa. Ihre Jahresproduktion beträgt 20 000 Meterzentner im Werte von drei Millionen Kronen."

Nach ungeheuren Marschleistungen kam die Verfolgung am Dnjestr zunächst zum Stehen. Der Feind, in klarer Erkenntnis, wie ernst sich die Lage bei weiterem ungestümen Vordringen der Südarmee für ihn gestalten müßte, warf mehrere neue Divisionen gegen die Nordflanke seines gefährlichsten Gegners. Der Brückenkopf Zurawno, in den zugleich mit den flüchtenden Russen preußische Truppen eingedrungen waren, mußte zwar vorübergehend geräumt werden, die dünne Sicherungslinie der Gruppe Szurmay nördlich Stryj wurde eingedrückt, aber nach wenigen Tagen war das diesseitige Dnjestr-Ufer vom Feinde gesäubert und die Schlacht am Dnjestr setzte ein. Ein harter Kampf: der vielfach verzweigte Strom infolge Regengüssen stark angeschwollen, alle Brücken zerstört, ein Übergehen nur auf Flössen im feindlichen Feuer möglich, das jenseitige Ufer stark ausgebaut, dicht besetzt und zäh verteidigt. Und doch wurde der Wille zum Sieg bald wieder Herr aller Schwierigkeiten. Nachdem eingehende Erkundungen den Abschnitt Halitsch—

Zurawno als am geeignetsten festgestellt hatten, wurde hier der Übergang sorgfältig vorbereitet und kühn er= zwungen. Damit fiel auch Halitsch, der stärkste und wichtigste Brückenkopf am Dnjestr, und der weichende Feind konnte erst wieder im Schutze des Swirz = Ab= schnittes Front machen, der wiederum zur nachhaltig= sten Verteidigung vorbereitet war. Denn der Russe, ein Meister im Stellungsausbau, hatte das ganze Vor= marschgelände der Südarmee mit einem Netz von allen Möglichkeiten entsprechenden Befestigungsanlagen überzogen, um jeden Schritt galizischer Erde zäh zu verteidigen. Aber noch stärker waren Führerwille und Angriffsfreudigkeit in General v. Linsingens Armee. Die angestaute Swirz unterbrach nur kurz die rastlose Verfolgung, die unter erbitterten Kämpfen bis zur Gnila Lipa fortgesetzt wurde. Wieder ein kurzer Halt und schon am 2. Juli sah sich der zurückflutende Gegner von neuem geworfen. Am 5. Juli erreichte die Süd= armee die Zlota Lipa, deren westliches Ufer vom Feinde säubernd. Seit der Schlacht von Stryj (diese selbst ausgeschlossen) hatte der Russe über 40 000 Gefangene in der Hand des Siegers lassen müssen.

Eine Zeitlang haben wir darauf von der Armee Linsingen nichts Näheres erfahren, bis wir am 25. August hörten, daß sie nördlich von Wlodawa (im Süden von Brest = Litowsk) unter erfolgreichen Kämpfen in erneutem Vorrücken beiderseits des Bug begriffen war. Diese Kämpfe haben zu dem über= raschend schnellen Fall der Festung Brest=Litowsk ge= führt. Der Kaiser richtete an den Führer der Armee folgendes Dankschreiben:

„Mit Dank für die hocherfreuliche Meldung von der Einnahme Brest=Litowsks ersuche ich Sie, den braven Truppen der Bugarmee für ihre hingebende Tapferkeit und Ausdauer Meine höchste Aner= kennung und Meinen königlichen Dank auszu= sprechen."

Diese Order gab General von Linsingen seinen Truppen mit folgendem Zusatz bekannt:

„Ich bringe diesen Ausdruck der Allerhöchsten Anerkennung zur Kenntnis der Armee in dem Vertrauen, daß die gewaltigen Marsch= und Gefechtsleistungen aller Truppenteile der Bugarmee, welche in Verbindung mit den nördlich vordringenden Armeen den Feind zur Aufgabe der Festung gezwungen hat, zur völligen Vernichtung des Gegners beitragen werden."

Die weiteren Bewegungen der Armee Linsingens sind in dem Gesamtbericht der Heeresgruppe Mackensen einbegriffen. Der Leser findet darüber Näheres in dem diesem Heerführer gewidmeten Abschnitte.

Am 28. September erfahren wir, daß Linsingen den Befehl über eine Heeresgruppe übernommen hatte, welche im Raume des wolhynischen Festungsdreiecks im Verein mit österreichischen Truppen tätig war. „Der Übergang über den Styr unterhalb Luzk", heißt es in dieser ersten Meldung von dem neuen Arbeitsfelde des Generals, „ist erzwungen. Unter diesem Druck sind die Russen nördlich von Dubno auf der ganzen Front in vollem Rückzuge."

Seit Mitte September spielten sich in diesem Gebiet, das durch die drei Festungen Dubno im Süden, Rowno im Osten und Luzk im Westen gebildet wird, überaus heftige Kämpfe ab. Die Russen wollten nach dem Verlust aller ihrer Stützpunkte diese drei behaupten, zumal sie noch immer einen südlich davon gelegenen Zipfel von Galizien in Händen hielten. Es war ihnen darum zu tun, in der unmittelbaren Nachbarschaft des noch immer von ihnen abhängigen Rumänien sich nicht das Heft aus der Hand nehmen zu lassen. Wir werden in dem Abschnitt des General Bothmer denjenigen Teil dieser Kämpfe schildern, bei welchem es sich um die Vertreibung der Russen aus dem letzten von ihnen besetzten Stück österreichischen Bodens handelte, der Gegend am Sereth. Hier tobte schon zu Anfang des Monats September eine von beiden Seiten mit großer Erbitterung geführte Schlacht. Zur gleichen Zeit leisteten die Russen auch schon in Wolhynien harten Widerstand.

Als Linsingen den Oberbefehl übernahm, stand er vor der Aufgabe, ein weiteres Vordringen der Russen, vor denen der linke österreichische Heeresflügel bis in die Höhe von Luzk zurückgegangen war, zu verhindern. Zum zweiten Male durchschritten Teil der Armee Linsingen die für ungangbar erklärten Rokitno-Sümpfe in Gewaltmärschen und, um der drohenden Umklammerung seines Nordflügels zu entgehen, sah sich General Iwanow gezwungen, seine mit furchtbaren Opfern bestrittene Offensive aufzugeben. General Iwanow führte seine Truppen hinter die Putilowka zurück; die Armeen Linsingens folgten. Zu Beginn des Monats Oktober konnten die Österreicher von neuem in Luzk einziehen. Der Feind dachte nicht mehr an Angriffe, sondern war nur noch auf möglichst gefahrlose Räumung des zuvor erstrittenen Gebiets bedacht. Damit war durch General v. Linsingens kraftvollen Vorstoß nicht nur die russische Gegenoffensive gescheitert, sondern es lag nun für die Russen auch die Gefahr vor, daß bei einer Weiterführung der Offensive der Heeresgruppe Linsingen gegen die Bahn Rowno—Sarny und auf Rowno selbst ein Aufrollen ihrer ganzen wolhynischen Front nicht ausgeschlossen war. In dieser Erkenntnis wohl suchte der General Iwanow nach Eintreffen namhafter Verstärkungen durch aktive Verteidigung die Styr-Linie in Höhe Tschartorysk zu halten, vielleicht sogar, wie aus der Wut der Angriffe zu schließen war, Luzk wiederzugewinnen. Besonders heftig wurden die Kämpfe vom 16. Oktober ab. Es gelang dem Feinde auch, zwischen Tschartorysk und Nowo-

zielt durchzubrechen und die im Styr-Bogen stehen=
den, zahlenmäßig weit unterlegenen österreichischen
und deutschen Kräfte zurückzudrücken. Weiteren Er=
folgen beugte der am 20. Oktober von Teilen der
Heeresgruppe Linsingen einsetzende konzentrische Ge=
genangriff vor, der, in waldigem, unübersichtlichem,
teilweise sumpfigem Gelände gegen eine Überlegenheit
geführt, nach vierwöchigem harten Kampf zum end=
gültigen Sieg führte. Am 14. November war das West=
ufer des Styr-Bogens bei Tschartorysk frei vom Feinde.
Allerdings haben die Russen noch wiederholt versucht,
mit schwachen Kräften den Styr-Bogen zu überschreiten,
aber ohne dauernden Erfolg.

Am 18. November erkannte man bei Aufräumung
des Schlachtfeldes erst die ganze Größe des erstritte=
nen Erfolges. Man fand 2500 tote Russen, welche man
begrub, und außerdem 400 von den Russen frisch aufge=
worfene Massengräber. Daneben erbeutete man meh=
rere tausend Gewehre und große Mengen an Muni=
tion. Am westlichen Styrufer hatte man vier hinter=
einanderliegende starke Stellungen mit Drahthinder=
nissen, Stützpunkten und Flankierungsanlagen vorge=
funden, ferner ausgedehnte Hüttenlager mit Block=
häusern und großen Stallungen, welche alle für eine
Überwinterung trefflich hergerichtet worden waren.

Bis zu dem Tage, mit welchem diese Chronik ab=
schließt, wurden die von der Heeresgruppe Linsingen
bezogenen Stellungen gegen alle stärkeren oder
schwächeren Angriffsversuche der Russen erfolgreich be=
hauptet.

Solche Angriffe ungestümster Art ereigneten sich
im Juni 1916. Eine Offensive der Russen, welche den
Zweck hatte, den um diese Zeit in Südtirol hart be=
drängten italienischen Bundesgenossen Luft zu machen,
erstreckte sich diesmal über die Armee Bothmer hinaus
bis auf den von der Armee Linsingen besetzten Ab=

schnitt, während dieser von der namentlich gegen Hin=
denburgs Stellungen gerichteten Märzoffensive der
Russen kaum nennenswert in Mitleidenschaft gezogen
worden war. Im äußersten Süden der russischen Front
vermochten die Österreicher dem Massenansturm nicht
zu widerstehen; der Feind konnte beträchtliche Erfolge
erringen. Bothmer leistete Widerstand in erbitterter
Verteidigung. Der Armee Linsingen gelang es, nicht
nur den russischen Vorstoß zum Stehen zu bringen,
sondern auch zum siegreichen Gegenstoß überzugehen.
Am 17. Juni nahm sie den schweren Kampf gegen eine
große Übermacht auf; eine gewaltige Schlacht ent=
spann sich. Am 18. Juni schlug sie den Feind zurück
und nahm etwa 3500 Mann gefangen. Obwohl die
Russen in diesen Kämpfen rücksichtslos auf ihre eige=
nen Truppen feuerten und immer neue Menschen=
massen vorwärtstrieben, vermochten sie den Angriffen
der an Zahl ihnen weit unterlegenen Deutschen nicht
standzuhalten. Linsingens Truppen gewannen in
mutigem Vorgehen und trotz heftigster feindlicher
Gegenwehr langsam Raum. Die größten Anstrengun=
gen der Russen, den Übergang über den Styr=Fluß zu
erzwingen, brachen blutig zusammen. Am 26. Juni
bereits konnte das Hauptquartier die beruhigende Nach=
richt verkünden, daß gegenüber der Heeresgruppe Lin=
singen die Wucht der russischen Sommeroffensive des
Jahres 1916 endgültig zusammengebrochen sei und die
vereinigten deutschen und österreichischen Armeen im
Begriff ständen, dem Feinde das Gebiet, das er in
jäh heranprallenden Massenstürmen unter ungeheuer=
lichen Verlusten an sich gerissen hatte, in erbittertem,
doch erfolgreichen Kämpfen abzuringen.

Felix Graf von Bothmer.

Der Verlauf des Feldzugs gegen Rußland in den Gebieten Österreichs kann hier nicht von Anbeginn dargestellt werden. Es muß der Hinweis genügen, daß nach anfänglichen großen Erfolgen die Österreicher durch eine gewaltige feindliche Übermacht zu allgemeinem Rückzug durch russisch Polen und Galizien bis an die Kette des Karpathengebirges gezwungen wurden und daß sie hier starke Verteidigungsstellungen bezogen, welche sie während des Winters 1914 gegen die überaus erbitterten und mit Einsetzung ungeheurer Menschenmassen monatelang wiederholten Angriffe des Feindes zäh verteidigten, bis der Tag endlich gekommen war, an welchem sie von der Verteidigung zum Angriff übergehen konnten.

Die erste Waffentat, mit welcher in den amtlichen Berichten der Name des Grafen von Bothmer verknüpft ist, war die Erstürmung des Zwinin, eines am Nordostabhange, südwestlich von Stryj aufragenden Bergrückens von etwa 1000 Meter Höhe. Der Kampf begann im Monat Februar. Das Korps Bothmer gehörte zu der unter Linsingens Oberbefehl stehenden kaiserlich deutschen Südarmee, die zur Verstärkung der österreichisch-ungarischen Truppen bestimmt worden war. Die Russen hatten sich damals im Gebiete der Ostbeskiden, westlich des berüchtigten Uschoker Passes, vor den Angriffen der Verbündeten über Tucholka hinaus zurückgezogen. Dort erhielten sie Verstärkungen und nahmen beiderseits der Straße auf den Bergen Ostrog, Ostry und Zwinin starke Verteidigungsstellungen ein, durch welche sie das Tal sperrten. Auf dem Zwinin lagen die Russen in mehreren übereinander aufgebauten Befestigungslinien verschanzt.

Einen Versuch, den Zwinin von Westen her zu umgehen, vereitelten sie und setzten sich darauf auch auf der westlichen Erhöhung des doppelgipfligen Berges feft. Nun spielten sich während mehrerer Wochen immer neue Manöver ab, mit welchen die Truppen Bothmers den Gegner zu überraschen suchten. Bald näherte man sich von den im Westen gelegenen Vorbergen her, bald kam man vom Osten heran, bald lockte man durch Anstürme gegen den Ostrog und den Ostry Teile der russischen Streitkräfte vom Zwinin weg.

Sie aus den untersten Schützengräben zu verdrängen, war bald geglückt. Bis auf wenige Meter arbeitete man sich an die oberen Stellungen heran. Aber so oft man es auch versuchte, die Russen durch Nachtangriffe oder durch kühne Stürme bei Tage zu überrumpeln, immer wieder warfen sie mit Maschinengewehren und Handgranaten die Angreifer zurück. Die tiefe Verschneiung des Geländes, die Tücken des Wetters, das mit Hagelstürmen, Regengüssen, Nebel und einem aufreibenden Wechsel zwischen Wärme und strenger Kälte einherging, kam dabei dem Feinde trefflich zustatten.

Am 9. Februar und später wiederum am 20. März glückte es den Angreifern, in die vordersten Gräben des Feindes einzudringen; aber sie vermochten dennoch nicht sich darin festzusetzen; sie mußten stets den gewonnenen Boden wieder räumen und in ihre Sturmstellungen zurückkehren. Durch die sehr schlechte Witterung gerieten die rückwärtigen Verbindungen in einen trostlosen Zustand, und die Versorgung der Truppen mit Munition und Lebensmitteln bereitete fast unüberwindliche Schwierigkeiten.

Schließlich beschloß man, die Infanterie aus den erkämpften Stellungen zurückzuziehen und durch schweres Artilleriefeuer den Feind zu zermürben; aber nun mußten, um die Geschütze heranschaffen zu können, erst die grundlosen Wege und Knüppelstege gang- und fahrbar gemacht werden, eine Arbeit, welche viele

Wochen erforderte. Überdies war das Wetter oft so schlecht, daß jede Beobachtung des Artilleriefeuers unmöglich war. Inzwischen fiel die Festung Przemysl in die Hände der Russen, und der Feind war in der Lage, von den dort freigewordenen Streitkräften erhebliche Verstärkungen in den bedrohten Raum zu werfen.

Am 9. April ereignete es sich, daß beide Gegner zu gleicher Zeit einen Angriff unternahmen. Bei Tagesgrauen stießen die Russen mit großer Wucht gegen die Stellungen der Deutschen auf dem Westabhang vor. Um 8 Uhr früh stürmten die Deutschen ihrerseits gegen den Ostgipfel heran. Diesmal überraschten sie den Feind vollständig. Auf einem Schlachtfelde, wie es die Geschichte noch nie gesehen hat, kam es zu einem überaus erbitterten Nahkampfe. Auf dem abschüssigen Gelände, in einem Gewirr zerschossener Gräben, inmitten zerschmelzenden Schnees, unter welchen die schon verwesten Opfer der früheren Kämpfe zum Vorschein kamen, drangen die Deutschen Schritt für Schritt vor, bis der Sieg für sie entschieden war.

Die glückliche Wendung am Ostabhang zwang die Russen zum Rückzug auch auf dem westlichen Teile des Berges. Als sich die bisher getrennten Truppen nach errungenem Siege vereinigten, sah man die erschöpften Streiter einander schluchzend in die Arme fallen. Zwischen den Toten niedersinkend, gaben sie sich der Ruhe hin. Unzählige Leichen füllten die russischen Gräben. Mehr als 1500 unverwundete Gefangene fielen den Deutschen in die Hände, darunter ein ganzer Regimentsstab, und außerdem 17 Maschinengewehre und eine große Menge an Kriegsmaterial.

Die Erstürmung des Zwinin und der Nebenhöhen bedeutete eine höchst wichtige Vorarbeit für die Ziele der großen westgalizischen Offensive, welche, wie wir im Kapitel über Mackensen gelesen haben, im Monat Mai ihren Anfang nahm.

Als nach dem gelungenen Durchbruch bei Gorlice—Tarnow die Russen im Raume vor der Stadt Stryj mit immer neu eingesetzten Kräften Widerstand leisteten, war es das Korps des Grafen von Bothmer, welches unmittelbar gegen die Stadt vorging und sie mit stürmender Hand nahm. Die Wegnahme von Stryj war dringend nötig, damit der Weg nach Lemberg frei wurde. Mit dem Falle dieses Stützpunktes war es den Russen nicht mehr möglich, den Zugang zu den Dnjestrsümpfen ernstlich zu sperren. Ostpreußische und andere niederdeutsche Regimenter standen hier unter Bothmers Führung. Sie hielten sich nicht in der eroberten Stadt auf, sondern rückten, den geschlagenen Feind verfolgend, rasch in der Stryjniederung weiter vor bis halbwegs an die Dnjestr=Linie heran.

Der König von Bayern sandte dem General von Bothmer das folgende Telegramm:

„Die Erstürmung von Stryj durch Ihr Armeekorps hat mich aufrichtig gefreut. Ich gratuliere Ihnen herzlich zu diesem zweiten großen Erfolg, den Ihre treffliche Führung errungen hat, und spreche Ihnen, Ihrem Generalkommando und Ihren tapferen Truppen meine wärmste Anerkennung aus."

Eine ähnliche Glückwunschdepesche sandte der König von Sachsen.

Im späteren Verlaufe der großen Offensive gegen Rußland sehen wir Bothmer, welcher anfangs Juli an Stelle des zu anderweitiger Armeeführung berufenen Generals von Linsingen mit dem Oberbefehl über die kaiserlich deutsche Südarmee betraut wurde, erfolgreich in Ostgalizien am Sereth kämpfen. Hier handelte es sich um die Befreiung des letzten Zipfels von Ostgalizien, welchen noch immer die Russen be-

von Capelle

Scheer

Graf von Spee

setzt hielten. Die aus deutschen und österreichisch-
ungarischen Streitkräften zusammengesetzten Truppen
Bothmers befanden sich nach Überwindung der von
den Russen hartnäckig verteidigten Flußübergänge
über den Dnjestr, die Gnila Lipa und Zlota Lipa
Ende August im Vormarsch gegen den Sereth, der,
in etwa südlicher Richtung verlaufend, bei Salest-
schyki in den Dnjestr mündet.

Die russische Heeresleitung war zum Widerstand
bis aufs äußerste entschlossen. Der noch in ihren
Händen befindliche Boden von Galizien sollte behauptet werden, was es auch kosten mochte. Es galt, wenigstens hier, hart an der Grenze von Rumänien, das
Heft in der Hand zu behalten, um nicht diesem neutralen Staate gegenüber den letzten Rest an Geltung
zu verlieren. Aus den festungsartig ausgebauten
Brückenköpfen von Tarnopol und Trembowla warfen
die Russen große Massen den vorrückenden Verbündeten entgegen. Ihr Stoß traf Teile der Armee
Bothmers mit furchtbarer Wucht, aber die prachtvolle
Standfestigkeit und Ausdauer seiner Truppen be-
währte sich auch hier. Preußische Gardetruppen machten
durch Gegenangriffe die Absichten des Feindes zunichte. Nach überaus erbitterten Kämpfen konnte am
8. September die deutsche Heeresleitung gegenüber
russischen Siegeslügen erklären, daß kein deutscher
Soldat auch nur einen Schritt gewichen, kein Geschütz
verloren worden sei; vielmehr hatte man den vor-
stoßenden Feind nicht nur abgewehrt, sondern zum
Rückzug gezwungen und eine Reihe wichtiger Stellungen am westlichen Serethufer erstürmt.

Durch diese zähe Abwehr feindlicher Angriffe,
welche der Feind unter gewohnter Vergeudung seiner
Menschenmassen ausführte, errang sich die Armee
Bothmer ein großes Verdienst um die günstige Voll-
endung der großen Herbstoffensive und auch um die
Erfolge im diplomatischen Verkehr mit den Balkan-

reichen. Eine Niederlage der Verbündeten in diesem Grenzzipfel hätte vielleicht auf die Haltung des von Rußlands Vertretern umbuhlten Hofe Rumäniens in für das Zarenreich günstigen Sinne einwirken können, während anderseits der Zusammenbruch der russischen Angriffe die um sich greifende Überzeugung von der endgültigen Schwächung der russischen Streitmacht nachdrücklich fördern mußte. Von diesem Gesichtspunkt aus sind die Erfolge des Grafen von Bothmer nicht hoch genug einzuschätzen.

Bis zu dem Zeitpunkt, mit welchem diese Chronik abschließt, Ende Juni 1916, hatte Graf Bothmer in seinem Wetterwinkel nahe der rumänischen Grenze immer wieder heftige Kämpfe zu bestehen. Selbst die Winterruhe, die sonst an der Ostfront nur durch kleine Gefechte unterbrochen wurde, war bei dieser Armee mehrmals durch sehr stürmische Angriffe des Feindes gestört. Ende Dezember 1915 waren Bothmers Truppen an der Abwehr hartnäckiger russischer Durchbruchsversuche beteiligt die unter ungeheurer Munitions- und Menschenverschwendung vorgenommen wurden. Nach ausgiebigem Trommelfeuer trieben die Russen in mehreren Wellen ihre Infanteriemassen heran. Sie wurden unter großen Verlusten zurückgeschlagen.

Darnach wechselte der russische Angriff gegen den nördlichen Teil der Ostfront hinüber, und in Bothmers Abschnitt ging es monatelang verhältnismäßig ruhig her, bis dann im Juni 1916 von neuem ungestüme russische Vorstöße erfolgten.

Um den durch Österreichs kühnen Angriff in Südtirol schwer bedrängten Italienern zu helfen, unternahmen die Russen eine große Entlastungsoffensive, welche mit überraschend starken Mitteln an Munition und frischen Truppen ins Werk gesetzt wurde. Sie richtete sich gegen den von Österreich besetzten Teil un-

ferer Ostfront, vornehmlich gegen den Abschnitt zwi=
schen dem Pruth und dem Styr.

In dieser furchtbaren Schlacht, welche zu Beginn
des Monats Juni ihren Anfang nahm, hatte die
Armee Bothmer beiderseits der Bahnlinie Lemberg—
Podwolotschyska heftige Massenstürme des Feindes ab=
zuwehren. Sie erledigte diese Aufgabe in vollem Maße.
Während die Russen an mehreren Stellen der galizisch=
bukowinischen Front unleugbare Erfolge erstreiten
konnten, brach an Bothmers zäher Verteidigung ihr
gewaltiger Ansturm zusammen. Er warf am 12. Juni
bei Butschatsch den Feind zurück und nahm ihm an Ge=
fangenen 1300 Mann ab. Am 13. Juni wies er west=
lich von Pzewloka an der viel umstrittenen Strypa
starke Angriffe restlos ab. Das gleiche Schicksal hatten
noch heftigere Massenstürme am 15. Juni. Alle russi=
schen Versuche, die Strypafront zu durchbrechen, schei=
terten. Am 21. Juni gingen die Russen abermals mit
sehr beträchtlichen und aufgefrischten Truppen zu
einem Vorstoß gegen die Armee Bothmer über und
suchten in nächtlichen, mehrfach wiederholten Stürmen
die Front einzudrücken. Teilweise gelang es ihnen,
über den Fluß zu kommen. Von ihren Offizieren und
Maschinengewehren vorwärtsgepeitscht, warfen sie sich
mit dem Mute der Verzweiflung gegen die deutsch=
österreichischen Schützengräben, wurden aber, soweit sie
nicht schon durch das Geschützfeuer vernichtet waren,
im Nahkampfe zurückgeworfen. Die Truppen Both=
mers behaupteten sich auch gegen diesen ungeheuerlichen
Massenanlauf.

Felix Graf von Bothmer wurde am 10. Dezember
1852 in München geboren. Er trat anfangs Februar
1871 als Fahnenjunker beim Infanterie=Leibregiment
ein, wurde im gleichen Jahre zum Leutnant im 14. In=
fanterie=Regiment befördert und am 1. Januar 1873
in das Infanterie=Leibregiment zurückversetzt, dem er
von da ab in allen Dienstgraden und auch jetzt noch

als à la suite stehend angehört. Im Jahre 1885 war er als Oberleutnant Brigadeadjutant in München. 1888 führte er als Hauptmann eine Kompagnie des Leibregiments; 1890 gehörte er dem Generalstabe des II. Armeekorps an; von 1891 bis 93 tat er Dienst im Kriegsministerium. Dann wurde er Major und in den preußischen Generalstab berufen. 1896 übertrug man ihm die Führung eines Bataillons des Leibregiments; als Oberstleutnant gehörte er dem Stabe des gleichen Truppenkörpers an, deffen Führung als Oberst er im Jahre 1901 übernahm, nachdem er zuvor als Abteilungschef des Generalstabs gewirkt hatte. Im Jahre 1903 führte er als Generalmajor die 2. Infanterie-Brigade, und im Jahre 1905 war er Kommandeur der 2. bayerischen Division. Im Herbste 1909 zum Generalkapitän der K. Leibgarde der Hartschiere ernannt, wurde er im darauffolgenden Jahre zum General der Infanterie befördert.

Dritter Teil.

Orient.

Kolmar Freiherr von der Goltz-Pascha

wurde am 12. August 1843 in Bielkenfeld bei Labiau geboren und trat im Jahre 1861 im Infanterie-Regiment Nr. 41 ein. Von 1864 bis 1867 war er auf der Kriegsakademie zu Berlin. In diese Zeit fiel der Feldzug gegen Österreich; von der Goltz wurde im Gefecht bei Trautenau verwundet. 1868 gehörte er der topographischen Abteilung des Großen Generalstabes an und war bei den Feldarbeiten der Landesaufnahme beschäftigt. Den Krieg von 1870/71 machte er beim Generalstabe des Oberkommandos der 2. Armee mit und nahm an vielen Schlachten teil. Nach Friedensschluß wurde er Lehrer an der Kriegsschule zu Potsdam und kam dann als Hauptmann in den Großen Generalstab. Im Jahre 1877 erhielt er als Oberst das Kommando des Infanterie-Regiments Nr. 96. 1878 kam er zur kriegsgeschichtlichen Abteilung des Großen Generalstabes. 1883 wurde er nach Konstantinopel beurlaubt, wo er bis 1895 weilte. 1896 wurde er Generalleutnant und Kommandeur der 5. Infanterie-Division zu Frankfurt a. d. Oder. Im Jahre 1899 war er Chef des Ingenieur- und Pionierkorps und Generalinspekteur der Festungen. Darauf wurde er 1900 General,

1902 Kommandierender General des 1. Armeekorps und 1907 Generalinspekteur der VI. Armee-Inspektion.

Seine kriegsgeschichtlichen und militärisch-strategischen Schriften gelten als höchst wertvolle Arbeiten.

Bei Kriegsausbruch — er hatte inzwischen mit dem Range des Generalfeldmarschalls die höchste Stufe der Soldatenlaufbahn erreicht — trat er nicht als Heerführer auf. Der Kaiser glaubte seine organisatorischen Fähigkeiten an anderer Stelle besser ausnützen zu können und ernannte ihn zum Generalgouvereur des eroberten Belgien. Am 26. August übernahm er diesen Posten. Kurze Zeit darauf erhielt er das Eiserne Kreuz 1. Klasse. Als dann die Türkei sich mit uns verbündete, war hier ein neues Arbeitsgebiet für den Generalfeldmarschall erschlossen, auf welchem er je schon einmal mit Erfolg gearbeitet hatte. von der Golk gilt als einer der besten Kenner der Türkei und genießt auch dort allseitiges Vertrauen. Man schätzte ihn als militärischen Lehrmeister sehr hoch. Gegen Ende November trat er die Reise nach Konstantinopel an. Seine Entsendung war ein Beweis dafür, daß man in den leitenden Kreisen Deutschlands dem kriegerischen Unternehmen der Türkei schon von Anbeginn eine sehr große Bedeutung beimaß. Am 12. Dezember kam der Feldmarschall in Konstantinopel an und übernahm hier das Kommando über die 1. türkische Armee.

An feiner Seite haben auf diesem fernen Kriegsschauplatze noch zwei Deutsche in hervorragender Weise Anteil an den Erfolgen, welche die türkische Heerführung errungen hat: Liman von Sanders, der Leiter der Dardanellen-Landkämpfe, und Admiral von Usedom, der Befehlshaber der Küstenbatterien. Wir haben mit atemloser Spannung jedesmal die Berichte gelesen, welche über den Verlauf der erbitterten Gefechte auf Gallipoli erzählten, und immer wieder mit freudiger Genugtuung vernommen, daß es den Türken gelungen war, die englisch-französischen Angriffe abzu-

wehren. Große Opfer an Menschen und Schiffen haben
die Alliierten es sich kosten lassen, um ihr Unter=
nehmen zum glücklichen Ende zu führen. Aber die
Dardanellenforts unter Usedom=Paschas Leitung trotz=
ten allen noch so heftigen Beschießungen der schweren
Schiffsartillerie, die Landtruppen unter Liman von
Sanders wiesen alle Angriffe der buntgemischten eng=
lisch=französischen Söldnerscharen zurück. Selber konn=
ten die braven Osmanen nicht zum energischen Gegen=
angriff schreiten, weil die feindlichen Stellungen von
den weitreichenden Dreadnought=Kanonen mitvertei=
digt wurden, und solange die Türken keine Geschütze
besaßen, die es an Tragweite mit den Schiffsgeschützen
aufnehmen konnten, war dagegen nichts zu machen.
Allein als der serbische Feldzug entschieden und damit
der Landweg von Deutschland und Österreich zur Tür=
kei hinein freigelegt war, war es den Mittelmächten
möglich, die Osmanen mit der fehlenden Artillerie zu
versorgen, und nun war den britisch=französischen Ein=
dringlingen bald der Prozeß gemacht.

Nach wuchtiger Beschießung gingen in der Nacht
vom 18. zum 19. und am Morgen des 19. Dezember
die Türken zum Angriff gegen die feindlichen Stellun=
gen bei Anafarta vor und warfen die Besatzung ins
Meer. Die Alliierten zogen noch in der Nacht vom 19.
zum 20. Dezember in aller Eile ihre Truppen bei Ari=
Burun auf Schiffen zurück. Nur der Südzipfel von
Gallipoli bei Sid-ül-Bahr blieb noch von den Feinden
besetzt. Am 8. und 9. Januar 1916 wurden sie auch
hier vertrieben.

Damit war das mit großem Aufwand und allge=
meiner Zuversicht auf einen raschen Sieg begonnene
Dardanellenunternehmen kläglich gescheitert.

Einen nicht minder großen Erfolg errangen die
Türken auf dem Kriegsschauplatz in Mesopotamien.
Hier war eine englische Truppe unter General
Townshend gegen Bagdad vormarschiert. Die Türken

versperrten ihr den Weg und schlossen sie bei Kut-el-Amara ein. Versuche der Briten, den Umzingelten zu Hilfe zu kommen, schlugen fehl. Ebensowenig vermochte Townshend sich aus der Umklammerung zu befreien. Monatelang verteidigte er sich in Kut-el-Amara, aber die Türken brauchten keine großen Anstrengungen zu machen, um ihn niederzuzwingen; sie konnten dies der Zeit und dem Hunger überlassen.

Mit ebenso pomphaften Erklärungen des unfehlbaren Erfolges wie das Dardanellenunternehmen war der englische Vormarsch gegen die Märchenstadt Bagdad ins Werk gesetzt worden. Im Unterhause hatte der Ministerpräsident bereits laut verkündet, die Einnahme von Bagdad stehe nahe bevor. Aber bald darnach, etwa im November 1915, meldeten die Osmanen, es sei ihnen gelungen, die Armee des Generals Townshend einzuschließen. Die zum Entsatz bestimmte Armee kam nicht weit. Sie erlitt eine Niederlage nach der andern, und inzwischen wurde die Lage der Briten bei Kut-el-Amara immer bedenklicher.

Am 29. April 1916 vollendete sich ihr Schicksal. General Townshend mußte sich zu bedingungsloser Übergabe entschließen. 13 300 Mann fielen in türkische Gefangenschaft.

Ein tragisches Geschick hat es gewollt, daß eine Woche vor diesem großen Erfolge der Mann, welcher ihn durch seine Führung vorbereitete, vom jähen Tode dahingerafft wurde. Am 21. April 1916 starb Kolmar Freiherr v. d. Goltz, der Führer auf diesem entlegensten Schauplatz des Weltkrieges, am Flecktyphus.

Als er von dem Posten eines Generalgouverneurs von Belgien abberufen und nach dem osmanischen Reiche kommandiert worden war, übernahm er zunächst die Führung der um Konstantinopel her vereinigten türkischen Streitkräfte. Dann aber gewannen die Dinge in Mesopotamien für die Türkei eine bedenkliche Gestalt, und der Sultan erteilte ihm den

Oberbefehl über die Iraktruppen. Damit war die Sehnsucht des greisen Feldmarschalls endlich erfüllt. Er stand auf einem richtigen Kriegsposten. Schon als Generalgouverneur von Belgien hatte er sich weit lieber in den Schützengräben und vorn an der Front aufgehalten als hinten in den Schreibstuben.

In der Schlacht vom 22. bis 24. November am Ktesiphon errang v. d. Goltz seinen ersten Erfolg. General Townshend wurde aufs Haupt geschlagen und büßte ein Drittel seiner Streitkraft ein. Der Rest wurde nach der Schlacht noch 130 Kilometer weit verfolgt und bei Kut-el-Amara in eiserner Umklammerung festgehalten. Damit hatte v. d. Goltz die Hoffnungen, die der Sultan in ihn setzte, aufs glänzendste erfüllt und den Abend seines arbeitsreichen und verdienstvollen Lebens durch eine unvergängliche Waffentat gekrönt.

Dieser Mann, der nie etwas anderes war und sein wollte als ein Soldat, hat sich selber gewiß keinen andern Tod als den Soldatentod gewünscht. Die Verehrung und die Liebe zweier Völker geleitete ihn ins Grab. Hüben und drüben aber hat man es tief beklagt, daß es ihm nicht mehr vergönnt war, die heranreifende Frucht seiner Strategie zu pflücken, die Kapitulation des Feindes mitzuerleben.

Außer der großen Zahl an Gefangenen, von welchen mehr als 500 Offiziere und übrigens 25 Prozent Engländer waren, erbeuteten die Sieger in Kut-el-Amara 40 Kanonen verschiedener Kaliber, 20 Maschinengewehre und fast 5000 Gewehre, ferner eine große Menge Artillerie- und Infanterie-Munition, ein großes und ein kleines Schiff, 4 Automobile, 3 Flugzeuge und viel anderes Kriegsgerät.

Damit war auch der zweite schöne Traum der Engländer, neben Konstantinopel Bagdad zu erobern, kläglich gescheitert.

Kolmar Freiherr von der Goltz-Pascha.

Wenn die Osmanen in späteren Zeiten sich noch ihrer großen Erfolge erinnern, so werden sie stets mit Dankbarkeit der drei deutschen Befehlshaber gedenken, die sich in diesen schweren Zeiten ein bleibendes Verdienst um die Rettung und Befreiung der Türkei erworben haben: Usedom, Liman und v. d. Goltz.

Am 24. Juni 1916 wurde die Leiche des Feldmarschalls in der türkischen Hauptstadt unter der Beteiligung der gesamten Bevölkerung zu Grabe getragen. Der Sarg des Marschalls, den die deutsche und die türkische Kriegsflagge umhüllten, war im nordöstlichen Teil des riesigen umfriedeten Platzes vor dem Kriegsministerium aufgebahrt. Neben dem Katafalk standen Gebirgsgeschütze. Zu beiden Seiten des Sarges waren prachtvolle Kränze des deutschen Kaisers, des Sultans, des Kaisers Franz Josef und der Armeen der Türkei, Deutschlands und Österreich-Ungarns gruppiert. Der Sultan ließ sich durch seinen Sohn, Prinzen Sia Eddin Effendi vertreten. Kaiser Wilhelm hatte den Botschafter Grafen Wolff-Metternich mit seiner Vertretung beauftragt. Der österreichische Militärbevollmächtigte, General Pomiankowsky, vertrat Kaiser Franz Josef. Den Mittelpunkt der glänzenden Trauerversammlung, in der man alle Minister des diplomatischen Korps, viele deutsche, türkische und österreichisch-ungarische Offiziere sowie die hier weilenden Senatoren und Abgeordneten bemerkte, bildeten die Hinterbliebenen des Verstorbenen, zwei Töchter und eine Schwiegertochter des Marschalls. Die Kapelle des Schlachtkreuzers „Jawus Sultan Selim" eröffnete die Feier mit einem Choral. Dann hielt der Marinepfarrer Barbe die Trauerpredigt im Anschluß an das Bibelwort: „Sei getreu bis in den Tod." Darauf segnete er den Sarg ein. Nach ihm ergriff Enver Pascha das Wort, um dem Entschlafenen in einer kurzen Rede in türkischer Sprache den letzten Gruß der osmanischen Armee zu entbieten. Jetzt erst, so erklärte Enver, habe Goltz-

Pascha begonnen, für die Türkei zu leben. Er flehe
Gott an, dem verdienstvollen Toten zum Lohn für sein
segensreiches Wirken die ewige Ruhe zu gewähren.
Deutsche Matrosen hoben den Sarg, auf dem ein Helm
und ein türkischer Marschallskalpak sowie der Degen
des Entschlafenen lagen, auf eine von sechs Pferden
gezogene Lafette. Langsam setzte sich die von General
Mehmed Ali Pascha kommandierte Trauerparade in
Bewegung. Zu ihr hatten türkische Regimenter aller
Waffengattungen sowie deutsche und österreichische
Formationen Abteilungen gestellt. Durch das dichte
Spalier von türkischen Männern und Frauen, denen
man die tiefe Bewegung deutlich anmerkte, gelangte der
endlose Trauerzug zum Serailpark, in dem die Truppen Spalier bildeten. An der Serailspitze lag ein Re-
gierungsdampfboot mit der türkischen Flagge auf Halb-
mast bereit, den Sarg des Marschalls aufzunehmen.
Als das Boot das Ufer verließ, feuerte eine Abteilung
der Militärfeuerwehr am Strande drei Salven ab.
Bald nach 7 Uhr traf das Boot mit dem Sarg, von
zwei Torpedobooten eskortiert, in Therapia ein. Die
Hinterbliebenen folgten mit dem Grafen Wolff-
Metternich und den übrigen Herren der Gesandschaft
im zweiten Boot. Es dunkelte bereits unter den alten
Bäumen des Botschafterparks in Therapia, als der
Sarg zum Friedhof beim Moltke-Denkmal hinaufge-
tragen wurde. In aller Stille wurde Golz Pascha dort
neben dem Freiherrn v. Wangenheim und dem in den
Dardanellenkämpfen gefallenen Oberst v. Leipzig bei-
gesetzt.

Vierter Teil.

See.

Prinz Heinrich von Preußen,

der Bruder unseres Kaisers und der zweite Sohn Kaiser Friedrichs III., wurde am 14. August 1862 zu Potsdam geboren, besuchte, wie sein älterer Bruder, unser Kaiser, das Gymnasium in Cassel und widmete sich vom Jahre 1877 ab dem Seedienst. Im Jahre 1878 trat er auf der Korvette „Prinz Adalbert" eine Reise um die Erde an, von der er erst 1880 zurückkehrte. Danach bestand er in Kiel die Seemannsprüfung. Zwei Jahre später unternahm er auf der Korvette „Olga" eine Reise nach Westindien und andern Teilen Amerikas. Im März 1884 ernannte Kaiser Wilhelm ihn zum Kapitänleutnant. Im Winter des Jahres 1884 nahm er an einem Kursus auf der Marineakademie zu Kiel teil, tat dann Dienst als Wachtoffizier auf der Kreuzerfregatte „Stein", absolvierte im folgenden Winter einen zweiten Kursus auf der Marineakademie und hatte hierauf den Posten eines ersten Offiziers an Bord der Panzerkorvette „Oldenburg" inne.

Nachdem er Kompagnieführer der 1. Matrosendivision zu Kiel, sodann Chef einer Torpedobootsdivision und Kommandant des Torpedodivisionsbootes D 2 gewesen war, wurde er am 18. Oktober 1887 zum Korvettenkapitän befördert. Im Sommer 1888 führte er als Kommandant die Kaiserjacht „Hohenzollern" auf der Nordlandsreise Seiner Majestät. Am 27. Januar 1889 wurde er Kapitän zur See und kommandierte als solcher die Kreuzerkorvette „Irene", auf der er mehrere Reisen machte.

Zwei Jahre lang, von 1890 bis 92, befehligte er die 1. Matrosendivision in Kiel und später die Panzerschiffe „Sachsen" und „Wörth". Im September des Jahres 1895 zum Konteradmiral befördert, war er erst Chef der 2. Division des 1. Geschwaders und dann Inspekteur der 1. Marinedivision. Nach der Besitzergreifung von Kiautschou erhielt er den Oberbefehl über das nach Ostasien beorderte zweite Kreuzergeschwader und wurde 1899 zum Chef des gesamten ostasiatischen Geschwaders ernannt. Im September 1901 erfolgte seine Beförderung zum Admiral. Als solcher unternahm er auf Befehl des Kaisers eine Reise durch die Vereinigten Staaten von Amerika, wo er überall mit begeistertem Entgegenkommen empfangen wurde. 1903 ernannte ihn der Kaiser zum Chef der Marinestation der Ostsee, 1906 zum Chef der aktiven Schlachtflotte.

Prinz Heinrich hat außerdem den Rang eines Generals der Infanterie und eines österreichischen Admirals; er ist Chef des Füsilierregiments Nr. 35, Oberstinhaber des k. u. k. österreichisch-ungarischen Regiments Nr. 20, Ehrenbürger der Stadt Neuyork und erster Doktoringenieur der Technischen Hochschule zu Charlottenburg. Vermählt ist er mit Irene, der Tochter des Großherzogs von Hessen. Er hat drei Söhne, Waldemar, Siegismund und Heinrich.

Im Juli des Jahres 1916 verlieh der Kaiser ihm in seiner Eigenschaft als Befehlshaber der Ostseestreitkräfte den Orden Pour le mérite.

Vizeadmiral Graf Spee.

Der Name dieses Mannes ist für alle Zeit ver=
knüpft mit dem ersten Siege der deutschen Flotte. Am
6. November wurden wir freudig überrascht durch die
Nachricht, daß unser Auslandsgeschwader an der Küste
von Chile ein englisches Geschwader geschlagen habe.
Die amtliche Meldung lautete: „Am 1. November sind
durch unser Kreuzergeschwader in der Nähe der chile=
nischen Küste der englische Panzerkreuzer „Monmouth"
vernichtet, der Panzerkreuzer „Good Hope" schwer be=
schädigt worden; der kleine Kreuzer „Glasgow" ist be=
schädigt entkommen. Auf deutscher Seite waren be=
teiligt: S. M. Kreuzer „Scharnhorst" und „Gneisenau"
und S. M. Kreuzer „Nürnberg", „Leipzig" und
„Dresden". Unsere Schiffe haben anscheinend nicht
gelitten."

Der Mitarbeiter des „Berliner Tageblattes",
Kapitän zur See a. D. Persius erörterte diesen See=
sieg in der Nummer vom 6. November 1914:

„Die Nachricht von dem wuchtigen Schlag, den die
Hauptvertreter unseres Kreuzergeschwaders fern von
der Heimat an der chilenischen Küste der englischen
Flotte zufügten, erfüllt uns mit gerechter Genug=
tuung. Bis jetzt hieß es, die englischen Kreuzer wer=
den die paar deutschen Kriegsschiffe, die auf Beute aus=
gehen, bald fangen. Nun haben diese englischen
Kreuzer im regelrechten Kampf mit den deutschen
Kreuzern gestanden und sind vernichtet worden, be=
ziehungsweise haben sie erheblichen Schaden erlitten.
Vielleicht, das steht noch nicht fest, lag die ziffermäßige
Übermacht auf deutscher Seite. Aber das würde keines=
wegs den Erfolg unserer Kreuzer beeinträchtigen.
Denn zu rechter Zeit und am rechten Ort die Übermacht
zu versammeln, das ist ja gerade die Kunst, über die
der Stratege gebieten muß. Es erscheint erstaunlich,
daß es dem befehligenden Admiral unseres Kreuzer=

geschwaders gelang, die einzelnen Schiffe aus den ver=
schiedenen Gewässern zusammenzuziehen. Der nun
stattgehabte Zusammenstoß zwischen den deutschen und
englischen Schiffen ist der erste größere Kampf, den
unsere Flotte zu bestehen hatte, und an dem sich auf
beiden Seiten Schlachtschiffe, das heißt Panzerkreuzer,
beteiligten."

Vizeadmiral Graf von Spee sandte einen ausführ=
lichen Bericht über die Schlacht, welche im Beginn des
Monats Juli 1915 vom deutschen Admiralstab ver=
öffentlicht wurde:

„Der mir unterstellte Verband, bestehend aus den
großen Kreuzern „Scharnhorst" und „Gneisenau" und
den kleinen Kreuzern „Nürnberg", „Leipzig" und
„Dresden", lief am 1. November mit 14 Seemeilen
Fahrt etwa 20 Seemeilen von der chilenischen Küste
entfernt nach Süden, um vor Coronel einen englischen
Kreuzer abzufangen, der nach zuverlässiger Nachricht
am Abend vorher dort zu Anker gegangen war. Unter=
wegs wurden mehrfach kleine Kreuzer seitlich deta=
chiert, um begegnende Dampfer und Segelschiffe fest=
zustellen.

„Um 4 Uhr 15 Min. nachmittags waren mit solchem
Auftrage S. M. S. „Nürnberg" in Nordost aus Sicht
gekommen, S. M. S. „Dresden" etwa 12 Seemeilen
zurückgeblieben; mit dem Gros stand ich etwa 40 See=
meilen nördlich der Bucht von Arauco.

„Um 4 Uhr 17 Minuten wurden in West zum Süden
zuerst zwei, dann um 4 Uhr 25 Minuten ein drittes
Schiff in etwa 15 Seemeilen Abstand gesichtet, von
denen zwei bald als Kriegsschiffe, vermutlich „Mon=
mouth" und „Glasgow", erkannt wurden, während der
dritte wohl der Hilfskreuzer „Otranto" war. Sie
schienen ebenfalls auf südlichem Kurse zu liegen. Der
Verband lief mit äußerster Kraft hinterher, sie etwa
4 Strich an Steuerbord haltend; der Wind wehte in
Stärke 6 aus Süden, Seegang und Dünung waren

dementsprechend stark, so daß ich Wert darauf legen mußte, nicht in die Luvposition gedrängt zu werden. Auch diente der gewählte Kurs dazu, dem Gegner den Weg nach der neutralen Küste abzuschneiden. Etwa um 4 Uhr 35 Minuten wurde festgestellt, daß die feind=
-lichen Schiffe mehr nach Westen abhielten, und ich folgte allmählich bis auf Westsüdwest = Kurs, wobei „Scharnhorst" mit Umdrehungen für 22 Seemeilen langsam aufkam, während „Gneisenau" und „Leip= zig" sackten. Der lebhafte feindliche Funkenverkehr wurde soviel wie möglich gestört.

„Um 5 Uhr 20 Minuten wurde das Hinzukommen eines weiteren Kriegsschiffes gemeldet, das sich um 5 Uhr 30 Minuten an die Spitze setzte und als „Good Hope", Flaggschiff des Kontreadmirals Craddock, er= kannt wurde. Die feindliche Linie ordnete sich nun, setzte Topflaggen und suchte langsam Annäherung auf südlichem Kurse. Von 5 Uhr 35 Minuten ab hielt ich allmählich auf Südwestkurs, später auf südlichem Kurs ab und minderte Fahrt, um die eigenen Schiffe herankommen zu lassen.

„Um 6 Uhr 7 Minuten standen beide Linien („Dres= den" noch etwa 1 Seemeile zurück) bis auf „Nürn= berg", die weit ab war, auf annähernd parallelem Südkurs einander im Abstand von 135 Hektometern gegenüber. 6 Uhr 20 Minuten, auf 124 Hektometer Abstand, machte ich eine 1'=Strich=Wendung auf den Gegner zu und ließ 6 Uhr 34 Minuten nachmittags auf 104 Hektometer Abstand Feuer eröffnen. Wind und Seegang waren von vorn, die Schiffe arbeiteten stark, namentlich die kleinen Kreuzer beider Seiten. Beobachtung und Entfernungsmessung litten hier sehr unter den Seen, die über die Back und den Kommando= stand stürzten, und die hochlaufende Dünung verdeckte den auf dem Mitteldeck stehenden 10,5=S.=K. das Ziel so, daß sie das Heck ihres Gegners überhaupt nicht und den Bug nur zeitweilig zu sehen bekamen. Dagegen

v. Moltke

v. Falkenhayn

v. d. Goltz-Pascha

v. Tirpitz

Gravüren Bruckmann München

war die Artillerie der beiden Panzerkreuzer durchaus gebrauchsfähig und schoß gut; auf „Good Hope" konnte schon um 6 Uhr 39 Minuten der erste Treffer beobachtet werden. Gleich darauf ließ ich zur Kiellinie zurückwenden. Die Engländer eröffneten erst zu dieser Zeit das Feuer; ich nehme an, daß die grobe See ihnen mehr Schwierigkeiten machte als uns. Ihre beiden Panzerkreuzer blieben im wesentlichen, auch als es bei abnehmenden Entfernungen anfing dunkel zu werden, von unserem Feuer eingedeckt, während sie selbst, soweit bisher festgestellt, „Scharnhorst" nur zweimal und „Gneisenau" nur viermal getroffen haben. Um 6 Uhr 53 Minuten nachmittags, auf etwa 60 Hektometer, wendete ich 1 Strich vom Gegner ab. Dessen Artillerie feuerte um diese Zeit langsamer, während wir zahlreiche Treffer beobachten konnten. Unter anderem wurde gesehen, daß auf „Monmouth" die Turmdecke des vorderen Doppelturmes abgehoben wurde, und daß im Turm ein starker Brand entstanden war. „Scharnhorst" glaubt etwa 35 Treffer auf „Good Hope" sich anrechnen zu dürfen. Da sich die Entfernung trotz unseres Abwendens noch bis auf 49 Hektometer verringerte, so war anzunehmen, daß der Gegner am Artillerieerfolg zweifelte und auf Torpedoschuß manövrierte. Die Stellung des gegen 6 Uhr aufgegangenen Mondes hätte ihn hierbei begünstigt. Ich zog deshalb etwa um 7 Uhr 45 Minuten den Verband durch Abschwenken des Spitzenschiffes allmählich weiter ab. Es war inzwischen dunkel geworden, die Entfernungsmessung auf „Scharnhorst" benutzte zunächst noch den Schein der auf „Good Hope" ausgebrochenen Brände als Meßpunkte, allmählich wurden aber Messungen, Abkommen und Beobachtungen so ungenau, daß das Feuer um 7 Uhr 26 Minuten eingestellt wurde. Um 7 Uhr 23 Minuten nachmittags war bei „Good Hope" eine starke Explosionssäule zwischen den Schornsteinen beobachtet worden; von da ab feuerte das Schiff, wie mir schien, nicht mehr. „Monmouth" scheint schon etwa um 7 Uhr 20 Minuten das Feuer eingestellt zu haben.

„Die kleinen Kreuzer, einschließlich „Nürnberg", die inzwischen herangekommen sein mußten, erhielten um 7 Uhr 30 Min. nachmittags den funkentelegraphischen Befehl, den Feind zu verfolgen und mit Torpedos anzugreifen. Die Sichtigkeit wurde um diese Zeit durch Regenböen beeinträchtigt. Es gelang den kleinen Kreuzern nicht, „Good Hope" zu finden; dagegen hat „Nürnberg" „Monmouth" getroffen, der stark gekränkt zuerst vor, dann neben ihr herlief, und hat ihn um 8 Uhr 58 Min. durch Beschießung auf nächste Entfernung zum Kentern gebracht, ohne daß er das Feuer erwidert hätte. Seine Flagge wehte aber noch. An Rettungsarbeiten war bei dem hohen Seegang nicht zu denken, zumal „Nürnberg" unmittelbar hinterher Rauchwolken eines zweiten Feindes zu sichten glaubte und dorthin einen neuen Vorstoß ansetzen mußte. „Otranto" ist schon bei Beginn des Kampfes nach dem ersten Treffer abgedreht und später anscheinend mit hoher Fahrt fortgelaufen. „Glasgow" hat am längsten ihr freilich wirkungsloses Feuer fortsetzen können, sie ist dann in der Dunkelheit ebenfalls entkommen. „Leipzig" und „Dresden" glaubten immerhin mehrere Treffersalven auf ihr beobachtet zu haben.

„Die kleinen Kreuzer haben in dem Kampfe weder Verluste noch Beschädigungen erlitten. „Gneisenau" hat zwei Leichtverwundete.

„Die Besatzungen der Schiffe gingen mit Begeisterung in den Kampf; ein jeder hat seine Pflicht getan und Anteil am Erfolge."

Der siegreiche Admiral erhielt das Eiserne Kreuz 1. und 2. Klasse.

Graf Spee wurde am 22. Juni zu Kopenhagen geboren. 1881 wurde er Leutnant, 1883 Oberleutnant zur See. 1905 übernahm er als Kapitän nach seiner Ernennung zum Konteradmiral zur See das Kommando des Linienschiffes „Wittelsbach". Seit 1878 gehörte er der Marine an. Er wurde zweiter Admiral des Aufklärungsgeschwaders. 1912 übernahm er die Führung des Kriegsgeschwaders. Später wurde er zum Chef desselben und gleichzeitig zum Vizeadmiral ernannt.

Als er im Jahre 1912 die Heimat verließ und die Reise ins Ausland antrat, fragte ihn jemand, was er tun würde, wenn inzwischen Krieg ausbräche. Er antwortete: „Dann hoffe ich mich mit vielen Engländern auf dem Meeresgrunde wiederzufinden."

Das stolze Wort wurde nach seinem Siege vor Chile in ganz Deutschland bekannt, und schon damals mischte sich in die Freude über diesen ersten großen Erfolg unserer Flotte die bange Sorge, ob es unserm Auslandsgeschwader auf die Dauer glücken würde, sich gegen die feindliche Übermacht zu halten. Ohne heimatliche Stützpunkte und sichere Häfen waren diese Schiffe in einer sehr heiklen Lage, zumal nach jener Niederlage die Feinde alles aufboten, um mit starken Kräften die Jagd auf sie zu eröffnen. Wie bald kam der Tag heran, da Graf Spee sein stolzes Wort zur Tat machte!

Als am 8. Dezember sein Geschwader sich den Falklandsinseln näherte, um hier Kohlen zu nehmen, sah es sich unerwartet einem sehr überlegenen Feinde gegenüber. Graf Spee konnte nur noch einem Teil seines Geschwaders den Befehl geben, sich durch schleunigen Rückzug in Sicherheit zu bringen, und mußte dann mit „Scharnhorst", „Gneisenau" und „Leipzig" den Kampf aufnehmen, während „Nürnberg" und „Dresden" Zeit fanden, sich zu entfernen.

Das feindliche Geschwader bestand aus „Inflexible", „Invincible" und „Canopus", sowie aus

den Kreuzern „Carnarvon", „Cornwall", „Kent",
„Glasgow", „Cumberland" und „Bristol". Die
Linienschiffe hatten sich hinter einem Landrücken ver-
borgen gehalten und kamen erst zum Vorschein, nachdem die deutschen Schiffe sich weit genug genähert
hatten, um die englischen Kreuzer unter Feuer zu
nehmen. Während „Canopus" als Wache im Hafen
von Port Stanley zurückblieb, schickte sich die „Cumberland" an, den Kreuzer „Dresden" anzugreifen. Sie
erhielt von „Scharnhorst" einen Treffer, der sie außer
Gefecht setzte, und ehe der Kreuzer „Bristol" seinerseits die Verfolgung aufnehmen konnte, hatte die
„Dresden" schon einen großen Vorsprung erlangt. Der
Kreuzer „Kent" jagte hinter der „Nürnberg" her; die
Kreuzer „Glasgow" und „Carnarvon" überfielen die
„Leipzig". Die Linienschiffe „Inflexible" und „Invincible" aber nahmen den Kampf mit „Gneisenau"
und „Scharnhorst" auf. Jede Einheit des deutschen
Geschwaders hatte es also mit so stark überlegenen
Gegnern zu tun, daß die Schlacht für sie von vorn-
herein hoffnungslos war. Es konnte sich für sie nur
um einen ehrenvollen Untergang handeln. „Scharnhorst" und „Gneisenau" haben sich denn auch tapfer
gewehrt und bis zum Augenblick ihres Versinkens geschossen. Das gleiche gilt von der „Leipzig". Graf
Spee und seine beiden Söhne haben den Tod gefunden. Die „Nürnberg" wurde nach sechsstündiger
Verfolgung vom „Kent" eingeholt und in Grund geschossen. Nur die „Dresden" ist entkommen. Später
ist sie dann an der Küste der chilenischen Insel Juan
Fernandez, also in neutralem Gewässer, von den englischen Schiffen überfallen und vernichtet worden.

- - - - -

Vizeadmiral Scheer.

Unvergeßlich wird allen Deutschen der 1. Juni des Jahres 1916 bleiben, an welchem uns noch in später Abendstunde die Freudenkunde von einem großen gegen die Engländer errungenen Seesiege überraschte. Das amtliche Telegramm, das uns diese Nachricht übermittelte, hatte folgenden Wortlaut:

Unsere Hochseeflotte ist bei einer nach Norden gerichteten Unternehmung am 31. Mai auf den uns erheblich überlegenen Hauptteil der englischen Kampfflotte gestoßen; es entwickelte sich am Nachmittage zwischen Skagerrak und Hornsriff eine Reihe schwerer für uns erfolgreicher Kämpfe, die auch während der ganzen folgenden Nacht andauerten. In diesen Kämpfen sind, soweit bisher bekannt, von uns vernichtet worden: das Großkampfschiff „Warspite", die Schlachtkreuzer „Queen Mary" und „Indefatigable", zwei Panzerkreuzer anscheinend der Achillesklasse, ein Kleiner Kreuzer, die neuen Zerstörerführer = Schiffe „Turbulent", „Nestor" und „Alcaster", sowie eine große Anzahl von Torpedobootszerstörern und ein Unterseeboot. Nach einwandfreier Beobachtung hat ferner eine große Reihe englischer Schlachtschiffe durch die Artillerie unserer Schiffe und durch Angriffe unserer Torpedobootsflottille während der Tagesschlacht und in der Nacht schwere Beschädigungen erlitten. Unter anderen hat auch das Großkampfschiff „Marlborough", wie Gefangenenaussagen bestätigen, Torpedotreffer erhalten. Durch mehrere unserer Schiffe sind Teile der Besatzungen untergegangener englischer Schiffe aufgefischt worden, darunter die beiden einzigen Überlebenden der „Indefatigable". Auf unserer Seite ist der Kleine Kreuzer „Wiesbaden" während der Tagesschlacht durch feindliches Artilleriefeuer und in der Nacht S. M. S. „Pommern" durch Torpedoschuß zum Sinken gebracht worden. Über das Schicksal

S. M. S. „Frauenlob", die vermißt wird, und einiger
Torpedoboote, die noch nicht zurückgekehrt sind, ist bis=
her nichts bekannt. Die Hochseeflotte ist im Laufe des
heutigen Tages in unsere Häfen eingelaufen.

Was seit Anbeginn des Krieges erwartet worden
war, hatte sich nun ereignet: eine Schlacht zwischen
den beiden größten Flotten der kriegführenden Mächte,
und was vielleicht die Welt nicht erwartet hatte: der
deutschen Flotte war trotz feindlicher Übermacht der
Sieg beschieden gewesen.

Erst am 5. Juni erhielten wir nähere Aufschlüsse
über das große Ereignis. Danach hatte das Treffen
sich in der folgenden Weise abgespielt. Die deutschen
Hochseestreitkräfte waren vorgestoßen, um englische
Flottenteile, die in letzter Zeit mehrfach an der nor=
wegischen Südküste gemeldet worden waren, zur
Schlacht zu stellen. Der Feind kam am 31. Mai 4 Uhr
30 Minuten nachmittags etwa 70 Seemeilen vor dem
Skagerrak zunächst in der Stärke von vier Kleinen
Kreuzern der „Calliope"=Klasse in Sicht. Die deut=
schen Kreuzer gingen sogleich gegen die Engländer vor,
die mit höchster Fahrt gegen Norden fortliefen. Um
5 Uhr 20 Minuten sichteten die Deutschen in west=
licher Richtung zwei feindliche Kolonnen, die als sechs
Schlachtkreuzer und eine größere Zahl Kleiner Kreuzer
und Zerstörer erkannt wurden. Sie entwickelten sich
nach Süden. Die Deutschen näherten sich ihnen bis auf
13 Kilometer und eröffneten auf südlichen bis südöst=
lichen Kursen ein sehr wirkungsvolles Feuer. Schon
im Verlaufe dieses Kampfes wurden zwei englische
Schlachtkreuzer und ein Zerstörer vernichtet.

Eine halbe Stunde später zeigten sich im Norden
weitere schwere feindliche Streitkräfte: fünf Schiffe der
„Queen Elisabeth"=Klasse. Nun griff das deutsche
Gros in das Gefecht ein; sofort drehte der Feind nach
Norden ab. Die fünf eben erst erschienenen englischen
Schiffe hingen sich an die englischen Schlachtkreuzer

an. Der Feind suchte sich mit höchster Fahrt und durch Abstaffeln dem äußerst wirkungsvollen Feuer der Deutschen zu entziehen und dabei mit östlichem Kurs um deren Spitze herumzukommen. Mit höchster Fahrt folgten die Deutschen. In diesem Abschnitt der Schlacht verloren die Briten einen Kreuzer und zwei Zerstörer. Das hinterste der deutschen Linienschiffs= geschwader vermochte zu dieser Zeit wegen seiner rück= wärtigen Stellung zum Feinde noch nicht in den Kampf einzugreifen.

Bald darauf erschienen von Norden her abermals neue schwere Streitkräfte des Feindes, nämlich mehr als zwanzig Linienschiffe neuester Bauart. Da die Spitze der deutschen Kräfte zeitweilig in Zweiseiten= feuer geriet, wurde die Linie auf Westkurs herumge= worfen. Gleichzeitig wurden nun die Torpedoboots= flottillen zum Kampfe gegen den Feind angesetzt. Sie griffen mit großer Kühnheit und mit sichtlichem Er= folge bis zu dreimal hintereinander an. In dieser Phase der Schlacht wurde ein englisches Großkampf= schiff vernichtet, während eine Reihe anderer schwere Beschädigungen erlitt.

Die Tagschlacht gegen die britische Übermacht währte bis zur Dunkelheit. Abgesehen von zahllosen leichteren Streitkräften kämpften auf feindlicher Seite mindestens 25 Großkampfschiffe, 6 Schlachtkreuzer und 4 Panzerkreuzer, auf deutscher Seite nahmen 16 Groß= kampfschiffe, 5 Schlachtkreuzer und 5 ältere Linien= schiffe an dem Gefecht teil. Panzerkreuzer waren auf deutscher Seite nicht vorhanden.

Mit einsetzender Dunkelheit gingen die deutschen Flottillen zum Nachtkampf gegen den Feind vor. Zahl= reiche Kreuzerkämpfe und Torpedobootsangriffe spiel= ten sich ab. Hierbei verloren die Engländer einen Schlachtkreuzer, einen Kreuzer, zwei Kleine Kreuzer und wenigstens zehn Zerstörer, darunter die beiden

ganz neuen Zerstörer=Führerschiffe „Turbulent" und
„Tipperary".

Ein Geschwader älterer englischer Linienschiffe, das
von Süden herbeigeeilt war, kam erst am Morgen des
1. Juni nach beendeter Schlacht heran, drehte
aber, ohne einzugreifen oder auch nur in Sicht des
deutschen Gros zu kommen, wieder ab.

Hierzu wurden später noch einige Einzelheiten be=
kannt. Von deutscher Seite soll die Entscheidung durch
die überlegene Wirkung der Artillerie, vor allem durch
deren vorzügliches Schießen erzielt worden sein. Trotz=
dem die Engländer gegen Abend den Vorteil für sich
hatten, daß sich ihr Gegner gegen den noch hellen West=
himmel deutlich abhob, wurden sie zum großen Teil
aufgerieben. Während am Tage schon das Gefecht mit
außerordentlicher Geschwindigkeit und aus stets wech=
selnden Stellungen geführt wurde, entstand nachts ein
wildes Durcheinander, worin die deutschen Torpedo=
jäger eine große Rolle spielten. Sogar die Großkampf=
schiffe, deren Scheinwerfer energisch arbeiteten, nah=
men mit ihren schweren Geschützen am Nachtkampfe
teil. Mehrere englische Schiffe wurden durch unge=
heure Brände vernichtet. Die Deutschen fuhren an
einem englischen Panzer vorbei, der vollkommen in
Weißglut gehüllt war. Ein anderer flog in einer
tausend Fuß hohen Feuergarbe in die Luft.

Die britische Admiralität versuchte natürlich einen
Teil ihrer besonders schweren Verluste zu bestreiten
und den Hergang der Schlacht in einem für sie gün=
stigen Lichte darzustellen. So behauptete sie, die
deutsche Flotte habe das Schlachtfeld geräumt, indem
sie sich durch die Flucht in Sicherheit brächte, und es
dadurch den Engländern unmöglich gemacht, die ange=
strebte Entscheidung zu erzwingen.

Was die Verluste betrifft, so sind sie einwandsfrei
festgestellt. Die britische Admiralität gab folgende

Einbuße zu: „Queen Mary" (30 000 To.), „Inde=
fatigable" (19 000 To.), „Invincible" (20 000 To.),
„Defence" (14 800 To.), „Warrior" (13 750 To.)
und „Black Prince" (13 750 To.). Sie leugnete den
Untergang des Großkampfschiffes „Warspite", doch ist
durch Gefangenenaussagen und die deutsche Beobach=
tung dargetan, daß dieses Schiff in der Schlacht ver=
nichtet worden ist. Seine 29 000 Tonnen kommen also
zu der Verlustsumme hinzu, welche hiernach an großen
Schiffen die Zahl von 111 600 Tonnen erreicht. Über
die Zahl der gesunkenen Kleinen Kreuzer und anderen
Fahrzeuge laufen die Nachrichten auseinander. Vor=
läufig geben die Briten den Verlust der Torpedoboots=
jäger „Tipperary", „Turbulent", „Fortune", „Sparrow=
hawk" und „Ardent" zu. Eine Meldung der englischen
Admiralität vom 3. Juni bezeichnete 6 weitere als
vermißt; über ihr Schicksal ist bislang nichts mehr be=
kanntgegeben worden, auch hat man die Namen nicht
veröffentlicht.

Auf deutscher Seite sind verlorengegangen an
großen Schiffen: „Pommern" und „Lützow", an
Kleinen Kreuzern: „Rostock", „Wiesbaden", „Elbing",
„Frauenlob". Das ergibt eine Tonnenzahl von ins=
gesamt 60 720. Die Engländer haben mithin eine un=
gefähr doppelt so starke materielle Einbuße erlitten.

Was den Verlauf der Schlacht betrifft, so steht ein=
wandsfrei fest, daß Admiral Jellicoe mit seiner großen
Flotte bereits am 1. Juni in dem über 300 Meilen vom
Kampfplatz entfernten britischen Stützpunkt Scapa=
Flow auf den Orkney=Inseln eingelaufen ist. Er kann
mithin nicht wohl einer fliehenden deutschen Flotte
nachgefahren sein. In der Tat trafen vielmehr die
nach der Schlacht zum nächtlichen Angriff nach Norden
über den Schauplatz des Tageskampfes hinaus ent=
sandten zahlreichen deutschen Torpedobootsflottillen
trotz eifrigen Suchens von dem englischen Gros nichts
mehr, wohl aber hatten sie hierbei Gelegenheit, eine

große Anzahl Engländer von gesunkenen Schiffen und
Fahrzeugen zu retten.

Wenn die Engländer nicht zugeben wollten, daß
ihre gesamte Kampfflotte an der Schlacht beteiligt gewesen sei, so sprach hiergegen wiederum die Tatsache,
daß sie in ihrem eigenen Bericht erwähnt hatten, das
Großkampfschiff „Marlborough" sei durch schwere
Beschädigungen kampfunfähig gemacht worden. Des
weiteren wurde von einem deutschen Unterseeboot ein
englisches Schiff der „Iron-Duke"-Klasse in schwer
beschädigtem Zustande der britischen Küste zusteuernd
gesichtet. Diese beiden Schiffe aber gehörten zu dem
englischen Gros.

Ferner schützte die britische Admiralität, um den
deutschen Erfolg zu verkleinern, vor, der Verlust mehrerer ihrer Schiffe sei auf die Wirkung von Minen,
Unterseebooten und Luftschiffen zurückzuführen. Dem-
gegenüber betonte die deutsche Admiralität mit Nach-
druck, daß weder Minen, welche übrigens den deutschen
Schiffen ebenso gefährlich hätten werden müssen wie
den feindlichen, noch Unterseeboote von der Hochseeflotte verwendet worden seien. Die deutschen Luft-
schiffe aber waren nur zur Aufklärung benutzt worden.

Die Deutschen verdankten ihren Sieg lediglich der
geschickten Führung und der vorzüglichen Handhabung
ihrer Artillerie und der Torpedowaffe.

Wohl bedeutete dieser Sieg keine Entscheidung.
Aber wenn auch die englische Flotte nach diesen
neuen Verlusten noch stark und gewaltig blieb, so hatte
sie doch wieder einmal eine sehr böse Schlappe davon-
getragen. Am höchsten aber ist die moralische Einbuße
zu bewerten. Vor der ganzen Welt war der Nimbus
des „meerbeherrschenden" Albion erschüttert worden.
Die erste große Schlacht, in der es den Deutschen zur
See gegenüberstand, endete mit seiner Niederlage.

Die Engländer sollen in der Schlacht über 7000 Mann verloren haben.

Am 5. Juni ließ der Kaiser in Wilhelmshaven Abordnungen sämtlicher an den Kämpfen beteiligt gewesenen Schiffe und Fahrzeuge antreten und sprach seinen tapferen Seeleuten den kaiserlichen Dank in folgenden Worten aus:

„So oft ich in den vergangenen Jahren meine Marine in Wilhelmshaven besucht habe, jedesmal habe ich mich in tiefster Seele gefreut über den Anblick der sich entwickelnden Flotte, des sich erweiternden Hafens. Mit Wohlgefallen ruhte mein Auge auf der jungen Mannschaft, die im Exerzierschuppen aufgestellt war, bereit, den Fahneneid zu leisten. Viele Tausende von euch haben dem Obersten Kriegsherrn ins Auge geschaut, als sie den Eid leisteten. Er hat euch aufmerksam gemacht auf eure Pflicht, auf eure Aufgabe. Vor allen Dingen darauf, daß die deutsche Flotte, wenn es einmal zum Kriege kommen sollte, gegen eine gewaltige Übermacht zu kämpfen haben würde. Dieses Bewußtsein ist in der Flotte zur Tradition geworden, ebenso wie es im Heere gewesen ist schon von Friedrichs des Großen Zeiten an: Preußen wie Deutschland sind stets umgeben gewesen von übermächtigen Feinden. Darum hat sich unser Volk zu einem Block zusammenschweißen lassen müssen, der unendliche Kräfte in sich aufgespeichert hat, bereit, sie loszulassen, wenn Not an den Mann käme. Aber so gehobenen Herzens wie am heutigen Tage habe ich noch nie eine Fahrt zu euch gemacht. Jahrzehntelang hat sich die Mannschaft der deutschen Flotte aus allen deutschen Gauen zusammengesetzt und zusammengeschweißt in mühevoller Friedensarbeit — immer mit dem Gedanken, wenn es losgeht, dann wollen wir zeigen, was wir können!

Und es kam das große Jahr des Krieges. Neidische Feinde überfielen unser Vaterland. Heer und Flotte waren bereit. Aber für die Flotte kam nun eine

schwere Zeit der Entsagung. Während das Heer in
heißen Kämpfen gegen übermächtige Feinde allmählich
die Gegner niederringen konnte, einen nach dem an=
dern — wartete und harrte die Flotte vergeblich auf
den Kampf. Die vielfachen einzelnen Taten, die ihr
beschieden waren, sprachen deutlich von dem Helden=
geist, der sie beseelte. Aber so, wie sie es ersehnte,
konnte sie sich doch nicht betätigen. Monate um Mo=
nate verstrichen, große Erfolge auf dem Lande wurden
errungen, und noch immer hatte die Stunde für die
Flotte nicht geschlagen. Vergebens wurde ein Vorschlag
nach dem anderen gemacht, wie man es anfangen könne,
den Gegner herauszubringen.

Da endlich kam der Tag. Eine gewaltige Flotte
des meerbeherrschenden Albion, das seit Trafalgar
hundert Jahre lang über die ganze Welt den Bann
der Seetyrannei gelegt hatte, den Nimbus trug der
Unüberwindlichkeit und Unbesiegbarkeit — da kam sie
heraus. Ihr Admiral war wie kaum ein anderer ein
begeisterter Verehrer der deutschen Flotte gewesen. Ein
tapferer Führer an der Spitze einer Flotte, die über
ein vorzügliches Material und tapfere alte Seeleute
verfügte — so kam die übermächtige englische Armada
heran, und die unsere stellte sie zum Kampf.

Und was geschah? Die englische Flotte wurde ge=
schlagen! Der erste gewaltige Hammerschlag ist getan,
der Nimbus der englischen Weltherrschaft geschwun=
den. Wie ein elektrischer Funke ist die Nachricht durch
die Welt geeilt und hat überall, wo deutsche Herzen
schlagen und auch in den Reihen unserer tapferen Ver=
bündeten beispiellosen Jubel ausgelöst. Das ist der
Erfolg der Schlacht in der Nordsee. Ein neues Kapitel
der Weltgeschichte ist von euch aufgeschlagen. Die
deutsche Flotte ist imstande gewesen, die übermächtige
englische Flotte zu schlagen. Der Herr der Heerscharen
hat eure Arme gestählt, hat euch die Augen klar ge=
halten.

Ich aber stehe heute hier als euer Oberster Kriegsherr, um tiefbewegten Herzens euch meinen Dank auszusprechen. Ich stehe hier als Vertreter und im Namen
des Vaterlandes, um euch seinen Dank, und im Auftrage und im Namen meines Heeres, um euch den
Gruß der Schwesterwaffe zu überbringen.

Jeder von euch hat seine Pflicht getan, am Geschütz,
am Kessel, in der Funkenbude. Jeder hatte nur das
große Ganze im Auge, niemand dachte an sich, nur ein
Gedanke beseelte die ganze Flotte. Es muß gelingen:
Der Feind muß geschlagen werden.

So spreche ich den Führern, dem Offizierskorps und
den Mannschaften vollste Anerkennung und Dank aus.
Gerade in diesen Tagen, wo der Feind vor Verdun anfängt, langsam zusammenzubrechen, und wo unsere
Verbündeten die Italiener von Berg zu Berg verjagt
haben und immer noch weiter zurückwerfen, habt ihr
diese herrliche große Tat vollbracht. Auf alles war die
Welt gefaßt, auf einen Sieg der deutschen Flotte über
die englische nie und nimmermehr. Der Anfang ist gemacht. Dem Feind wird der Schreck in die Glieder
fahren!

Kinder! Was ihr getan habt, das habt ihr getan
für unser Vaterland, damit es in alle Zukunft auf allen
Meeren freie Bahn habe für seine Arbeit und seine
Tatkraft. So ruft denn mit mir aus: Unser teures,
geliebtes, herrliches Vaterland Hurra, Hurra, Hurra!"

Der Führer der deutschen Flotte war Vizeadmiral
Scheer. Er ist im Juli 1863 geboren und gehört seit
1879 der Marine an. Auf dem Kadettenschulschiff
„Niobe" erhielt er seine erste Ausbildung. 1880 wurde
er zum Seekadetten befördert. Im Winter dieses
Jahres trat er auf der Korvette „Hertha" eine Reise
um die Erde an. 1882 zurückgekehrt, wurde er zum
Unterleutnant befördert. Bis zum Jahre 1886 hat er
an Bord der Kreuzerfregatte „Bismarck" Dienst getan,

welche während dieser Zeit nach Kamerun ging. Hier
nahm Scheer an den Kämpfen des Landungskorps teil.
Im Laufe des Winters 1885 wurde er zum Leutnant
zur See befördert. Nachdem er bis 1888 Adjutant bei
der zweiten Matrosendivision gewesen war, kam er als
Wachoffizier auf die Kreuzerkorvette „Sophie" und
nahm an der Ostafrika-Fahrt teil, deren Zweck die
Unterdrückung des Araberaufstandes war. An mehreren Landgefechten hat er teilgenommen und wurde
für tapferes Verhalten durch den Kronenorden mit
Schwertern ausgezeichnet. Darnach war er daheim
Torpedobootskommandeur und längere Zeit auch beim
Torpedoversuchskommando tätig. 1893 zum Kapitänleutnant befördert, war er zwei Jahre lang Naviga-
tionsoffizier an Bord des Kreuzers „Prinzeß Wilhelm", dann Dezernent in der Zentralabteilung des
Reichsmarineamts. 1900 wurde er Korvettenkapitän
(als solcher kommandierte er die 1. Torpedoabteilung),
kurz darauf Chef der 1. Torpedobootsflottille. Nachdem er abermals etwa ein Jahr als Vorstand der Zentralabteilung zum Reichsmarineamt kommandiert gewesen, wurde er 1904 zum Fregattenkapitän, 1905 zum
Kapitän zur See befördert. 1907—1909 war er Kommandant des Linienschiffes „Elsaß". Im Herbst des
letztgenannten Jahres wurde er zum Chef des Stabes
der Hochseeflotte ernannt. 1910 zum Konteradmiral
befördert, stand er als Leiter dem Allgemeinen Ma-
rinedepartement vor. 1913 übernahm er als Vizeadmiral die Führung des 2. Geschwaders. Im Jahre
1916 ernannte ihn der Kaiser nach dem Tode des Admirals Pohl zum Oberbefehlshaber der gesamten Hochseeflotte.

Ein humorvoller Anhängsel, das immerhin für den
Geist des Vizeadmirals charakteristisch ist, möge diesen
Abschnitt beschließen. Ein gewisser Herr Cummerow,
Rendant a. D. in Demmin, fühlte sich veranlaßt, die
Ruhmestat der deutschen Hochseeflotte in einem platt-

deutschen Gedicht zu besingen und dieses Opus an den
Admiral zu schicken. Scheer sandte ihm darauf das fol=
gende Telegramm:

> „Scheun Dank, min leewe Herr Rendant,
> Bun mi un mine Maaten
> För't plattdütsch Lob ut Pommerland.
> Wi rüst uns all för nige Taten.“

———————

Fünfter Teil.

Anhang.

Helmuth Johannes von Moltke,

war bei Beginn des jetzigen Krieges Chef des Großen
Generalstabes. Er wurde am 23. Mai 1848 zu Gers-
dorf in Mecklenburg-Schwerin geboren. Sein Vater,
Adolf von Moltke, war ein Bruder des großen
Schlachtendenkers von 1866 und 1870. Nach beendeter
Schulzeit im Realgymnasium zu Flensburg trat er als
Junker in das Flensburger Füsilier-Regiment Nr. 86
ein, wurde aber schon als Fähnrich in das Königs-
Grenadier-Regiment Nr. 7 versetzt, bei dem er den
Feldzug 1870/71 gegen Frankreich mitmachte. Als
Leutnant wurde er nach Friedensschluß dem 1. Garderegiment zu Fuß überwiesen. 1876—79 war er auf
der Kriegsakademie, darauf wurde er für ein Jahr dem
Großen Generalstabe zugeteilt und nach Versetzung
in den Generalstab zum Hauptmann befördert.
1882 erhielt er die Stellung eines zweiten Adjutanten bei seinem Onkel, dem Feldmarschall — eine
entscheidende Wendung in seiner Laufbahn. Er
behielt dieses Amt auch dann inne, als sein Oheim
auf persönlichen Wunsch von der Leitung des Generalstabs entbunden und vom Kaiser mit dem Vorsitz der
Landesverteidigungskommission betraut wurde. Da-

mals bat der alte Moltke den Kaiser ausdrücklich
darum, ihm den Neffen als Adjutanten zu laffen. Bis
zum Tode des Generalfeldmarschalls (1891) hatte der
jüngere Moltke denn auch dieses Amt inne. Inzwischen war er im Jahre 1888 Major geworden.

Nachfolger des verstorbenen Generalstabschefs war
zuerst Graf Waldersee, darnach Schlieffen, und dann
übernahm am 1. Januar 1906 der jüngere Moltke
dieses verantwortungsvolle Amt. In demselben Jahre
wurde er zum General der Infanterie ernannt. 1909
erhielt er den Schwarzen Adlerorden und die Beförderung zum Generalobersten.

Er ist vermählt mit der Gräfin Elife Moltke-Hvitfeld, deren sonniges Wesen und liebevolle Pflege den
Lebensabend des alten Moltke verklärt hatte. Sie
schenkte ihrem Gatten zwei Töchter und zwei Söhne,
die als Offizier dem Heere angehören.

Bei Beginn des Feldzuges verbreiteten die Engländer die Nachricht, der Chef des Generalstabes habe
nach der Niederlage der Deutschen bei Lüttich Selbstmord verübt — eine köstliche Probe der britischen
Lügenpresse.

Am 20. Oktober 1914 hörten wir, Moltke sei an
Leber- und Gallenbeschwerden erkrankt. Er behielt
sein Amt zunächst noch und ließ sich im Hauptquartier
ärztlich behandeln. Seine Geschäfte übernahm General von Falkenhayn, der Kriegsminister.

Zu dieser Zeit veröffentlichte eine Berliner
Zeitungskorrespondenz einige charakteristische Auslassungen Moltkes, die hier angeführt zu werden verdienen. Wir entnehmen daraus die folgenden Stellen.
Nachdem der Generalstabschef erklärt hatte, er fühle
sich wieder leidlich wohl, sagte er:

„Niemand in Deutschland hat den Krieg gewollt.
Weder irgend jemand anders, noch ich. Wir sind in
einer Weise herausgefordert worden, die keine andere
Antwort mehr zuließ. Wir haben doch wahrhaftig

lange genug bewiesen, daß wir den Frieden wollten.
Hatten wir nicht hundertmal bessere Gelegenheit, wenn
wir losschlagen wollten? Warum, wenn wir so kriegs-
hungrig waren, haben wir denn nicht während des
russisch-japanischen Krieges, als Rußland wehrlos war,
losgeschlagen? Warum nicht, als England mit dem
Burenkrieg die Hände voll zu tun hatte? Und als in
Deutschland doch nichts weiter sich ereignete als ein
paar Sympathiekundgebungen für das stammver-
wandte Volk in Afrika! Jetzt auf einmal wird das
Blaue vom Himmel heruntergelogen, um zu beweisen,
daß wir den Krieg vom Zaune gebrochen haben. Hätten
wir das getan, es wäre unverantwortlich, wäre ein
Verbrechen gewesen. Denn dieser Krieg, mit einer der-
artigen Übermacht, ist wahrhaftig kein Kinderspiel.
Das wußte man doch vorher. Für mich war es keinen
Augenblick zweifelhaft, daß England mitmachen, sich
am Kriege gegen uns beteiligen würde. Denn nur
Englands selbstsüchtige Interessenpolitik ist es, die
diesen lange von ihm vorbereiteten Krieg entfesselt hat.
Die ganze belgische Frage war, ganz der Art der Engländer entsprechend, nur ein scheinheiliger Vorwand.
Wenn gesagt wird, ich persönlich hätte gegenüber dem
Belgierkönig in einer Unterredung einmal mit dem
Kriege gedroht und das vielzitierte Wort „il faut en
finir" gesprochen, so wiederhole ich noch einmal: es ist
eine glatte Erfindung. Nie habe ich Ähnliches gesagt,
nie an die Herbeiführung eines Krieges gedacht, der
fast ganz Europa zerfleischen mußte."

Der Besucher erwähnte, daß auch dem Kaiser der
Entschluß zum Kriege schwer geworden sein müsse.
General von Moltke antwortete, indem er mit der
Hand auf den Tisch schlug, in sichtlicher Erregung:

„Ungeheuer schwer ist es dem Kaiser geworden!
Das kann man glauben. Haben denn die Leute nie
bedacht, wie riesenhaft die Verantwortung eines ge-
wissenhaften Monarchen ist, der das Blut seines

Volkes einsetzen soll? Das tut ein Mann wie unser Kaiser nur, wenn es sich um Leben oder Sterben seines Volkes handelt. Aber wir dürfen uns darauf verlassen, daß nach dem Kriege die Wahrheit über seine Entstehung doch durchdringt. Die Weltgeschichte läßt sich keine Lügen gefallen!"

General von Moltke äußerte dann mit großer Bestimmtheit die Überzeugung, daß Deutschland siegen werde, und wies auf die Haltung des Volkes hin, die herrlich sei. Der Ausgang des Krieges hänge nicht allein von der Armee ab, zur anderen Hälfte bestimme ihn das Volk selbst. Bis jetzt habe diese Wechselwirkung zwischen Volk und Heer den Erfolg gehabt, daß die Leistungen unserer Armeen fast übermenschliche waren. So werde es bleiben.

Am Schlusse der Unterhaltung sagte General von Moltke noch: "Wir dürfen die feste Gewißheit haben, daß Deutschland nicht untergehen wird. Wir werden siegen."

Die Vorbereitung dieses gewaltigsten aller Kriege, die Mobilmachung unseres Millionenheeres, der Aufmarsch, das Hineintragen des Krieges in Feindesland, das unser Vaterland bisher vor einer feindlichen Invasion geschützt hat, waren das Werk Moltkes. Unter seiner Leitung verliefen die ersten glänzenden Operationen im Westen, die im Laufe einiger Wochen unsere Heere durch Belgien bis vor die Tore von Paris führten und sämtliche belgischen sowie die Ostfestungen Frankreichs in unsere Hand brachten.

Mit dem größten Bedauern sahen Heer und Volk den Nachfolger Schlieffens aus seinem Amte scheiden; allein sein Zustand erlaubte es ihm nicht, die Geschäfte weiterzuführen, er mußte zu einer Kur nach Homburg gehen.

- Am 18. Juni 1916 raffte ein jäher Tod den Generaloberst dahin. Im Reichstage fand eine Trauerfeier für den verstorbenen Generalfeldmarschall Frei-

herrn v. d. Goltz-Pascha statt. Generaloberst v. Moltke
widmete dem Verewigten einen Nachruf und sprach als
Chef des stellvertretenden Generalstabs warme Worte
kameradschaftlichen Gedenkens, indem er v. d. Goltz als
einen echten Menschen und Soldaten pries, der in
seiner Geradheit, Anspruchslosigkeit und Tüchtigkeit
allzeit vorbildlich bleiben werde. Der Generaloberst
war sichtlich bewegt, als er nach seiner Rede seinen
Platz wieder aufsuchte. Nichts deutete in diesem
Augenblick auf eine Verschlimmerung seines Befindens
hin. Der türkische Botschafter Hakki Pascha trat vor
und hielt als Vertreter des osmanischen Reiches eine
Ansprache, in der er den Toten als Reorganisator der
türkischen Armee feierte. Er hatte kaum einige Minuten gesprochen, als Generaloberst von Moltke sich
plötzlich verfärbte, mit den Händen in die Luft griff
und vom Stuhl zu sinken drohte. Die Umstehenden
fingen ihn auf und legten ihn auf den Teppich nieder.
Eine große Unruhe bemächtigte sich der Versammlung.
Die ferner Stehenden konnten sich nicht erklären, wes-
halb der türkische Botschafter mitten in seiner Rede
aufhörte, bis der Vorsitzende mit lauter Stimme verkündete, daß die Feier wegen eines Unfalls abge-
brochen werden müsse. Ärzte bemühten sich um den
Generalobersten. Er kam jedoch nicht wieder zu Bewußtsein. Ein Herzschlag hatte seinem Leben ein Ende
gemacht.

Der Kaiser richtete an die Witwe das folgende
Telegramm:

„Ich erhalte soeben die erschütternde Nachricht vom
plötzlichen Tode Ihres Gemahls. Mir fehlen die
Worte, um meinen Empfindungen dabei vollen Aus-
druck zu geben. Tief bewegt gedenke ich seiner Er-
krankung im Beginn dieses Krieges, dessen glänzende
Vorbereitung der Inhalt seines rastlosen Wirkens als
Chef des Generalstabes der Armee gewesen ist. Das
Vaterland wird seine hohen Verdienste nicht vergessen,

und ich werde, solange ich lebe, in dankbarem Gedächt-
nis behalten, was dieser aufrechte, kluge Mann mit dem
goldenen Charakter und dem warmen, treuen Herzen
für mich und die Armee war. In aufrichtiger Trauer
spreche ich Ihnen und ihren Kindern meine herzliche
Teilnahme aus; ich weiß, daß ich an ihm einen wahren
Freund verloren habe."

Erich von Falkenhahn.

Anfang November 1914 wurde Generalleutnant
v. Falkenhahn unter Belassung in seiner Stellung als
Kriegsminister zum Chef des Generalstabes des Feldheeres ernannt. Ende Januar 1915 enthob der Kaiser
ihn seines Amtes als Kriegsminister und beförderte
ihn gleichzeitig zum General der Infanterie. Zu seinem Nachfolger im Kriegsministerum wurde, gleichzeitig unter Beförderung zum Generalleutnant, Wild
von Hohenborn ernannt. Dieser, aus Kassel gebürtig,
war einst als bürgerlicher Fahnenjunker in das Heer
eingetreten. 1900 war er geadelt worden. Er war
zuletzt Direktor des Allgemeinen Kriegs-Departe-
ments. Vorher war er Abteilungs-Chef im Großen
Generalstabe und Chef des Generalstabes XIII. Armeekorps. Als parlamentarische Stütze des Kriegsministers hat er im Reichstage oftmals Schlagfertig-
keit, Humor und rednerische Begabung gezeigt.

General der Infanterie Erich v. Falkenhahn wurde
am 11. September 1861 in Burg Belchau bei Graudenz
geboren als Sohn des Herrn auf Burg Belchau Fedor
v. Falkenhahn und dessen Gattin Franziska, geb.
Freiin v. Rosenberg. Er trat im Jahre 1880 aus dem
Kadettenkorps als Leutnant beim Infanterie-Regiment Nr. 91 ein.

Erich von Falkenhayn.

1887—1890 war er zur Kriegsakademie, 1891—1893 zum Großen Generalstabe kommandiert. 1893 wurde er als Hauptmann in den Großen Generalstab, 1895 als Kompagniechef in das Infanterie-Regiment Nr. 21 versetzt. 1896—1899 sehen wir ihn in chinesischen Diensten als Militär-Instrukteur. 1899 wurde er als Major im preußischen Heere wieder angestellt und zum Gouvernement Kiautschou versetzt. März 1900 trat er in den Generalstab des XIV. Armeekorps, Juni 1900 bis 1903 gehörte er dem Generalstabe des Ostasiatischen Expeditionskorps und der Besatzungsbrigade an. Nachdem er von 1903 bis 1906 Bataillonskommandeur im Infanterie-Regiment Nr. 92 gewesen war, wurde er 1905 zum Oberstleutnant befördert. 1906 arbeitete er als Abteilungschef im Großen Generalstabe. 1907 bis 1910 war er Chef des Generalstabes des XVI. Armeekorps. 1908 zum Oberst befördert, führte er im Jahre 1911 das 4. Garde-Regiment zu Fuß. Als Chef des Generalstabes des IV. Armeekorps wurde er 1912 zum Generalmajor befördert. 1914 verlieh der Kaiser ihm den Rang eines Generalleutnants und ernannte ihn zum Staats- und Kriegsminister.

Wie Falkenhayn in diesem Kriege arbeitet und wie er über diesen Krieg denkt, das schilderte in interessanter Weise ein amerikanischer Zeitungsschreiber, der zu einem Besuch bei Exzellenz von Falkenhayn zugelassen wurde.

„General von Falkenhayn, die wichtigste Zelle im Hirnzentrum des Heeres, genannt der „Generalstab", und der Mann, der, nächst dem Kaiser, für die deutsche Strategie in dem großen europäischen Kriege verantwortlich ist, ist ein noch verhältnismäßig junger Mann für einen Oberführer —, der jüngste aller Stabschefs der europäischen Armeen, mit großer Fähigkeit für schwere geistige Arbeit, so unerläßlich, um den enormen Apparat des deutschen Heeres in diesem Kriege zu leiten. Er sitzt an seinem Schreibtisch in dem alten

französischen Regierungsgebäude, welches den deutschen Großen Generalstab vom Morgengrauen bis spät
in die Nacht beherbergt, ein unaufhörlicher Strom von
Offizieren mit Meldungen und Plänen, die seiner Entscheidung benötigen, belagert und verläßt das kleine
viereckige Konferenzzimmer, dessen Tisch den ganzen
Tag über mit Karten überladen ist. Er hat wenig
Zeit für Erholung oder Bewegung und schläft im
Hauptquartier, mit seiner Hand sozusagen immer am
Steuerrade der großen Maschine; und doch ist seine
schlanke Figur so aufrecht und seine ganze Art so ge-
schmeidig und drahtig wie an dem Tage, als er blitz-
artig vor die Welt trat mit seiner unvergeßlichen Vertretung des deutschen Heeres im Reichstag."

„Dies ist von unserer Seite kein Angriffskrieg,"
sagte General von Falkenhayn, indem er die Ursachen
des Krieges erörterte, „nicht ein Krieg, herbeigeführt
durch irgendeine „Militärkaste" oder „Militärpartei",
sondern ein Krieg der Selbstverteidigung. Als Soldat
kann ich natürlich nicht über die politischen Elemente
der Ursachen des Feldzuges reden, aber vom militärischen Standpunkt wurde er uns durch die russische
Mobilmachung aufgezwungen. Angesichts deren konnten wir nichts anderes tun, als uns fertigmachen. Rußland war durch Seine Majestät und unseren Botschafter beraten und gewarnt worden, daß, wenn es
mobilisiere, wir zur Selbstverteidigung eine allgemeine Mobilmachung anbefehlen und alle Schritte tun
müßten, um unsere nationale Existenz zu schützen.
Trotzdem mobilisierte Rußland weiter, während es
feine diplomatischen Verhandlungen führte. Wenn ein
Mann zu einer Aussprache mit einem schußbereiten Gewehr in Ihr Zimmer kommt, kann man von Ihnen kaum
verlangen, daß Sie, ehe Sie nach Ihrer eigenen Waffe
greifen, zuwarten, bis er den Finger am Abzug
krümmt und auf Sie anschlägt. Unsere gegenwärtige
Lage ist ausgezeichnet. Wir haben keine Ursache, uns

zu beklagen. Der Krieg wurde von uns auf beiden
Fronten in Feindesland getragen, und dort sind wir
noch nach fünf Feldzugsmonaten. Unsere Truppen sind
guten Geistes und guter Verfassung, und unsere
jetzigen Linien sind sehr stark. Der Vorteil ist bis jetzt
auf unserer Seite. Wenn unser erster Vormarsch auf
Paris", sagte er als Antwort auf eine andere Frage,
"ganz und in jeder Hinsicht erfolgreich gewesen wäre,
würde man ihn als einen äußerst brillanten Schachzug
anerkannt haben. Wie es steht, ist er bewundernswert.
Ich kann das ganz freimütig sagen, da ich nichts mit
dem Entwurf des Feldzugsplanes zu tun hatte, aber
man kann nicht erwarten, einen Krieg durchzufechten,
ohne irgendwelche Rückschläge, und als wir zurück=
gingen, schwenkten wir auf unsere gegenwärtige
Aktionslinie, in der wir durchaus erfolgreich gewesen
sind. Es ist unrecht, die Operationen in Flandern als
einen Versuch unsererseits zu betrachten, Calais zu er=
reichen und die verbündeten Armeen zu überflügeln.
Im Gegenteil, diese Feldzugsphase ist das Ergebnis
eines Versuchs von französischer und britischer Seite,
ihren Nordweg zu forcieren, um uns von der See zu
trennen, unsere rechte Flanke und Schulter zu ge=
winnen, Antwerpen wieder zu nehmen und uns zu
nötigen, uns aus Belgien zurückzuziehen. Ihr Plan
war verfehlt, unser Gegenschachzug dagegen erfolgreich.
Sie haben uns nicht überflügelt und flankiert, und wir
sind heute noch da." — "Wie steht es denn mit der groß
ausposaunten allgemeinen Offensive Kitcheners neuer
Armee?" — "Die Offensive", antwortete General von
Falkenhayn, "sollte nach General Joffres Tagesbefehl
am 17. Dezember einsetzen. Bis jetzt haben wir keine
Veranlassung, mit ihren Resultaten unzufrieden zu
sein. Ich kann die genaue Darstellung nicht geben, aber
bis jetzt hat sie diese Offensivbewegung außerordentlich
große Verluste gekostet. Wir haben nicht nur unsere
Linien mit Erfolg gehalten, sondern haben sogar noch

Boden gewonnen. Weitere solche Offensiven können uns nur willkommen sein. Was Kitcheners neue Armee anbetrifft, — die Engländer sind gute Kämpfer, allen Respekt vor ihnen, — aber eine Armee ohne die nötigen Offiziere und Unteroffiziere ist keine rechte Armee, nach heutigen Begriffen. Sie können ihre Leute herüberschicken, um uns anzugreifen, aber ich denke, wir sind stark genug, ihnen eins auszuwischen und sie mit blutigen Köpfen zurückzuwerfen. Die geplante Landung in Belgien? Wir sind ganz bereit zu jedem Versuch nach dieser Richtung. Je eher er kommt, desto besser."

Es lag nichts Überhebendes in General von Falkenhayns Art, als er diese Eröffnung machte; im Gegenteil: ein Ton ruhigen, selbstsicheren Vertrauens in die Bereitschaft der deutschen Armee und ihrer Geschicklichkeit, sich in jeder Situation zurechtzufinden.

„Was für Wirkung auf die deutsche Kriegführung hat die englische Blockade und Konterbandekontrolle ausgeübt?" wurde General von Falkenhayn gefragt.

„Praktisch gar keine. Nahrungsmittel haben wir genug. Haben Sie in Deutschland irgendeine Knappheit bemerkt? Wir haben in einigen Artikeln hauszuhalten und müssen mit unserem Weizenverbrauch sparsam umgehen, aber unser „Kriegsbrot" (er meinte damit das Brot, welches aus der vorgeschriebenen Mischung von Roggen und Kartoffelmehl mit Weizenmehl hergestellt wird) ist auch schmackhaft und nahrhaft, wie das normale Weizenbrot. Das Problem der Ernährung der belgischen und polnischen Zivilbevölkerung, wie auch in den besetzten Teilen Frankreichs, besonders solcher Städte, wie Lille oder Lodz, bereitet einige Schwierigkeiten; aber für uns selbst haben wir genug."

„Was die Sperrung für Kupfer anbetrifft," lachte General von Falkenhayn, „so haben wir freilich kein Kupfer unter der Erde. Das ist wahr. Aber über der

Erich von Falkenhayn.

Erde haben wir mehr als genug für alle unsere militärischen Erfordernisse. Sollten unsere greifbaren Bestände erschöpft sein, so brauchen wir nur auf die enormen Mengen bearbeiteten Kupfers in Deutschland zurückzugreifen. Zum Beispiel in unseren Hochspannungskabeln haben wir für den Augenblick den Bedarf für ein paar Jahre gedeckt. Die englische Bevormundung scheint mir ein schwerer Schlag für Amerika, aber für uns bedeutet es nichts." (Er gebrauchte einen kräftigen süddeutschen Ausdruck für übergleichgültigkeit.)

„Und wie lange, Eure Exzellenz, glauben Sie, mag dieser Krieg dauern, kann er dauern? Lord Kitcheners drei Jahre?"

„Er kann dauern", wiederholte der General, indem er einen Satz der Frage herausgriff, „unseretwegen unbegrenzt. Ich sehe nichts, was uns zwingen kann, dem Kriege Einhalt zu tun. Nahrungsmittel und Materialien? Wir sind voll und reichlich versehen. Unsere strategische Lage ist gut. Menschenmaterial? Ist es Ihnen bekannt, wann die Rekruten der Klasse 1915 zu den Fahnen gerufen worden sind? Am 1. Oktober 1914, an dem normalen Datum. Erst gestern hatte ich mich mit dieser Frage beschäftigt. Sieht das so aus, als wenn wir Mangel an Soldaten haben könnten? Heute haben wir mehr Truppen in Berlin als jemals in Friedenszeiten. Sie haben natürlich noch ein „Training" nötig, doch werden keine Leute ohne hinreichende Vorbereitung an die Front geschickt. Begeisterung? Sie sind ja an der Front gewesen und wissen, daß da kein Abnehmen an Eifer bei den Leuten für ihre Tätigkeit zu bemerken ist. Nein, wir können schon ins Unbegrenzte durchhalten.

„Und wenn wir in diesem Kriege, in welchem Kalmücken, Kamtschatkaner, Turkmenen, Senegalneger, Juder, Japaner und sonst noch was herangeschleift wurden, um in des weißen Mannes Europa das sogenannte Gleichgewicht der Mächte aufrechtzuerhalten, — wenn wir in diesem Kriege, sage ich, untergehen sollten, der nur geführt wird, um eine Nation zu vernichten, deren Schuld darin besteht, daß sie durch Industrie und harte Arbeit vorwärts kam und blühte, dann werden wir in Ehren untergehen, indem wir bis zum letzten Fuß breit Erde und bis zum letzten Mann kämpfen."

„Und wie weit wünscht Deutschland diesen Krieg zu führen, Exzellenz? Bis die andere Seite vollkommen zerschmettert ist?"

„Bis sie so besiegt sind, daß die Möglichkeit einer Wiederholung dieses nicht provozierten Angriffs auf uns für ein und alle Male ausgeschaltet wird."

Falkenhayn war es, der zuerst dem Kaiser die Entsendung beträchtlicher deutscher Verstärkungen auf den galizischen Kriegsschauplatze nahelegte. Nach den großen Erfolgen in Galizien sandte der Kaiser an den Generalstabschef das folgende Telegramm:

„Mit scharfem, klarem Blick, in richtiger Abwägung der Lage haben Sie die Stelle erkannt, an der das russische Heer am verwundbarsten war, und mir die daraus zu folgernden Vorschläge zur Herbeiführung eines großen Erfolges gemacht. Der jetzige herrliche Sieg gibt mir wiederum Gelegenheit, Ihnen meinen und des ganzen Vaterlandes Dank auszusprechen für Ihre hingebende Arbeit, die Sie in stiller, selbstloser Art in meinen und des Vaterlandes Dienst stellen. Unter denen, die es dem deutschen Heere ermöglicht haben, einer Welt von Feinden die Stirn zu bieten und große Erfolge über sie zu erringen, stehen Sie als Chef des Generalstabes des Feldheeres mit in erster Linie. Als Zeichen meiner Dankbarkeit verleihe ich Ihnen meinen hohen Orden vom Schwarzen Adler. Wilhelm I. R."

Kaiser Franz Josef verlieh ihm in Anerkennung seiner Verdienste um die günstige Wendung des österreichischen Ringens gegen Rußland das Großkreuz des St. Stephansordens.

Anläßlich der glücklichen Beendigung der Operationen im Osten richtete der deutsche Kaiser an Exzellenz von Falkenhahn folgende Kabinettsorder:

„Mein lieber General von Falkenhahn!

Die großen Operationen auf den Kriegsschauplätzen des Ostens haben zu Erfolgen geführt, die in der Weltgeschichte unerreicht dastehen. In unübertroffener Weise ist es gelungen, die auf weitem Raum verteilten großen Armeen zu einheitlicher Kampfeshandlung und gegenseitiger Unterstützung zusammenzuführen und das, was Feldherrnkunst ersonnen, in siegreicher Ausführung zu vollenden. Das Große, das Sie und unter Ihrer zielbewußten Anweisung in unermüdlicher aufopfernder Arbeit der Generalstab des Feldheeres hierbei geleistet haben, ist des höchsten Lobes wert und wird in der Kriegsgeschichte aller Zeiten seine Würdigung finden.

Mir aber als Ihrem Obersten Kriegsherrn ist es ein Bedürfnis, Ihnen, dem Chef Meines Generalstabes des Feldheeres, eine besondere, persönliche Freude zu bereiten. Indem Ich weiß, daß treue, kameradschaftliche Beziehungen Sie mit dem vierten Garderegiment zu Fuß verknüpfen, dessen bewährter Kommandeur Sie gewesen und dessen jetzt in West und Ost glänzend erprobter Ausbildung für den Krieg auch Sie Ihre Kräfte gewidmet haben, stelle Ich Sie hiermit à la suite dieses tapferen Regiments."

Gleichzeitig erhielten in Falkenhahns Stabe den Orden Pour le mérite der Chef des Feldeisenbahnwesens Generalmajor G r o e n e r und der Chef der Operationsabteilung Generalmajor T a p p e n.

––––––––

Alfred von Tirpitz.

Eine zusammenfassende Würdigung der Tätigkeit dieses Mannes brachte am 24. April 1915 das „Berliner Tageblatt". An diesem Tage beging nämlich Herr von Tirpitz die 50jährige Wiederkehr seines Eintritts in den Dienst der Marine, an deren Spitze er heute steht, die er mit unermüdlicher Tatkraft immer weiter ausgebaut hat, ja die eigentlich sein Werk ist.

„Am 19. März 1849 in Küstrin geboren, wo sein Vater Justizrat war, trat Alfred Tirpitz im Frühjahr 1865 in die damalige preußische Marine ein, wurde 1869 zum Leutnant zur See, 1872 zum Oberleutnant, 1875 zum Kapitänleutnant, 1881 zum Korvettenkapitän, 1888 zum Kapitän zur See, 1896 zum Konteradmiral, 1899 zum Vizeadmiral, 1903 zum Admiral und am 27. Januar 1911 zum Großadmiral befördert. Bis zum Jahre 1876 war er mit einiger Unterbrechung durch Landkommandos in den verschiedenen Bordstellungen tätig und besuchte 1874 bis 1876 die Marineakademie. Von 1877 bis 1879 gehörte er der Torpedoversuchskommission an. Hierauf folgten eine Dienststellung bei der Admiralität, eine als Kommandant des „Ziethen" und des „Blücher", die Torpedoversuchsschiffe waren, und eine als Torpedobootsflotillenchef. Gelegentlich der ersten Parade, die Kaiser Wilhelm I. über unsere Flotte im Sommer 1881 in der Kieler Bucht abnahm, fand der Angriff von Torpedobooten auf ein altes Kanonenboot statt, das durch einen scharfen Torpedoschuß in die Luft gesprengt wurde. Diese Torpedoboote wurden vom damaligen Kapitänleunant Tirpitz geführt. Von 1886 bis 1889 stand Tirpitz als Inspekteur an der Spitze des Torpedowesens und galt als treibende Kraft in der damals stark einsetzenden Torpedobootsbewegung, für die die Denkschrift, die 1884 dem Reichstag zuging und 115 Boote forderte, charakteristisch ist. Unter an-

deren finden sich dort folgende Sätze: „Je früher die
Zahl von 115 Booten erreicht ist, um so ruhiger wer=
den wir dem Erscheinen feindlicher Geschwader vor
unseren Häfen entgegensehen können, um so länger wer=
den wir, wenn wir die hohe See nicht halten
können, offene Häfen haben. Es gibt keine Gefahr, die
den Schiffen verderblicher und ihrer Besatzung emp=
findlicher ist, als die durch die unterseeischen Kampf=
mittel. Bei einem Risiko von wenigen Mann, von
einem verhältnismäßig billigen und rasch herzustellen=
den kleinen Boot ist die Möglichkeit gegeben, kolossale
Schiffe durch einen einzigen Torpedotreffer zum
Sinken zu bringen. Zahlreichen und gutgeleiteten
Torpedobooten gegenüber wird die Durchführung einer
Blockade nur schwer möglich sein. Die Torpedoboote
sind eine Waffe, die dem auf der hohen See Schwachen
besonders zugute kommt.'

„1889 bis 1890 war Tirpitz Kommandant der Linien=
schiffe „Preußen“ und „Württemberg“, dann Chef des
Stabes der Ostseestation. 1892 wurde er zum Chef des
Stabes beim Oberkommando ernannt, und 1896 über=
nahm er das Kommando des Kreuzergeschwaders in
Ostasien. Hier hielt er Umschau nach einem Stützpunkt
für unsere Flotte. Die Kiautschoubucht schien ihm als
der geeignetste. Aber nicht nur die Vorarbeit für die
spätere Besitzergreifung unserer neuesten Kolonie
leistete er. Auch weiterhin bezeugte er ihrem Fort=
schritt lebhaftes Interesse und verstand es, die Volks=
vertreter von der Notwendigkeit der nicht unerheb=
lichen Mittel für ihren Ausbau stets erfolgreich zu
überzeugen.

„Am 31. März 1897 wurde Tirpitz zunächst ver=
tretungsweise und am 15. Juni endgültig zum Staats=
sekretär des Reichsmarineamts ernannt. Als solcher
war es ihm vergönnt, im Gegensatz zu seinen Vor=
gängern den Widerstand des Reichstags gegen Flotten=
forderungen völlig zu beseitigen. Am 27. November

1897 wurde der von ihm verfaßte „Entwurf eines Gesetzes betreffend den Ausbau der deutschen Flotte" im
„Reichsanzeiger" veröffentlicht, der die Grundlage für
alle weiteren Flottengesetze bildete. Wohl war anfänglich einiger Widerstand gegen die als übertrieben erachteten Forderungen zu überwinden. In erster Linie
verurteilte Eugen Richter die Vorlage und besonders
die angestrebte gesetzliche Bindung. Trotzdem wurde sie
im Frühjahr 1898 mit großer Mehrheit angenommen.
Dagegen stimmten nur Volksparteiler, Polen und
Sozialdemokraten. 1889 wurde die zweite Flottenvor-
lage eingebracht. Dann folgten weitere 1906, 1908
und 1912. Sie alle dienten dem gleichen Zweck, die
Seeinteressen Deutschlands sicherzustellen, über die sich
Herr von Tirpitz bei der Lesung des ersten Flotten-
gesetzes am 30. November 1897 im Reichstag wie folgt
geäußert hatte: ‚Die Erhaltung unserer Seeinteressen
ist eine Lebensfrage für Deutschland. Werden sie in
Zukunft unterbunden und ernstlich geschädigt, so muß
Deutschland erst einen wirtschaftlichen und dann einen
politischen Niedergang erleiden. Welche dieser Seeinteressen Sie auch herausgreifen wollen, sei es das
politische Ansehen Deutschlands außerhalb und innerhalb Europas, sei es die Offenhaltung wichtiger
Lebensadern Deutschlands nach der See zu im Fall
eines Krieges, sei es der Schutz deutscher Reichs-
bürger in fernen Ländern oder der Schutz und die
Vertretung dortiger deutscher Handelsinteressen —
alle diese Interessen finden ihr Rückgrat in dieser
Welt, wo die Dinge hart aufeinanderstoßen, nur in
der deutschen Flotte.'

„Daß Herr von Tirpitz sich nicht immer allgemeiner
Zustimmung und uneingeschränkten Gutheißens seiner
Maßnahmen erfreuen durfte, ist für jemand in seiner
Stellung und unter den Umständen, unter denen er
wirkte, verständlich. Den einen ging er in seinen
Forderungen zu weit, anderen wieder zeigte er sich zu

mäßig. Diese verlangten, er solle energischer mit der Verstärkung des Linienschiffstyps vorgehen, jene meinten, er vernachlässige den Ausbau der Kleinkriegsmittel. Auch noch auf andere Gebiete erstreckte sich zuweilen die Kritik. So wurde von einigen der Wunsch ausgesprochen, Tsingtau solle zur uneinnehmbaren Feste ausgestaltet werden, während den anderen auch die geringste Verteidigungsanlage verfehlt erschien und sie den Platz als „offen" bestehen lassen wollten. Es gelang Herrn v. Tirpitz, stets die Widerstände, die sich ihm bei der energischen Fortentwicklung des Personals und bei dem Ausbau des Schiffsmaterials entgegenstemmten, zu besiegen. Über die Art, wie ihm dies gelang, laufen die Ansichten auseinander. Während die einen seinem diplomatischen Talent uneingeschränkten Beifall spendeten, das verstand, im Reichstag die Parteien gegeneinander auszuspielen, glauben die anderen, daß der Erfolg mehr seinem organisatorischen Geschick zuzuschreiben sei, das die Bahn bei den Reichstagsmitgliedern unter kluger Benutzung der Volksstimmung freizumachen verstand. Fraglos ist z. B., daß, während früher der Flottenverein unter der Leitung Keims zuweilen, besonders auf technischem Gebiet, Opposition machte, er seit 1908, als von Köster das Präsidium übernahm, immer in voller Harmonie mit dem Reichsmarineamt arbeitete. Wie immer sich die Dinge abgespielt haben mögen, heute darf Tirpitz berechtigt für sich in Anspruch nehmen, daß die Flotte, wie sie jetzt dasteht, sein ureigenstes Werk ist. Er wird völliges Vertrauen in ihren endgültigen Erfolg setzen, der den schlagenden Erweis für die Folgerichtigkeit seiner Lebensarbeit erbringen und ihr die Krone aufsetzen soll. Der Wunsch, daß die deutsche Flotte in diesem Kriege die Gelegenheit zu weiteren, entscheidenden Siegen finden möge, wird vom ganzen Volke innig mitempfunden und geteilt. Und auch diejenigen, die nicht in allem ihre Zustimmung äußerten, sehen

in Tirpitz einen Mann von ungewöhnlicher Kraft —
zum mindesten eine der stärksten Persönlichkeiten, die
in der neueren Zeit die Machtentwicklung Deutsch=
lands geleitet haben."

Wie Herr von Tirpitz über den Krieg denkt, dar=
über gibt der Bericht eines amerikanischen Zeitungs=
schreibers, der zu einer Unterredung bei ihm Zutritt
fand, höchst interessante Aufschlüsse. Dieser Besuch
fand gerade zu jener Zeit statt, wo Tirpitz den Ge=
danken eines Unterseebootkrieges gegen England zu
erwägen begann.

„Was wird", eröffnete der Großadmiral das Ge=
spräch, „Amerika sagen, wenn Deutschland einen
Unterseebootkrieg gegen alle feindlichen Handelsschiffe
erklärt?"

„Erwägen Eure Exzellenz derartige Maßnahmen?"

„Warum nicht! England will uns aushungern:
Wir können dasselbe Spiel treiben, England um=
zingeln, jedes englische Schiff oder jedes seiner Ver=
bündeten, das sich irgendeinem Hafen Englands oder
Schottlands nähert, torpedieren und dadurch den
größeren Teil der Nahrungsmittelzufuhr abschneiden."

Er wiederholte: „Was würde Amerika dazu
sagen? Hieße es nicht, England mit demselben Maße
messen, mit dem es uns mißt?" —

„Hat Deutschland genug Unterseeboote, um durch=
zuführen, was auf eine teilweise Unterseeboots=
blockade Englands hinausläuft?"

„Ja, in Unterseebooten größeren Typs sind wir
England überlegen. England, ja England allein ist für
diesen Krieg verantwortlich. Wollte Deutschland
irgendetwas haben, stellte Deutschland an irgendje=
mand irgendwelche Forderungen? Hatte Deutschland
mit irgendjemand einen Streit? Nein, es wollte nur
in Ruhe gelassen sein, um sein friedliches Wachsen und
seine friedliche Entwicklung fortsetzen zu können. Eng=
lands deutschfeindliche Politik geht bis auf 1870

zurück, bis auf unseren Sieg über Frankreich. Immer
herrisch, wie ein Diktator, wollte es nicht, daß Deutschland sich wirtschaftlich ausdehne oder in der Welt den
Platz einnehme, auf den es als Macht ein Recht hatte.
England wird jedem die Kehle durchschneiden, der ihm
in den Weg kommt oder der ihm nach seiner Ansicht in
den Weg kommen könnte. England hat nicht die Ge-
wissenhaftigkeit der weißen Rasse, wie das Bündnis
mit Japan zeigt. Wenn es daraus Nutzen ziehen kann,
so wird es mit jedem ein Bündnis schließen, ohne Rücksicht auf Rasse und Farbe."

„Der Eindruck ist entstanden," sagte der Amerikaner, „als ob der deutsche Militarismus dazu beigetragen hätte, den Krieg zuwege zu bringen."

„Ja, das ist Englands Geschrei über unseren
Militarismus. Und wie steht es mit seinem Militarismus, der seit Jahren schon die Alleinherrschaft über
die Meere für sich in Anspruch nimmt? Bei uns gibt
es keinen Militarismus, wenn Sie nicht gerade die
allgemeine Wehrpflicht als solchen ansehen; und diese
wiederum ist notwendig zur Verteidigung unseres
Landes, das seit Jahrhunderten der Kampfplatz für
die europäischen Völker gewesen ist. In den vergangenen 200 Jahren hat Frankreich wohl dreißig-
mal den Krieg an Deutschland erklärt. Meiner Ansicht nach führt die allgemeine Wehrpflicht zum Frieden
und nicht zum Kriege. Fragen Sie die Mütter in unserem Volke! Sie wußten, was der Krieg bedeutet, ehe
er kam, gerade deshalb, weil ihre Söhne Soldaten
sind. England, das ein Söldnerheer hat, hält Fuß-
ballwettkämpfe und Rennen ab, wobei immer eine
große Volksmenge versammelt ist. Können Sie sich so
was in einer deutschen Stadt vorstellen? Nein, deutsche
Mütter und Frauen weinen. Sie geben freiwillig ihr
alles her fürs Vaterland, aber sie weinen! Ich wiederhole: Die allgemeine Wehrpflicht ist ein starker
Friedensfaktor. Ich war einer von denen, die nicht

glauben wollten, daß dieser Krieg kommen würde. Ich konnte es mir nicht vorstellen, daß die europäischen Völker sich gegenseitig abschlachten würden."

Exzellenz von Tirpitz äußerte die Ansicht, das Hereinziehen der Japaner in den Krieg sei ein Hochverrat an der weißen Rasse. Freimütig gab er zu, der Fall Tsingtaus habe ihn sehr betroffen. Unerklärlich bleibe ihm die augenscheinliche Gleichgültigkeit Amerikas gegenüber Japans Tätigkeit im Stillen Ozean, oder die scheinbare Unmöglichkeit, die ernsten Verwicklungen, die in der allernächsten Zukunft für Amerika entstehen werden, zu erkennen.

Auf den Krieg zurückkommend, fragte der Amerikaner, wie lange der Krieg dauern möge.

„Das hängt von England ab. Man sagt, England wolle den Krieg bis aufs Messer. Wenn England darauf besteht, so können wir ihm dienen; aber es gibt etliche, die da hoffen, England werde verständig sein und auf die Stimme der Vernunft hören."

Das Wort „verständig" klang sehr bedeutsam.

„Sind Eure Exzellenz einer von denen, die diese Hoffnung hegen?"

Er antwortete mit der Gegenfrage: „Glauben Sie, daß England verständig sein wird?"

„Das hängt davon ab, was Eure Exzellenz mit dem Wort „verständig" meinen könnten; falls es Geneigtheit Englands zu einem frühzeitigen und angemessenen Frieden bedeutet, so bin ich im Augenblick nicht besonders optimistisch."

„Nein, ich bin nicht einer von denen," gab er auf die erste Frage zur Antwort, ohne dabei seine eigene zu definieren.

„Dann nehme ich an, daß Deutschland den Krieg bis zum bittersten Ende oder, wie Eure Exzellenz sagten, bis aufs Messer führen wird."

„Das ist gewiß nicht unsere Absicht oder unser Wunsch. Aber wenn England darauf besteht, den Krieg bis aufs Meffer zu führen, so werden wir natürlich mittun."

„Welche Wirkung wird Kitcheners neues Heer auf den Krieg ausüben?" fragte der Amerikaner.

„Wir sind nicht im geringsten wegen Kitcheners Millionen beunruhigt. Denn wir haben auch noch mehrere Millionen vollkommen tauglicher Leute, auf die wir zurückgreifen können; und wir werden, falls nötig, die nicht ganz dem gewöhnlichen Durchschnitt entsprechenden nehmen und können somit weitere Millionen ins Feld stellen. Daß wir, wenn diese Not- wendigkeit an uns herantritt, bis zum letzten Ende kämpfen werden, wird die Welt, denke ich, nicht länger bezweifeln."

„Ew. Exzellenz, wir haben in letzter Zeit so wenig von den Zeppelinen gehört. Wie haben sie sich in diesem Kriege als Waffe für die Marine bewährt?"

„Persönlich bin ich der Ansicht, daß auch die Flug- zeuge für Marinezwecke außerordentlich geeignet sind. Aber zum Tragen großer Lasten auf weite Entfernun- gen sind die Zeppeline selbstverständlich weit über- legen."

„Dann sind die Zeppeline in der Marine wohl nicht ohne Konkurrenz geblieben?"

„Ich kann jetzt noch nicht sagen, welche von den beiden Arten sich voraussichtlich als die beste Waffe unter den jeweiligen Wetterbedingungen, unter denen die Marine zu arbeiten hat, erweisen wird. Aber so- viel kann gesagt werden, daß beide ganz verschiedenen Zwecken dienstbar gemacht werden."

Dann kam man auf die Erfolge der Unterseeboote zu sprechen. Der Amerikaner fragte, ob eine der Lehren des Krieges die sei, daß Großkampfschiffe sich überlebt hätten.

„Es ist schwierig, schon jetzt Schlüsse zu ziehen. Daß die Unterseeboote ein neues und großes Kampfmittel

in der Seekriegsführung sind, ist nicht zu bestreiten.
Man darf indes nicht vergessen, daß die Unterseeboote
am besten an den Küsten und in flachen Gewässern
operieren, und daß aus diesem Grunde der englische
Kanal besonders geeignet ist. Die bisherigen Erfolge
berechtigen noch nicht zu der Schlußfolgerung, daß
große Schiffe sich nun überlebt haben. Es ist noch eine
spätere Frage, ob die Unterseeboote sich in anderen Gewässern so ausgezeichnet hätten halten können. Wir
haben in diesem Kriege sehr viel von den Unterseebooten gelernt. Wir glaubten früher, sie könnten kaum
länger als drei Tage von ihrer Basis fortbleiben, da
die Bemannung dann erschöpft sein müßte. Wir haben
aber bald erfahren, daß der größere Typ dieser Boote
um England herumfahren und sogar vierzehn Tage
lang draußen bleiben kann. Dazu ist nur notwendig,
daß der Besatzung Gelegenheit zur Ruhe und Erholung
gegeben wird. Und diese verschaffen sich unsere Leute
dadurch, daß das Boot in flaches, ruhiges Wasser und
dort an den Grund geht, wo es still liegen bleibt, damit die Mannschaften sich ausschlafen können. Das ist
nur möglich, wo das Wasser verhältnismäßig flach ist."

„Wird die deutsche Flotte sich der englischen zur
Schlacht stellen?"

„Wenn die Engländer uns Gelegenheit zur Schlacht
geben, gewiß. Kann man aber erwarten, daß unsere
Flotte, die an Zahl nur ein Drittel der englischen aus-
macht, eine für sie ungünstige militärische Gelegenheit benutzt und die englische zur Schlacht herausfor-
dert? Soviel wir wissen, liegt die Flotte der englischen Großkampfschiffe auf der Westseite Englands
in der Irischen See."

„Ist etwas Wahres an den Berichten, daß eine Invasion Englands mit Zeppelin-Luftschiffen vorbereitet
wird?"

„Ich glaube, ein Unterseebootskrieg gegen englische Handelsschiffe ist eher noch wirksamer."

In diesem Augenblick wurde Graf Tisza, der ungarische Ministerpräsident, der beim Kaiser war, angemeldet.

Am 15. März 1916 trat Großadmiral v. Tirpitz von seinem Posten als Staatssekretär des Reichsmarineamtes zurück. Er schied nach einer 51jährigen Dienstzeit von der Flotte, welche seine Schöpfung ist.

Im Monat Juni 1916 wurde er noch auf Antrag der Abteilung für Schiffsmaschinenbau der Technischen Hochschule in Berlin=Charlottenburg zum Dr. ing. ehrenhalber ernannt. Das Doktordiplom feiert ihn als Schöpfer der deutschen Seemacht.

Zu seinem Nachfolger wurde Admiral

Eduard von Capelle

ernannt. Der neue Marine=Staatssekretär ist am 10. Oktober 1855 in Celle geboren und trat 1872 als Kadett in die Marine ein. Er erhielt seine erste seemännische Ausbildung auf der als Schulschiff dienenden Brigg „Rover" und besuchte darnach die Marineschule zu Kiel. 1873 zum Seekadetten befördert, tat er Dienst auf der Schulkorvette „Arcona" und machte auf ihr von 73 bis 75 eine Weltumseglung mit. Am 15. Februar 76 wurde er Unterleutnant zur See, am 20. November 79 Leutnant zur See, am 15. Dezember 87 Kapitänleutnant, am 16. Juli 94 Korvettenkapitän, am 12. Dezember 98 Fregattenkapitän, am 8. Oktober 1900 Konteradmiral, am 5. September 09 Vizeadmiral, am 12. April 13 Admiral. Im Jahre zuvor hatte der Kaiser ihn in den erblichen Adelsstand versetzt.

Eine Zeitlang war er im Anfang seiner Laufbahn nach Ostasien abkommandiert. An Bord der Kreuzerfregatte „Leipzig" hat er an der Niederwerfung des Araberaufstandes in Deutsch=Ostafrika teilgenommen. Mehrere Jahre hindurch ist er auch dem Reichsmarineamt zugeteilt gewesen. Diesem Amte hat er seit 1895 ständig angehört, erst als Dezernent der militärischen

Abteilung, dann als Vorstand der Etatsabteilung, zu=
letzt als Direktor des Verwaltungsdepartements. Im
Jahre 1915 war er aus dem Dienste geschieden. Man
schreibt ihm ein großes Verdienst zu um die Aus=
arbeitung und Durchführung der Tirpitzschen Marine=
vorlage. Sein Vorgänger hatte in ihm einen sehr
tüchtigen Beirat von starkem Organisationstalent.

Anläßlich des großen Seesieges am Skagerrak
(siehe S. 277) richtete der Kaiser an seinen früheren
Staatssekretär das folgende Schreiben:

„Nach dem Besuch meiner aus schwerem Kampf
siegreich heimgekehrten Flotte ist es mir ein Bedürf=
nis, Ihnen nochmals meinen kaiserlichen Dank zu
sagen für das, was Sie in meinem Auftrage auf or=
ganisatorischem und technischem Gebiete geschaffen
haben. Unsere Schiffe und Waffen haben sich glän=
zend bewährt. Der Schlachttag in der Nordsee ist auch
ein Ruhmestag für Sie geworden."

Schlußwort.

Wir haben zwei Jahre des Krieges hinter
uns. Im Westen sehen wir unsere Truppen gegen die
Übermacht der vereinigten Franzosen und Engländer
ihre Stellungen behaupten. Trotz immer wiederholter
stürmischer Angriffe haben die Feinde ihnen noch nicht
das Gebiet entreißen können, das sie in Belgien und
Frankreich besetzt halten. Im Osten haben wir die
russische Übermacht zurückgeworfen und mehrfach ver=
nichtend geschlagen.

Im Innern aber herrschen Ruhe, Ordnung, Zu=
versicht und Opferwilligkeit.

So ist der doppelte Plan unserer Feinde zunichte
geworden. Durch die russischen Massenheere sollten wir
zerquetscht werden. Wir sind ihrer Herr geworden.
Durch die Absperrung zur See, die England besorgte,

sollten wir ausgehungert werden. Wir haben uns bis zu der neuen Ernte ohne auswärtige Zufuhr ernährt.

Stark und unerschütterlich nach außen und im Innern stehen Deutschlands Heere und Deutschlands Volk. Die Eiche trotzt dem furchtbaren Sturme, der ihren breiten Wipfel schüttelt; ihre Wurzeln sitzen fest in der Erde, obwohl rings um sie her die Blitze den Grund aufwühlen.

Wir haben hier eine allgemeine Überschau über die bisher erzielten Erfolge geboten. Wenn der Leser mit dem Gefühl der Zuversicht, daß wie stets bisher auch in dieser schweren Zeit Deutschland die rechten Männer gefunden und sein Schicksal in guten Händen ruht, diese Chronik aus der Hand legt, so ist ihr Zweck erfüllt.

Sachregister.

Sachregister.

316

Sachregister.

Sachregister.

Deacidified using the Bookkeeper proce
Neutralizing agent: Magnesium Oxide
Treatment Date: **MAY** **2001**

Preservation Technologi

A WORLD LEADER IN PAPER PRESERVATI

111 Thomson Park Drive
Cranberry Township, PA 16066
(724) 779-2111

Lightning Source UK Ltd.
Milton Keynes UK
UKHW022227140219
337291UK00006B/251/P